普通高等学校
金融科技专业系列教材

金融科技前沿动态

殷林森　楚晓琳　吴慧　编著

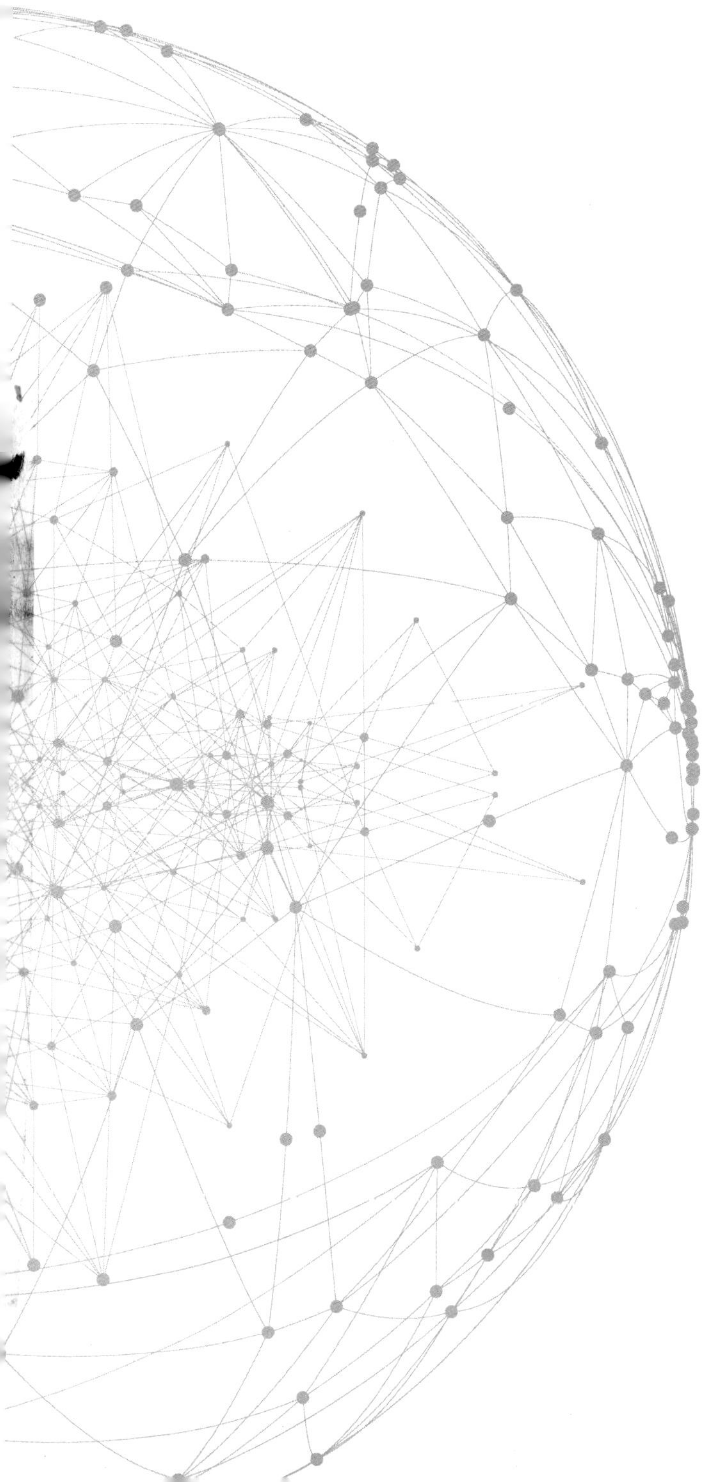

图书在版编目(CIP)数据

金融科技前沿动态 / 殷林森,楚晓琳,吴慧编著.
—上海：立信会计出版社，2023.4
　　ISBN 978-7-5429-7268-2

　　Ⅰ.①金… Ⅱ.①殷… ②楚… ③吴… Ⅲ.①金融—科学技术 Ⅳ.①F830

中国国家版本馆 CIP 数据核字(2023)第 047137 号

策划编辑　王艳丽
责任编辑　王艳丽

金融科技前沿动态
JINRONG KEJI QIANYAN DONGTAI

出版发行	立信会计出版社		
地　　址	上海市中山西路 2230 号	邮政编码	200235
电　　话	(021)64411389	传　真	(021)64411325
网　　址	www.lixinaph.com	电子邮箱	lixinaph2019@126.com
网上书店	http://lixin.jd.com	http://lxkjcbs.tmall.com	
经　　销	各地新华书店		
印　　刷	上海万卷印刷股份有限公司		
开　　本	787 毫米×1092 毫米　1/16		
印　　张	13.75		
字　　数	300 千字		
版　　次	2023 年 4 月第 1 版		
印　　次	2023 年 4 月第 1 次		
书　　号	ISBN 978-7-5429-7268-2/F		
定　　价	68.00 元		

如有印订差错,请与本社联系调换

前　言

近年来,金融科技蓬勃发展,新兴技术与金融业态深度融合,成为金融业升级和经济转型的重要驱动力。当下,我们处在以信息化技术变革为核心的第四次工业革命的开端,这是一个百年难遇的伟大时代,一场新的技术革命正在开展!

金融科技的快速发展为传统金融业带来了冲击、挑战与机遇。在此背景下,金融科技专业知识的普及和教育十分重要,缺乏金融科技知识支撑的金融从业者将难以适应金融业态快速发展的需要。上海立信会计金融学院作为全国首个开设金融科技专业的高校,近年来一直围绕金融科技专业建设与金融科技人才培养深耕细作。基于专业建设和课程开发需要,我们开展了大量的信息收集和整理工作,试图厘清金融科技发展的前沿动态和重要研究方向。我们结合国内外金融科技发展实践,对大数据、物联网、区块链、5G、人工智能等新兴前沿技术以及与这些新技术应用相关的金融领域的新业态、新场景等内容进行系统性梳理、总结和解读。此外,我们还重点探究了金融科技监管的发展趋势及其面临的挑战,这是当前世界各国金融监管机构正在攻克的重点和难点。在此基础上,我们编写了本书,梳理了第三方支付、量化投资、大数据金融、物联网金融、区块链金融、5G金融、金融科技监管等金融科技领域的前沿动态,探究了金融科技创新和金融服务理念的转变。

本书旨在帮助读者了解金融科技前沿动态,为相关从业人员带来一些有益的思考。本书适合作为经济学类专业本科生的教材,也可以作为金融科技领域相关从业者、投资者以及金融科技知识爱好者的参考书。

本书共九章,整体框架由上海立信会计金融学院金融科技学院殷林森设计,楚晓琳对书稿进行了最终的统稿和修改工作。具体编写分工如下:第一章由吴慧编写,第二章由高倩倩编写,第三章由吕大永编写,第四章和第八章由楚晓琳编写,第五章由丁雪编写,第六章由杨超编写,第七章由王江盼编写,第九章由殷林森编写。

本书是上海立信会计金融学院金融科技学院集体智慧的结晶,相关编者老师和其他工作人员都付出了努力,作者在此对他们的付出表示感谢。此外,本书的出版得到了立信会计出版社领导和责任编辑的支持和帮助,他们对书稿的修改提出了许多宝贵的意见,作者在此一并表示感谢。

  囿于作者时间和精力有限，本书难免存在一些疏漏和不足，敬请广大读者和同行批评指正。

殷林森

2022 年 5 月

目　　录

第一章　金融科技的发展现状与未来趋势 ………………………………………… 1
　第一节　金融科技发展现状及面临的风险 ……………………………………… 1
　　一、金融科技的内涵及科技赋能金融业的发展历程 ………………………… 1
　　二、国内外金融科技发展概况 ………………………………………………… 2
　　三、金融科技发展所面临的风险 ……………………………………………… 6
　第二节　金融科技的未来发展趋势 ……………………………………………… 7
　　一、银行与金融科技公司将致力于有效的结构性合作 ……………………… 8
　　二、金融科技场景应用更深入，技术融合推动金融科技迈入新阶段 ……… 8
　　三、监管科技将成为金融科技新应用爆发点 ………………………………… 9
　　四、行业应用需求不断扩展，将反向驱动金融科技持续创新发展 ………… 9
　　五、关键技术应用将加快落地 ………………………………………………… 10
　　六、基础设施建设将加快推进 ………………………………………………… 10
　　七、金融科技与数字经济的相互促进作用更为明显 ………………………… 10

第二章　第三方支付发展现状及其风险防范 …………………………………… 12
　第一节　第三方支付概述 ………………………………………………………… 12
　　一、第三方支付的概念、业务流程及特点 …………………………………… 13
　　二、我国第三方支付的发展历程 ……………………………………………… 15
　　三、第三方支付的业务类型 …………………………………………………… 17
　　四、第三方支付模式 …………………………………………………………… 21
　　五、第三方支付产业图谱 ……………………………………………………… 23
　第二节　移动支付 ………………………………………………………………… 26
　　一、移动支付的概念及特点 …………………………………………………… 26
　　二、移动支付的流程 …………………………………………………………… 27
　　三、移动支付技术 ……………………………………………………………… 27
　第三节　第三方支付的发展现状与展望 ………………………………………… 30
　　一、第三方支付行业发展现状 ………………………………………………… 30

二、第三方支付行业转型与发展 ……………………………………………………… 33
　　三、第三方支付行业未来发展展望 …………………………………………………… 36
第四节　第三方支付的风险及防范 ……………………………………………………… 38
　　一、信用风险及防范 …………………………………………………………………… 38
　　二、流动性风险及防范 ………………………………………………………………… 40
　　三、合规风险及防范 …………………………………………………………………… 41
　　四、操作风险及防范 …………………………………………………………………… 42
　　五、技术风险及防范 …………………………………………………………………… 44

第三章　量化投资发展与策略 ……………………………………………………………… 46
　第一节　量化投资概述 …………………………………………………………………… 46
　　一、量化投资的概念及其与传统投资的区别 ………………………………………… 46
　　二、量化投资的基本流程 ……………………………………………………………… 48
　　三、量化投资发展的基础与现状 ……………………………………………………… 48
　第二节　量化投资相关的理论与研究 …………………………………………………… 52
　　一、量化投资相关理论 ………………………………………………………………… 52
　　二、国内外相关研究 …………………………………………………………………… 55
　第三节　量化投资的主要策略模型及表现 ……………………………………………… 57
　　一、量化投资选股类策略及其表现 …………………………………………………… 57
　　二、择时类策略及其表现 ……………………………………………………………… 59
　　三、量化对冲策略及其表现 …………………………………………………………… 60
　　四、算法交易策略及其表现 …………………………………………………………… 62
　第四节　量化投资发展趋势 ……………………………………………………………… 63
　　一、整体发展趋势研判 ………………………………………………………………… 63
　　二、未来可能流行的量化策略 ………………………………………………………… 64

第四章　大数据与大数据金融 ……………………………………………………………… 67
　第一节　大数据概述 ……………………………………………………………………… 67
　　一、大数据的概念 ……………………………………………………………………… 67
　　二、大数据相关技术 …………………………………………………………………… 70
　　三、大数据应用领域 …………………………………………………………………… 73
　第二节　大数据金融概述 ………………………………………………………………… 79
　　一、大数据金融的内涵 ………………………………………………………………… 79
　　二、大数据金融的影响 ………………………………………………………………… 81
　　三、大数据金融的现状与发展趋势 …………………………………………………… 85
　第三节　大数据金融环境建设 …………………………………………………………… 88

一、大数据金融市场环境建设 ·· 89
　　二、大数据金融监管体系建设 ·· 91
　　三、大数据金融征信体系建设 ·· 93
　　四、大数据金融生态系统建设 ·· 96

第五章　物联网发展与金融应用 ·· 100
　第一节　物联网概述 ··· 100
　　一、物联网的概念与发展 ·· 100
　　二、物联网的关键技术与层次结构 ··· 101
　第二节　物联网金融 ··· 103
　　一、物联网金融概述 ··· 103
　　二、商业银行物联网金融实践 ·· 108
　　三、物联网赋能保险业发展 ··· 110
　　四、物联网助力证券业发展 ··· 115
　　五、物联网推动融资租赁发展 ·· 118
　第三节　物联网金融发展的瓶颈与展望 ·· 121
　　一、推广技术和管理不足 ·· 122
　　二、资源与数据共享路径有待加强 ··· 122
　　三、数据处理能力有限 ··· 122
　　四、网络安全问题仍需解决 ··· 123

第六章　区块链技术与金融应用 ·· 125
　第一节　区块链概述 ··· 125
　　一、区块链的起源 ·· 125
　　二、区块链的概念 ·· 126
　　三、区块链技术 ··· 127
　　四、区块链的发展 ·· 132
　　五、区块链面临的问题与挑战 ·· 133
　第二节　区块链技术平台 ··· 134
　　一、比特币 ·· 134
　　二、以太坊 ·· 136
　　三、超级账本 ··· 139
　第三节　区块链金融应用 ··· 141
　　一、数字货币 ··· 141
　　二、支付清算 ··· 142
　　三、数字票据 ··· 143

四、银行征信 ……………………………………………………… 143
　　五、权益证明 ……………………………………………………… 144
　　六、保险管理 ……………………………………………………… 144
　　七、金融审计与监管 ……………………………………………… 144

第七章　5G 技术与金融应用 ……………………………………………… 146
第一节　国内外环境变化与 5G 技术的研究现状 ……………………… 146
　　一、国内 5G 技术研究与发展现状 ……………………………… 146
　　二、国外 5G 技术研究与发展现状 ……………………………… 149
第二节　移动通信技术发展历程 ………………………………………… 150
　　一、第一代蜂窝移动通信技术 …………………………………… 150
　　二、第二代蜂窝移动通信技术 …………………………………… 150
　　三、第三代蜂窝移动通信技术 …………………………………… 151
　　四、第四代蜂窝移动通信技术 …………………………………… 151
　　五、第五代蜂窝移动通信技术 …………………………………… 152
　　六、第六代蜂窝移动通信技术 …………………………………… 153
第三节　"5G+金融"的应用场景 ……………………………………… 154
　　一、"5G+银行"应用场景 ……………………………………… 155
　　二、"5G+证券"应用场景 ……………………………………… 155
　　三、"5G+保险"应用场景 ……………………………………… 155
第四节　5G 技术发展趋势及监管措施 ………………………………… 157
　　一、5G 技术相关风险 …………………………………………… 157
　　二、5G 技术未来发展趋势 ……………………………………… 158
　　三、5G 技术安全领域标准 ……………………………………… 159
　　四、5G 技术安全监管风险与需求 ……………………………… 159
　　五、5G 技术安全监管标准体系 ………………………………… 160

第八章　人工智能发展与金融应用 ………………………………………… 163
第一节　人工智能概述 …………………………………………………… 163
　　一、人工智能的内涵 ……………………………………………… 163
　　二、人工智能技术基础 …………………………………………… 166
第二节　人工智能与金融应用 …………………………………………… 171
　　一、人工智能与金融的融合基础 ………………………………… 171
　　二、人工智能在金融领域的应用 ………………………………… 174
第三节　人工智能在金融领域的发展趋势 ……………………………… 180
　　一、人工智能在金融领域的应用风险 …………………………… 180

二、人工智能融合金融业的对策建议 …………………………………… 182
　　三、人工智能在金融领域的发展前景 ………………………………… 183

第九章　金融科技监管 ……………………………………………………… 189
　第一节　我国金融科技监管现状、挑战及趋势 ………………………… 190
　　一、金融科技监管的背景 ……………………………………………… 190
　　二、我国金融科技监管现状 …………………………………………… 191
　　三、我国金融科技监管面临的挑战 …………………………………… 193
　　四、我国金融科技监管的发展趋势 …………………………………… 195
　第二节　国际金融科技监管模式及典型案例 …………………………… 196
　　一、国际金融科技的监管模式 ………………………………………… 196
　　二、金融科技监管的典型案例 ………………………………………… 198

参考文献 ……………………………………………………………………… 201

第一章

金融科技的发展现状与未来趋势

第一节 金融科技发展现状及面临的风险

一、金融科技的内涵及科技赋能金融业的发展历程

"FinTech"一词是 Finance 和 Technology 的组合。20 世纪 90 年代,美国花旗银行成立的金融服务技术联盟(Financial Services Technology Consortium,简称为 Financial Technology),被认为是金融科技的萌芽。国际金融稳定理事会认为,金融科技是指因技术而带来的金融创新,金融科技能够产生新的商业模式、应用、过程或产品,从而对金融市场、金融机构或金融服务的提供方式产生重大影响。

从 1940 年开始,现代科技和互联网技术在金融领域中的应用日益重要,其发展历程如图 1-1 所示。1940—1990 年,现代科技开始与金融相结合,在这一阶段,人们主要利用信息系统实现办公业务的电子化和自动化,以增强数据的交互能力,从而提高服务效率。1991—2010 年,人们开始利用互联网平台和移动智能终端收集海量用户数据,打通所有参与者的信息交互渠道,从而改变了金融业的服务模式,使金融业务逐步线上化。2011 年至今,人工智能、大数据、云计算等现代科技开始深度融入金融业务,助力金融业转型,弱化信息不对称,有效控制风险,降低交易决策成本,充分发掘客户的个性化需求和潜在价值。

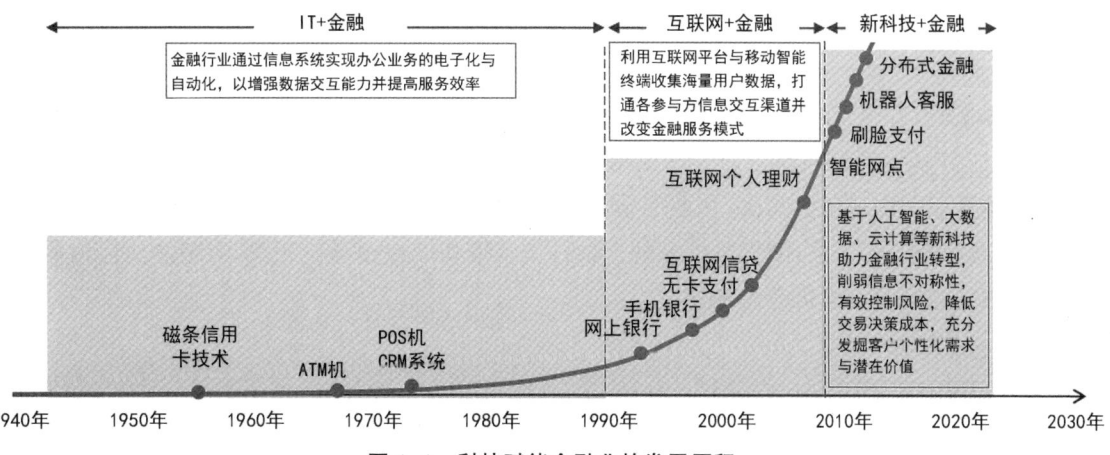

图 1-1 科技赋能金融业的发展历程

未来,随着"大智移云"技术的不断成熟和场景应用的日益丰富,金融科技的发展前景将越来越广阔,它将进一步赋能传统金融,衍生出更多新的金融形式。

二、国内外金融科技发展概况

(一)国际金融科技的发展现状及特点

1. 发展现状

现阶段,随着人工智能、大数据、云计算、区块链等现代技术与传统金融业务的深度融合,金融科技产业发展如火如荼,国际社会普遍关注并鼓励金融科技产业发展。金融科技创新推动了新的商业模式,大量金融科技初创企业随之诞生,金融科技公司之间的竞争逐渐加剧。

从国际层面看,随着全球科技竞争的日趋激烈,世界各国都十分重视本国的金融科技创新和金融监管,具体的国内外金融科技发展规划及监管举措如表1-1所示。

表1-1 国内外金融科技发展规划及监管举措

国家	情 况
中国	1. 2019年8月,中国人民银行出台《金融科技(FinTech)发展规划(2019—2021年)》 2. 2019年12月,中国人民银行宣布启动金融科技创新监管试点工作,推动中国版"监管沙盒"落地
亚洲其他关键国家	日本:2019年9月,日本金融厅正式公布国家金融科技实验"十大要点" 韩国:2019年12月,韩国金融服务委员会宣布大力推动金融科技产业规模化发展,并推出8项不同领域措施,涉及24项关键任务 新加坡:新加坡于2019年推出"三位一体"监管体系,并在2020年8月宣布实施"强化金融部门技术与创新技术"(FSTI2.0)
美国	1. 加速美元数字化研究 2. 成立人工智能工作组,研究深度学习等AI技术在金融监管中的应用 3. 美国金融业管理局发起改革数字平台计划,并成立金融创新办公室,以加强金融科技能力,强化投资者保护
欧盟及英国	欧盟:欧盟各国成立了24个创新中心,欧盟委员会于2019年12月发布《金融科技监管、创新与融资30条建议》,于2020年4月发布《欧洲数字金融战略咨询》 英国:2017年4月,英国财政部提出金融服务监管创新计划,并推出了"监管沙盒"。英国是国际上最早推出"监管沙盒"的国家之一

总体来看,首先,在应用创新方面,各个国家的金融科技在不同方面都具有自己的优势。例如,2019年美国智能投顾资产管理规模占全球的76%,而中国的小微企业技术创新融资模式在全球处于领先地位。其次,在数字金融基础设施建设方面,全球处于建设及探索期。最后,在金融科技监管方面,欧美等国家的金融科技政策和措施相对较完善,但整体而言世界各国在金融科技监管方面仍有待加强。

2. 发展特点

1)金融科技企业分布与投融资情况

据全球知名的科技市场数据平台CB insights统计,截至2019年8月8日,全球共有

48家"金融科技独角兽"。在亿欧编制的2019年全球金融科技创新企业50强行业分布榜单中,支付企业有12家,保险企业有9家,财富管理企业有8家,风控企业有7家,金融信息化企业有6家,信贷企业有5家,银行企业有3家(图1-2)。可见,支付企业占比最高,保险企业其次,财富管理企业占比排名第三,其他类型企业占比较小。此外,从企业地域分布来看,中国、印度两国由于政策支持等因素实现"跳跃式发展"。中国企业数量最多为13家,美国为11家,印度位列第三。

根据CB insights发布的《2019全球金融科技趋势报告》显示,2018年全球金融科技领域投融资数量创历史新高,全球范围内共有1 707个项目获得总计390.57亿美元的融资,比2017年增长15%。同时,除了传统被认为是金融科技核心市场的美国、英国、中国三大市场,其他国家的投融资数量占整体数量的39%。

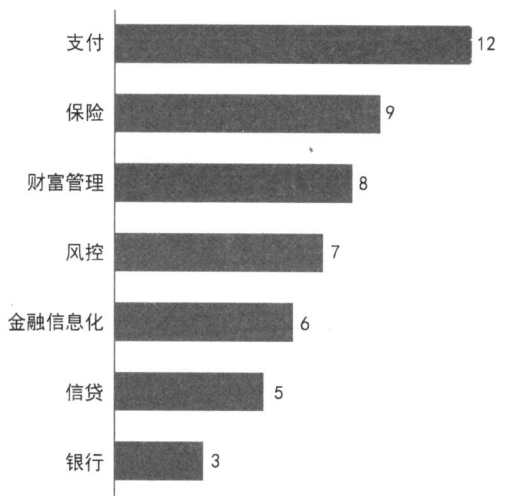

图1-2 2019年全球金融科技创新企业50强行业分布

从地域分布上看,亚洲地区已取代北美成为金融科技领域新的投资热土。2018年,亚洲地区金融科技创业公司获得融资的数量比2017年增长38%,共计516个项目,获得220.65亿美元融资。例如,2014年中国金融科技企业融资规模仅占全球的3.1%,但到2018年中国金融科技企业融资规模已占全球的16.4%,增速远超欧美等国家和地区。

2) 金融科技的发展环境:重视监管,鼓励发展

网络安全和数据保护的风险不限国界。这一问题将在所有国家和行业出现,各国政府已达成高度共识,并正在积极致力于解决这一问题。目前,各个国家对网络风险十分警惕,大多数司法管辖区都出台了保护金融体系的框架文件。调查显示,大多数司法管辖区已将金融科技的网络风险确定为金融监管的重要问题。

2018年至今,国外实施了多项变革性监管措施。例如,英国的开放银行战略,实施银行与第三方机构之间的数据交换;欧盟实施了第二代支付服务,银行将对第三方支付机构开放支付接口,并接受美国金融科技公司的国家银行牌照。具体如表1-2所示。

表1-2 国际金融科技监管举措①

国家	举措
美国	1. 启动"监管沙盒",鼓励数字货币和区块链创新 2. 开始接受从事银行业务的非储蓄性金融科技公司申请全国性银行牌照

---

① 易观国际.中国金融科技专题分析 2019[R/OL].(2019-02-27)[2020-8-11]. https://www.analysys.cn/article/detail/20019190.

(续表)

国家	举措
英国	1. 创建一项全球计划,以改善监管机构与公司在创新金融技术(如区块链)上的合作 2. 大不列颠和北爱尔兰市场份额最大的9家银行(CMA9)建立并采用统一的开放银行服务数据和客户资格指标
日本	为了更好地推进金融科技和数字货币的发展,日本对其金融监管机构——金融服务管理局进行了全面改革
韩国	推出新监管法规,旨在鼓励金融机构在支付系统中使用区块链技术,以更好地保护用户信息。新法规将会为银行和保险公司打开大门,一方面可以保护客户数据,另一方面能够简化区块链解决方案的验证流程
立陶宛	想要进入欧盟市场的金融科技企业可直接在线申请金融牌照,牌照在单一欧元支付区域内有效

(二) 我国金融科技的发展现状及特点

1. 我国金融科技的发展现状

中国在金融科技应用方面处于领先地位。调查结果显示,有四分之三以上的中国保险业受访者已提供了基于保险科技的产品和服务,另有近三分之二的中国资产和财富管理业受访者提供了智能投顾服务。这在某种程度上是由于中国的监管机构致力于推动由科技驱动的创新,以提高竞争力、扩大金融服务的覆盖面。此外,由于中国企业不受基础设施升级换代的制约,它们能迅速应用新兴技术,如用人脸识别技术辅助客户身份识别和推动虚拟银行业务。

2. 我国金融科技的主要参与者

1) 互联网公司

在当前的国际市场上,以百度、阿里巴巴、腾讯、京东为代表的中国互联网企业,无论是在技术基础、商业模式、政策环境方面还是在人才供给方面都具有很强的竞争力,行业覆盖面也非常广泛。此外,在细分行业方面,我国互联网公司在电子商务和移动支付这两大最重要的金融科技应用场景上优势明显,拥有成熟的商业模式和深厚的市场规模。

2) 传统金融机构

虽然传统金融机构在金融技术发展中没有发挥主导作用,但它们对此次金融科技的发展持积极态度。随着金融科技的不断发展,传统金融机构也在逐步加快金融科技的应用。比如,传统银行利用客户数量、理财产品、柜台数量等优势与互联网公司合作,简化服务流程,将服务流程移动到网上,形成自己的优势。

3) 其他行业领军企业

经过多年的积累,许多行业龙头企业积累了大量资源,形成了资源壁垒,它们积极与互联网公司和传统金融机构合作,参与金融科技的发展。例如,中国平安、蚂蚁集团、腾讯、京东、微众银行等不同行业的头部大公司已经建立并占据了竞争格局重要地位。

3. 我国金融科技的发展特点

1）金融科技强调严监管和防风险

金融科技在促进创新和服务效率的同时也带来了一些问题与风险隐患。2018年年初,虚拟货币暴涨及年中P2P大规模"暴雷"引起了监管层高度关注。2018年中央经济工作会议将"防范化解重大风险"列为重点工作,其中防范金融风险是其工作的重中之重。随着监管机构对金融科技的理解和认识的加深,我国正在逐步建立和完善金融科技的长远发展和长效监管机制。从近期央行及银保监会的表态来看,监管力度会越来越严。以2018年为例,我国与金融科技监管相关的政策措施如表1-3所示。

表1-3 2018年我国与金融科技监管相关的政策措施①

时间	事件
2018年1月	中国人民银行(央行)鼓励商业银行积极运用技术手段提升账户审核水平流程
2018年3月	央行明确外商投资支付机构准入和监管政策,鼓励公平竞争,促进市场开放,防范业务风险
2018年5月	央行严惩支付机构为非法互联网平台提供资金清算、支付服务的违法违规行为
2018年7月	支付机构条码支付和监测标准出台
2018年8月	全国金融标准化技术委员会提出了聚合技术平台的基本框架,规定了聚合支付系统实现、安全技术、安全管理、风险控制等要求
2018年10月	全国金融标准化技术委员会提出加强支付受理终端安全管理,保障支付受理终端注册信息和交易信息的真实性、完整性、可追溯性和一致性
2018年12月	中国互联网金融协会发布《互联网金融从业机构反洗钱和反恐怖融资风险管理及内控指引手册》

2）金融科技渗透加速

从科技向金融科技的转化路径来看,科技在金融业中的辅助地位正在逐步提升,已成为未来金融业融合发展的关键因素。

近年来,随着金融技术的应用,移动支付、网上银行、智能投顾、大数据征信等新型互联网金融业态开始出现。未来,现代技术将进一步渗透金融体系,实质性地改变商业模式,提高效率,为金融业创造更多新的商业模式和业务形态。

4. 进入全方位数字化升级新阶段

当金融机构面临增长约束时,传统商业模式下的生产效率和生产关系无法显著改善企业业务,也无法产生好的商业模型。数字化技术可以帮助金融机构突破现有瓶颈,优化成本结构,提高业务效率。因此,金融技术将成为数字经济发展的动力。金融科技创新应用可以惠及传统金融模式无法覆盖的最小群体,大力推进普惠金融的发展。此外,金融科技还可以基

---

① 易观国际.中国金融科技专题分析2019[R/OL].(2019-02-27)[2020-8-11].https://www.analysys.cn/article/detail/20019190.

于联盟链及可信技术,实现企业间的可信业务协作及监管系统构建,从而实现金融基础设施建设及业务创新应用的双轮数字化升级。未来,在金融科技的助力下,我国金融业将开启"产业为本,金融为用,科技创新"的全方位数字化升级新阶段。

三、金融科技发展所面临的风险

(一) 安全风险和行业规范问题难以忽视,新类型风险出现

金融科技发展前景广阔,但在快速扩张的背景下,风险和行业标准问题却很难得到解决。同时,金融技术的发展也面临诸多挑战:新技术会带来新的金融风险。例如,在普惠性金融交易中,新的技术可以提高风险评估和定价的准确性,减少信息不对称和传统金融风险,然而,新技术的使用对数据的可用性和质量的高度依赖性会导致风险评估的分歧,甚至出现"算法歧视"问题,导致商业风险、技术风险和网络风险的叠加和溢出效应,进而产生新的金融风险。因此,在严格控制传统金融风险的基础上,监管部门应尽快建立新的风险控制体系。

(二) 新技术改变了传统金融市场运行方式,系统性风险增大

在交易层面,新技术促进了一般金融交易的表外化,也创造了新的金融业态。其法律关系不同于一般的银行资产负债业务,金融风险很容易向公众扩散。在市场层面,大数据技术驱动金融业跨行业、跨市场运作,从而提高了交易效率,但同时也增加了系统性风险。此外,在跨境业务中,金融技术的应用也使监管的有效性受到影响。

(三) 新技术对现行监管体系提出挑战,监管难度加大

对于监管而言,如何在促进创新和控制金融风险之间取得平衡是一个关键问题。新技术的发展不仅带来了新的金融风险,同时也带来了金融交易和商业模式的一系列变化。因此,从监督的角度来看,我们既要管理有效的金融创新,又要限制低效甚至无效的金融创新。"监管沙盒"是一种对金融创新采取更全面更包容监管的方式,以防止过度监管对金融创新产生不利的影响。目前,我国的"监管沙盒"已在北京、上海等多地开始付诸实践。

专栏 1-1

2020 全球金融科技发展国家排名

2020 年 9 月 26 日,全球高级别金融科技大会——外滩大会第三日,浙江大学国际联合商学院院长贲圣林现场发布《2020 全球金融科技发展报告》。该报告指出,2020 年全球金融科技发展排名前十位的国家为中国、美国、英国、澳大利亚、加拿大、新加坡、日本、德国、荷兰、法国。全球金融科技上市公司市值的 89% 由中美占据,"中美双雄"的格局初步呈现。全球金融科技产业排名前十位的国家分别为美国、中国、英国、新加坡、加拿大、澳大利亚、法国、印度、德国、日本。其中,美国高融资未上市企业为 292 家,上市企业市值高达 1.3 万亿美元,均居全球首位;中国表现亮眼,中美两国金融科技产业得分分差小于 0.05 分,其数字支付交易规模超

其余9国之和。全球金融科技生态排名前十名的国家分别为美国、英国、中国、日本、韩国、澳大利亚、加拿大、荷兰、以色列、新加坡,发达国家金融科技生态优势明显。

专栏1-2

2020银行金融科技布局情况盘点

金融科技的浪潮愈演愈烈,大数据、云计算、移动互联网等新兴技术正在颠覆银行传统的业务模式。变革之下,各家银行将金融科技提升到了战略高度,持续加大资源投入,以推动数字化、智能化、生态化转型,构建强大的业务能力,以期在新一轮竞争中赢得优势。

在战略层面,2020年上半年,农业银行制定了信息科技近期发展规划(2020—2021年),提出通过"七大技术、五大支柱、六大中台、两大保障"具体推进信息科技"iABC"战略;邮储银行制定新一轮大数据五年(2020—2024年)发展规划,深化大数据应用;招商银行坚持"轻型银行"战略方向和"一体两翼"战略定位,赋能数字化转型;民生银行在贯彻金融科技战略三年规划(2019—2022年)的基础上,明确2020年科技金融"十件大事",切实推进"科技金融银行"战略落地。多家银行在延续此前金融科技规划的基础上进一步发展。

资金投入和人才建设情况能够更直观地体现出银行发展金融科技的决心。从各银行披露的数据来看,2020年上半年,邮储银行信息科技投入51.64亿元,占营业收入比例3.53%;招商银行信息科技投入39.22亿元,同比增长7.95%,占营业收入的2.86%;民生银行信息科技投入19.01亿元。

截至2020年6月,建设银行科技类人员数量为10 940人,占集团人数的2.98%;邮储银行制定2020年信息科技人才工程实施方案,开展常态化招聘,总行信息科技队伍较2019年年末增长20.35%;民生银行及民生科技有限责任公司科技人员数量达2 419人;浙商银行科技人员(含外包)达1 700余人。

我们从以上数据可以看出,依托金融科技发展规划,各银行的新技术应用逐步迎来爆发期。未来,如何深化数字化转型,如何找到更具个性化的发展路径和创新突破点,或将成为各银行需要进一步思考的问题。

参考资料来源:银数观卡.2020银行金融科技布局情况盘点[EB/OL].(2020-10-20)[2020-8-17].https://www.sohu.com/a/426046894_659885.

第二节 金融科技的未来发展趋势

《前瞻2020:金融科技的热点赛道和业态》报告指出,2019年以来金融科技产业大事迭起,全球投融资热度持续。该报告统计了中美英三国目前最受关注的200余家金融科技企业,按照CB Insights的赛道划分,约四分之三的企业分布在银行与信贷、支付、保险三条赛道上,其中个人贷款和信用卡服务、企业贷款和供应链金融、创新性保险产品、支付服务等是最重要的细分赛道;其余企业分布在安全与监管科技、金融类企业服务、不动产和汽车金融、资产和财富管理、资产交易平台及区块链等赛道上。该报告还分析了金融科技产业的5个当前热点业态,分别是金融SaaS、开源软件、金融科技出海、开放银行和监管科技。

2020年,全球金融科技生态不断走向成熟。我们注意到,人们将更多的关注聚焦于开放数据,多个司法管辖区的监管更加清晰,大型金融科技企业吸收越来越多的技术人员,人工智能和区块链等技术不断发展。基于此,金融科技的未来发展趋势主要包括以下七个方面。

一、银行与金融科技公司将致力于有效的结构性合作

在金融科技赋能传统金融业发展的过程中,有21%的银行认为其系统足够灵活,可以与金融科技企业进行合作;有6%的银行通过与金融科技企业合作实现了预期的投资回报率;有70%的金融科技公司在文化或组织上与银行相左;近半的金融科技公司表示没有找到理想的合作伙伴。

未来,银行要想保持竞争力和对消费者的吸引力,就要与金融科技公司建立数据驱动和以客户为导向的合作伙伴关系,优先进行中后端转型,并最终改善前端体验。尽管银行对于新技术开发的总投资从2016年的24%增加到2019年的33%,但其中端和后端运营仍然基于复杂的、手动的业务流程,这样导致客户体验很不流畅。

二、金融科技场景应用更深入,技术融合推动金融科技迈入新阶段

随着云计算、大数据、人工智能和区块链等新兴技术在金融行业的深入应用,科技对于金融的作用被不断强化,创新性的金融解决方案层出不穷,金融科技发展进入新阶段。例如,云计算应用进入深水区,将更加关注安全稳定与风险防控。据中国信息通信研究院的调研,已有过半数的金融机构使用OpenStack等开源云计算技术。传统计算、网络和存储云方案已经同质化,客户需要的是上层PaaS、SaaS能力甚至是业务和商业解决方案能力。大数据应用走向跨界融合,标准与规范是未来发展关键。当前,金融行业的大数据应用已经非常普遍和成熟,也取得了较为显著的应用成效,有深度的大数据分析变得越来越重要,用户画像和知识图谱成为重要的技术。人工智能应用加速发展,从计算向感知与认知的高阶演进。从目前人工智能在金融领域的应用趋势来看,人工智能通过与大数据技术的结合应用,已经覆盖营销、风控、支付、投顾、投研、客服各金融应用场景。区块链前景广阔,拥有在金融领域应用的先天优势,因为本质上区块链就是一种经济模式,主要解决非信任网络的记账问题。金融区块链平台成为热点,在多领域应用落地。金融是区块链技术应用场景中探索最多的领域,目前主要应用于供应链金融、贸易融资、支付清算、资金管理等细分领域。

在推动金融科技发展进入新阶段的过程中,云计算、大数据、人工智能和区块链等新兴技术并非彼此孤立,而是相互关联、相辅相成、相互促进的。当前,大数据提供的基础资源结合

云计算等一系列新技术，推动了以人工智能为代表的金融科技发展。而新兴的区块链等技术为金融业务基础架构和交易机制创造了更富想象力的机会空间。从发展趋势看，以云计算、大数据以及区块链为代表的新兴技术正在不断交叉融合，更加成熟的一系列应用场景正逐步落地，共同推动金融科技发展进入一个崭新的阶段。

从未来发展趋势看，云计算、大数据、人工智能和区块链等新兴技术的技术边界在不断削弱，未来的技术创新将越来越多地集中在技术交叉和融合区域。

三、监管科技将成为金融科技新应用爆发点

国家高度重视金融风险防控和安全监管，中共十九大报告明确指出要"健全金融监管体系，守住不发生系统性金融风险的底线"。随着金融科技的广泛应用，金融产业生态发生深刻变革，以互联网金融为代表的金融服务模式创新层出不穷。传统模式下基于传统结构性数据的监管范式已不能满足金融科技新业态的监管需求，以降低合规成本、有效防范金融风险为目标的监管科技正在成为金融科技的重要组成部分。

我国金融科技发展规划继续稳步落地，监管科技应用框架及数字化监管能力有望加速构建，风险态势的自动化、智能化感知分析能力将不断增强。随着金融科技创新监管试点不断深入，金融创新的试错、容错和风险监控机制将持续完善，创新成果将更加多元，创新与监管的平衡机制将更加有效。

一方面，金融监管机构利用监管科技，能够更加精准、快捷和高效地完成合规性审核，减少人力支出，实现对金融市场变化的实时把控，进行监管政策和风险防范的动态匹配调整。另一方面，金融从业机构利用监管科技能够无缝对接监管政策，及时自测与核查经营行为，完成风险的主动识别与控制，有效降低合规成本，增强合规能力。可以预见，未来1~3年监管科技将依托于监管机构的管理需求和从业结构的合规需求，进入快速发展阶段，成为金融科技应用的爆发点。

四、行业应用需求不断扩展，将反向驱动金融科技持续创新发展

技术在满足需求的同时，也将在需求的驱动下不断发展创新。金融科技应用在推动金融行业转型发展的同时，金融业务发展变革也在不断衍生出新的技术应用需求，从而实现对金融科技创新发展的反向驱动。这种驱动可以从发展和监管两条主线上得到显著体现。

一是发展层面。新技术应用推动金融行业向普惠金融、小微金融和智能金融等方向转型发展，而新金融模式又衍生出在营销、风控和客服等多个领域的一系列新需求，这些新需求需要通过新的技术创新来满足。

二是监管层面。互联网与金融的结合带来了一系列创新的金融业务模式，但同时互联网金融业务的快速发展也带来了一系列的监管问题，并对金融监管提出了新的需求，这些新需求需要通过监管科技创新来实现和支撑。从未来的发展趋势看，随着金融与科技的结合更加

紧密,技术与需求相互驱动作用将更加明显,金融科技的技术创新与应用发展有望进入更加良性的循环互动阶段。

五、关键技术应用将加快落地

互联网日益成为人们获取金融服务的重要途径,未来技术创新在金融领域的应用将加快落地。大数据技术将在金融机构、客户营销、银行信贷风险管理、信用评估等方面进一步提升精准性和风险预警的时效性。人工智能在提高金融服务自动化、智能化方面的应用将更为广泛。区块链技术在分布共享数据等场景的应用将不断丰富,更好地发挥防篡改、可追溯、多方协同的优势。新一代信息技术形成融合生态,推动金融科技发展进入新阶段。

在金融行业的具体应用落地方面,金融云和金融大数据平台一般都是集中一体化建设,人工智能的相关应用也会依托集中化平台来部署实现。在可预期的未来,技术创新与金融应用需求将进入一个更加良性的循环过程。

六、基础设施建设将加快推进

经过多年建设,我国逐步形成了为货币、证券、基金、期货、外汇等金融市场交易活动提供支持的基础设施体系。但随着金融科技的快速发展,经济金融加速向数字化转型,对数据平台以及支付等基础服务设施也提出了更高的要求,5G 网络建设、互联网协议第六版(IPv6)规模部署将为金融服务提供更加高效、安全、稳定的网络基础设施,行业支付清算体系将持续完善,金融、税务、市场监管、社保、海关、司法等领域的数据将加快融合,金融信息、信用信息基础设施数据库建设也将稳步加强。

目前,我国 5G、IPv6 等网络基础设施正在有序推进,将为金融科技服务提供高速率、广普及、全覆盖的网络基础设施;各类支付清算系统功能也在持续完善,为移动支付创新提供坚实的支付基础设施。为推动建设具有国际竞争力的现代化金融体系,有效发挥金融市场定价与资源配置功能,未来我国将推动形成布局合理、治理有效、先进可靠、富有弹性的金融基础设施体系。

七、金融科技与数字经济的相互促进作用更为明显

目前,金融科技已融入数字经济的各类新业态、新模式当中,金融机构与科技公司将进一步深化供应链金融合作服务,推进产业链运营、供应链管理、交易风险管控等领域的数字化升级。未来,随着数字经济发展进入快车道,企业数字化、产业互联网、数字城市治理等数字经济领域积累了大量的数据,有望进一步推动金融科技在提升金融服务质量、防范金融风险等方面发挥更大的作用。

金融机构已充分意识到金融科技的价值,未来金融机构将更加积极拥抱金融科技,金融科技应用也将加快落地。大数据技术将在信贷风险管理、客户画像等方面提升精准性和风险预警

的时效性,人工智能将在业务咨询、智能客户等方面应用更广泛,云计算将有效降低金融机构的计算成本和可扩展性,区块链技术将更好地发挥其在防篡改、可追溯、多方协同等方面的优势。

专栏 1-3

2020 年金融科技盘点及展望

一、金融科技各项政策落实,"监管沙盒"试点深入,标准化有望提速

在强监管的同时,支持金融科技应用创新试点的"监管沙盒"在 2020 年正式启动。在央行的指导下,北京、上海、重庆、深圳等 9 个试点地区 2020 年共推出 70 个创新项目试点,申请主体除持牌金融机构外,还包括至少 30 家科技公司。随着 2021 年"监管沙盒"试点的持续推进,试点经验逐步积累,金融科技创新应用继续深入。

随着金融科技产品日渐丰富,金融科技标准化工作被提上议事日程。2020 年,"国家金融科技测评中心"在深圳正式成立,"国家金融科技认证中心"在重庆成立,新的金融科技标准化将提速,金融科技产品上线前检测工作开始试水。

二、融控股公司有望成立,大型金融科技公司反垄断监管加强

2020 年,《金融控股公司监督管理试行办法》与《关于实施金融控股公司准入管理的决定》公布并于 11 月开始实行,该办法明确对非金融企业投资形成的金融控股公司依法准入并实施监管,从制度上隔离实业板块与金融板块。

三、赋能实体经济,科技在小微金融、供应链金融、三农金融中的应用加深

金融科技近些年的创新主要在消费金融端,随着互联网获客成本上升,监管趋严,消费金融竞争加剧,增长放缓,小微企业、供应链金融及三农金融等领域将成为金融科技服务的蓝海。

2021 年,在国内国际双循环发展格局下,从监管和市场两方面看,科技在小微金融、供应链金融及三农金融等领域都将有更大的发展空间。

四、持牌机构加大金融科技投入,创新型金融机构加速获批

2020 年以来,具有金融科技基因的创新型金融机构受到监管方的支持,设立明显提速,包括两家直销银行、5 家消费金融公司等。2021 年,持牌机构的金融科技创新依然会行驶在快速路上。

五、金融科技深化:从信贷科技到保险,资管科技全面铺开;从线上创新为主,到线上线下融合

金融科技正在从信贷向保险、证券资管等领域快速渗透。保险科技与资管科技或将推进人工智能、大数据、云计算、区块链等技术在理赔、信用风险监控、精准营销、支付转账、金融合约、监管审计、投顾、投研、投资等方面的应用。

第二章

第三方支付发展现状及其风险防范

2021年3月,曾表态不会进军移动支付行业的华为技术有限公司(以下简称华为)全资收购了深圳市讯联智付网络有限公司,持股比例为100%。其目的显而易见,就是看中了后者手中的移动支付牌照。这被业界视为华为正式布局移动支付行业的"冲锋号"。

实际上,华为早就开始进军移动支付领域。2016年8月,华为联合银联推出银联手机闪付产品——华为支付(Huawei Pay),并基于此推出了出行、支付、小额借贷等金融服务。2020年,华为又联合中信银行推出联名信用卡。据悉,目前华为支付已经覆盖交通、商超、便利、电商、餐饮、生活服务等多个场景,其中在交通领域的覆盖尤为广阔。截至2020年年末,Huawei Pay已经支持59种手机交通卡,覆盖全国312个城市。

此外,华为还布局了数字人民币业务。2020年10月,华为在上海正式发布华为Mate40系列手机,该系列手机是全球首款支持数字人民币硬件钱包的智能手机。如果未来我国大面积推行数字人民币,那么与数字人民币相结合的手机就成了真正意义上的钱包。华为进军移动支付领域的野心可见一斑。

2019年以来,多家互联网头部公司加快布局第三方支付领域,分别获得了属于自己的支付牌照。2020年1月,拼多多公司通过间接收购的方式获得支付牌照;同年8月,字节跳动公司通过关联公司完成了对合众易宝公司的并购,获得了互联网支付牌照,并先后申请了"抖音支付""字节付"等商标;同年11月,同为短视频平台的快手公司也通过收购持牌支付机构——易联支付公司间接获得支付牌照。

不过,目前在移动支付领域,支付宝和微信支付仍是这一市场的绝对主导。据艾瑞咨询发布的数据显示,2019年第三方移动支付业务交易规模排在前两位的分别是支付宝和微信支付,分别占全市场的54.4%和39.4%。随着华为等互联网头部企业着手打造自己的移动支付平台,两大巨头的主导地位能否被撼动,国内移动支付行业会否迎来新格局,我们拭目以待。

第一节 第三方支付概述

随着电子商务的迅猛发展,网上支付成为其发展过程中必须解决的关键问题。但是,网络的虚拟性、匿名性和开放性等引发的安全问题和信用问题，造成了大多数网民对网上支付的不信任，从而影响了整体网上支付市场的发展。作为"信用缺位"条件下的补位产物，第三方支付应运而生，在一定程度上解决了网上支付的安全和信用问题。同时，第三方支付作为一种创新型支付模式，为金融与经济的发展提供了动力，弥补了传统金融机构服务的不足，促进了金融体系的完善。

一、第三方支付的概念、业务流程及特点

1. 第三方支付的概念

第三方支付是指非银行支付机构在收款人和付款人之间作为中介机构所提供的网络支付、预付卡的发行与受理、银行卡收单以及中国人民银行确定的其他支付服务。从事第三方支付的非银行金融机构被称为第三方支付机构（或第三方支付商），它是独立于电子商务商户和银行，为商户和消费者（在交易过程中，消费者可能是其他商户）提供支付服务的机构。具体来讲，第三方支付机构是具备一定实力和信誉保障的独立机构，它们通过与银行、运营商、认证机构等合作，并以银行的支付结算功能为基础，向企业和个人用户提供个性化的支付清算服务和营销增值服务。在提供这些服务时，第三方支付机构必须持有国家相关部门颁发的支付业务许可证，也就是俗称的"第三方支付牌照"。第三方支付业务类型、牌照内容和典型公司如图2-1所示。

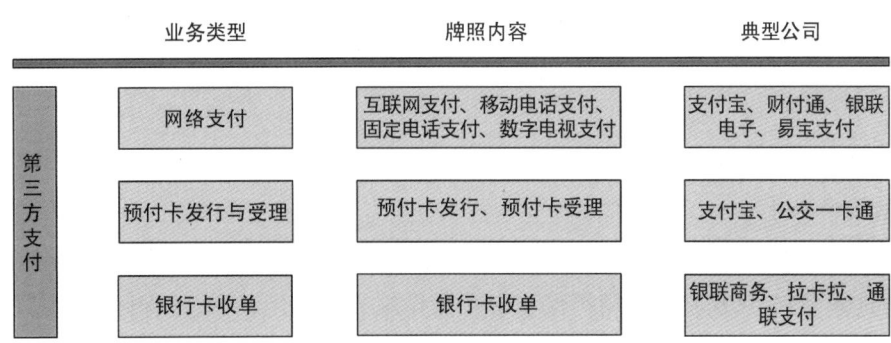

图 2-1　第三方支付业务类型、牌照内容和典型公司

2. 第三方支付的业务流程

第三方支付的典型业务流程为：①买方选购商品后，使用第三方支付机构提供的账户进行货款支付，第三方支付机构在收到代为保管的货款后，通知卖方货款到账，要求卖方发货；②买方收到货物、检验商品并确认后，通知第三方支付机构付款；③第三方支付机构将货款划转至卖方账户。这一业务流程实质上是一种提供结算信用担保的中介服务方式。以B2C交易为例，其基本的支付流程如图2-2所示，具体包括如下几个步骤。

（1）顾客在电子商务网站购买商品，与商家讨价还价后，下单购买。

（2）购买后，顾客选择支付方式，用借记卡或信用卡将货款划到买方银行账户。

(3) 买方银行账户向第三方支付机构付款。

(4) 第三方支付机构通知商家进行发货。

(5) 商家收到通知后按照订单发货,并在网站上做相应的记录,顾客可在网站上查看自己所购买的商品的状态;如果商家没有发货,则第三方支付机构会通知顾客交易失败,并询问是将货款划回其账户还是暂存在第三方支付机构账户。

(6) 顾客收到货物并确认满意后通知第三方支付机构。如果顾客对商品不满意,或是认为商品与商家描述有出入,可通知第三方支付机构拒付货款并将货物退回商家。

(7) 顾客满意时,第三方支付机构将货款划入卖方银行账户,交易完成。若顾客对货物不满意,则第三方支付机构在确认商家收到退货后将顾客的货款划回买方银行账户或暂存在第三方支付机构账户中等待顾客下一次交易时使用。

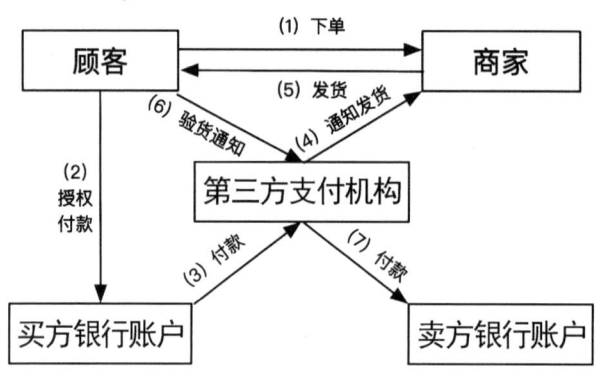

图 2-2　B2C 交易中第三方支付流程

3. 第三方支付的特点

1) 信用中介性

第三方支付机构作为信用中介解决了买卖双方的信任问题。第三方支付机构不涉及双方交易的具体事宜,只是起到信用担保和中介操作服务的作用,有效地保障了交易诚信及资金转移等环节,并在交易过程中对交易双方进行一定的约束和监督。信用中介性成为第三方支付最重要的一个特点。

2) 虚拟性

第三方支付机构运用互联网技术,为买卖双方搭建了一个虚拟的交易平台,并且全程没有现金的收付,支付均通过电子货币实现。

3) 便捷高效

第三方支付操作程序比较简单、交易费率极低,并能让用户体验到良好的服务,这些优势促进了第三方支付的快速发展。此外,第三方支付机构通过整合各大银行的支付通道,实现了交易结算的高效对接,不仅使交易更加便捷,而且节约了大量时间,从而方便了商家和消费者,推动了商务经济的快速发展。

二、我国第三方支付的发展历程

在信息技术和电子商务快速发展的现实背景下,电子支付需求不断增长,再加上"互联网+"的现实政策鼓励,我国第三方支付呈现出爆发式发展态势。第三方支付在我国的发展历程大体可以分为以下五个阶段。

(一) 1999—2005 年:市场探索阶段,各类支付业态"百花齐放"

在这个时期,第三方支付在我国正式落地生根,并出现了多样化的业态模式。例如,首信易(1999 年成立)、环迅支付(2000 年成立)等公司专注于在线支付;银联商务公司(2002 年成立)主要提供第三方银行卡收单服务;拉卡拉公司(2005 年成立)早期深耕个人支付领域,提供包括信用卡还款、生活缴费等线下便民支付服务;预付卡领域中,资和信控股集团设立了全资子公司——资和信电子支付有限公司(1999 年成立),用于发行商通卡。

在初始的市场探索阶段中,第三方支付的各类子业态都在各自的领域里摸索发展路径。由于当时第三方支付仍然是一种新鲜事物,且监管政策尚未明晰,大量资本涌入了近似于没有门槛设置的第三方支付行业。但此时,由于网购和电商等第三方支付主要上游市场尚未兴起,第三方支付行业的整体市场规模有限。在规模不大的市场容量中,由于存在着大量同质化的参与者,大量第三方支付企业处于激烈的恶性竞争状态,多数企业无法取得盈利。

(二) 2006—2012 年:支付普及、监管明晰阶段

这一阶段受阿里巴巴公司旗下的淘宝和天猫等电商平台的推动,电商市场得到了蓬勃的发展,有效带动了第三方支付(特别是互联网支付)的快速发展。特别是淘宝 2009 年发起的"双 11 购物节",更是间接地将互联网支付的普及率推到了新的高点。经过电商购物的"培养",用户开始对第三方支付(主要是互联网支付)产生依赖,在购物以外的领域也开始偏好使用方便快捷的第三方支付。从满足需求到创造需求,第三方支付开始逐渐推动传统企业向电商转型。

在该阶段,第三方支付的各类子行业开始分化,市场优胜劣汰现象开始显现,但是参与主体的盈利能力仍然欠缺。同时,在这一阶段国家对第三方支付的监管日益明晰并趋严。2011 年,支付宝、拉卡拉、快钱等具有代表性的支付平台在央行发放牌照的高峰期获得支付牌照。

(三) 2013—2015 年:第三方支付开始涉足互联网金融

2013 年,以余额宝的成功为标志,第三方支付平台开始开拓金融服务,并以此作为新增长点。

此时,上游细分市场已接近饱和,第三方支付市场利润大幅缩减,像快钱等部分独立支付企业出于战略考量不再深入拓展 C 端市场;而传统行业纷纷利用电子商务转型升级,以京东、苏宁、平安为代表的企业出于电商化转型战略考虑,开始进军第三方支付领域。在此背景下,余额宝等账户理财产品的火爆使得在线销售金融产品给第三方支付企业带来较多的利润和流量,第三方支付企业逐渐涉足传统金融服务领域,开展账户类服务,将沉淀资金与货币基金结合,相继推出"宝宝类"理财产品,利用便捷金融服务维系用户黏性。

(四) 2016—2017 年:"红包"点燃转账激情,移动支付登场

2016 年,支付宝、财付通等平台抓住春节亲友间互送"红包"的需求点,以"电子红包大战"为契机,开拓并培养用户社交时利用手机转账的习惯。虚拟账户间转账成为第三方支付交易规模的增长动力,转账用户渗透率进一步上升,交易规模再创新高,达到 14 783.8 亿元。此外,第三方支付平台中的货币基金、保险等活钱理财业务受年终奖因素的推动,交易规模快速上升。在这两项主要业务的影响下,这一阶段第三方支付平台的同比增速及环比增速均保持较高水平,移动支付环境已全面形成。

(五) 2018 年以后:线上线下场景融合,一体化服务

2018 年以后,线下消费蕴含的无限商机带动手机扫码支付交易规模不断增长,近年来 PC 端的第三方支付交易规模增速已经被移动端赶超,商家的营销重点伴随用户的支付习惯向移动端转移,第三方支付移动化趋势显著。

随着技术的发展,脸部识别、声波感应等人机交互技术被应用于移动支付实践,具有便捷便利性的移动支付渗透到人们的每个生活场景中:从线上线下购物、公共缴费到金融服务。第三方支付平台为了在激烈的竞争中生存,需要凭借一体化综合服务来满足消费者的需求。

专栏 2-1

支付宝的发展历程

2003 年 10 月,淘宝网首次推出担保交易服务。2004 年 12 月,支付宝正式成立。2005 年 3 月,支付宝与工商银行达成战略伙伴协议。2007 年 8 月,支付宝联合建设银行、中国银行全面拓展海外业务,支付宝会员可使用人民币在支付宝合作的境外电商网站上购物。2008 年 10 月,支付宝公共事业缴费服务正式上线。2009 年 6 月,支付宝推出手机客户端 App,开启了移动支付时代。2010 年 3 月,支付宝用户数突破 3 亿人。2010 年 12 月,支付宝创新的"快捷支付"正式亮相,大幅度提升了支付成功率,为移动支付奠定了技术基础。2011 年 5 月,支付宝获得了央行颁发的国内第一张《支付业务许可证》。2011 年 7 月,支付宝宣布推出全新的手机支付产品——条码支付,首次通过在线支付技术进入线下市场。2012 年 5 月,支付宝获得基金第三方支付牌照。2013 年 6 月,支付宝与天弘基金合作的货币基金产品余额宝上线,其便利的操作方式让余额宝迅速得到用户认可。2013 年 11 月,12306 网站正式开通支付宝购票通道。2014 年 7 月,支付宝钱包率先试水指纹支付,移动支付跨入生物识别时代。2014 年 10 月,起步于支付宝的蚂蚁金融服务集团(蚂蚁金服)正式宣告成立。2014 年 12 月,"蚂蚁花呗"面世,用户在淘宝天猫购物时可获得"这月买、下月还"的网购体验。2015 年 1 月,支付宝首推芝麻信用分,该功能可直观地呈现用户的信用水平。2015 年 9 月,蚂蚁金服宣布启动"互联网推进器计划",将在渠道、技术、数据、征信乃至资本层面与金融机构加大合作,计划在5年内助力超过1 000家金融机构向新金融转型升级。2016年1月，央视与蚂蚁金服旗下的支付宝在北京联合发布了猴年春晚的互动新玩法——咻红包、传福气。2016年8月，"蚂蚁森林"正式上线。2017年9月，支付宝宣布在肯德基的KPRO餐厅上线刷脸支付。这成为刷脸支付全球首个商用试点。2018年5月，支付宝提出"码商"概念并发布"码商成长计划"，为线下数千万"码商"提供保障和成长助力。2018年11月，支付宝成为欧足联全球合作伙伴。2019年3月，支付宝及其境外数字钱包伙伴服务用户超过10亿人。2019年8月，支付宝发布国内首个"生物识别用户隐私与安全保护倡议"，呼吁规范和保护用户信息。2019年11月，支付宝推出面向外国游客的"支付宝海外版"。2019年12月，中国工商银行与阿里巴巴、蚂蚁金服达成全面战略合作。2020年3月，支付宝举行合作伙伴大会，宣布打造支付宝数字生活开放平台，聚焦服务业数字化，并立下"未来3年，携手5万服务商帮助4 000万服务业商家完成数字化升级"的目标。

参考资料来源：支付宝.公司历程[EB/OL].(2020-03-24)[2020-08-10]. https://www.antgroup.com/about/history.

三、第三方支付的业务类型

第三方支付机构作为收款方及付款方之间的支付桥梁，主要通过搭建支付平台，为收付款双方提供资金划转、资金清结算以及技术安全保障服务。根据中国人民银行发布的《非金融机构支付服务管理办法》，第三方支付业务包括网络支付、预付卡发行与受理、银行卡收单以及中国人民银行确定的其他支付业务。其中，网络支付又具体分为货币汇兑、互联网支付、移动支付、数字电视支付和固定电话支付。除了以上基本业务，随着第三方支付机构服务丰富度的增加，第三方支付机构逐渐探索出其他业务模式，如利用数据资源开发大数据产品、提供精准营销等增值服务，以实现多样、灵活的盈利模式。第三方支付的业务类型如图2-3所示。

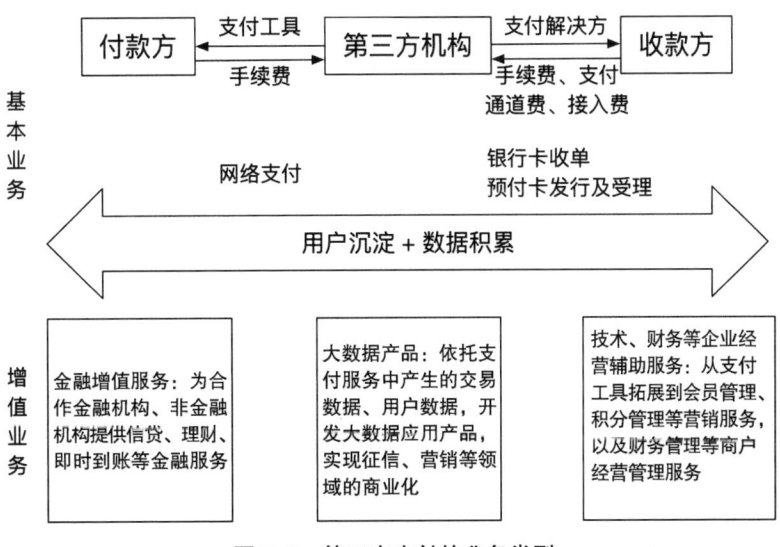

图2-3　第三方支付的业务类型

(一) 网络支付

网络支付是指利用公共网络或专用网络实现货币资金在收付款人之间转移的业务。根据支付媒介的不同,网络支付可以细分为货币汇兑、互联网支付、移动支付、数字电视支付、固定电话支付等。在网络支付过程中,第三方支付平台起到了支付途径与信用中介的作用。

货币汇兑是指第三方支付机构依托银行,为小额电子商务交易双方提供的跨境互联网支付所涉的外汇资金集中收付及相关结售汇业务。该项业务许可证从2012年开始就已经被央行取消。

互联网支付是指以互联网为媒介,通过台式电脑、便携式电脑等设备完成在线支付和资金清算等行为的业务。市场上的代表企业主要有支付宝和财付通。

移动支付是指以移动通信网络为媒介,将移动电话与金融系统相结合,为用户提供商品交易、缴费、银行账号管理等金融服务的业务。移动支付包括远程支付和近场支付两种形式,远程支付是指第三方支付机构与电信运营商合作,通过手机完成各种支付业务;近场支付是指通过手机射频(NFC)、红外、蓝牙等通道,实现手机与自动售货机以及POS机的本地通信,现场完成支付业务。

数字电视支付是指数字电视与金融支付相结合,用户通过数字电视系统完成相关支付业务。

固定电话支付是指在固定电话的基础上增加加密与刷卡的功能,使普通的固定电话机具有支付功能。在固定电话支付中,第三方支付企业主要通过布置线下终端介入市场。代表企业为拉卡拉。

网络支付的利润主要来源包括交易佣金和备付金的利息收入。同银行卡收单业务一样,网络支付的服务商同样收取手续费,费率与收单业务相当。此外,收付款双方在通过第三方支付机构进行交易的过程中,客户备付金在第三方账户流转中因时间差会产生资金沉淀,这部分客户备付金会产生大量银行利息,支付机构得到的利息收入成为其主要收入来源之一。此外,由于备付金金额较大,支付机构往往能获得银行的支付通道优惠,从而变相降低自身的通道成本。为防止支付机构挪用备付金,保证备付金的安全,2018年备付金新政实施,监管部门要求备付金100%集中交存至指定机构,且不计利息。这直接使得支付机构的备付金利息收入消失,并失去与银行间的议价能力。

目前,网络支付业务仍然是第三方支付的业务增长点。一方面,个人网络支付服务进入稳定增长的成熟发展阶段,已经从线上的发红包、转账及网站在线支付等标准化支付,向线下基于各类场景的多元化支付快速扩展。支付场景从零售、餐饮、商超、物流等传统小额高频场景,延伸至医院、票务、娱乐、交通等场景,满足人们的衣、食、住、行、玩等多方面需求。作为典型的双边市场,大型支付机构在该领域将继续保持龙头地位。另一方面,对公网络支付服务处于起步阶段,蕴藏着巨大的创新发展空间。第三方支付机构通过大数据、技术服务和产品创新,可以帮助企业解决支付结算、精准营销、智慧运营等问题。目前,许多支付机构都在朝着这方面努力,如平安付公司进一步扩大向企业客户输出支付服务解决方案的行业覆盖范围和垂直服务深度,同时开拓更丰富的线上、线下交易场景,包括通过联名卡等项目为商户开拓更多线下场景,以及通过购物商圈、航旅、生活等服务发展线上场景。

(二) 预付卡发行与受理

预付卡是指由特定主体发行的、具有一定面值、可以用来购买商品或服务的使用凭证,包括各种购物券、购物卡、提货券等。其本质是发行机构或其合作单位对持卡人的一种负债或者承诺,持卡人可以凭卡要求发行机构或其合作单位支付一定的商品或服务。

目前,国内预付卡以预付和非金融主体发行为典型特征,按信息载体不同分为磁条卡、芯片卡、纸券等实体卡,以及以密码、串码、图形、生物特征信息等为载体的虚拟卡。此外,根据发卡主体的不同,预付卡可以分为两类:单用途预付卡和多用途预付卡。单用途预付卡一般由某个公司发行,只能在本公司或本公司连锁经营单位使用。这种卡片没有第三方支付企业的参与,由商务部监管。多用途预付卡与单用途预付卡不同,它由获得支付业务许可证的第三方支付机构发行,可跨地区、跨行业、跨法人使用。多用途预付卡由中国人民银行监管,其业务流程如图2-4所示。

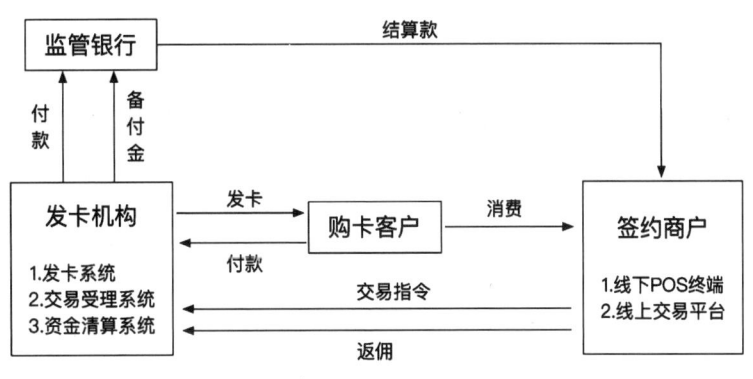

图 2-4 多用途预付卡的业务流程

作为一家同时发行和受理预付卡的企业,预付卡企业负责发行预付卡。消费者购买预付卡后,可通过签约商户的POS终端或线上交易平台进行消费。之后,相关交易指令传送给发卡机构,发卡机构的结算平台进行数据处理后向监管银行发送付款指令,监管银行与商户结算消费款,商户在收到结算款后向预付卡企业返还相应的佣金。预付卡企业的收入来源主要来自三个方面:手续费收入、沉淀资金的收益以及消费返佣。预付卡的商业模式使得预付卡在销售和使用完毕之间以及持有备付金的发卡企业与受理商户的消费结算之间均存在一定的时间差,因此形成了一定的沉淀资金。沉淀资金收益包括卡内过期资金和卡内残值等资金收益,以及备付金的使用收益等。

目前,受宏观经济环境和监管政策的影响,预付卡的市场需求不足,实体预付卡发行量逐年降低。另外,单用途预付卡特别是联名卡,也抢占了部分多用途预付卡的市场。同时,由于业务同质化突出,多用途预付卡从业机构的价格战导致预付卡交易手续费率持续下行。但是,随着线上、线下支付业务的日益融合,监管部门将对现有支付业务重新定义和分类。如果监管部门放开预付卡业务实体发卡等限制,允许线上购买和充值,预付卡业务或将得益于第三方支付机构信用担保优势,搭乘移动支付顺风车,抢占单用途预付卡市场。

(三) 银行卡收单

银行卡收单是指收单机构通过POS机等终端为商户提供银行卡资金结算等服务。该项服务中的主要参与方有发卡行、收单机构和银联。拥有收单牌照的第三方支付机构,通过在线下布置POS机等终端,替商户收单、结算。

收单业务的流程如下:有牌照的支付机构先在线下布置各类终端,在消费者通过它们布置的终端进行消费的时候,如果是自己合作的银行的业务则收单银行自己处理,如果不是则通过银联转入相应的发卡行进行处理。其简化的流程如图2-5所示。对于银行卡收单业务,各个参与方主要通过收取手续费实现盈利,其刷卡的手续费由商家来支付,手续费的收费标准以央行规定的标准为根据。

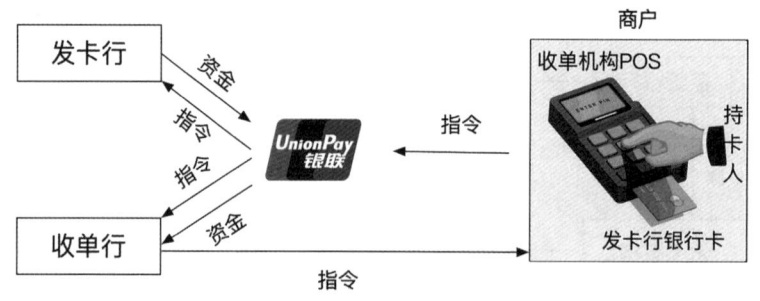

图2-5 银行卡收单业务简化流程

现阶段,随着二维码支付、NFC支付等移动支付的普及,银行卡在人们的日常生活场景中的使用频率大大降低。但是,新型智能POS机的推出为银行卡收单业务拓展了新的增长空间,因此,如何将POS机终端进行功能整合成为各个相关企业考虑的重要因素。此外,由于《条码支付业务规范》对个人客户条码支付业务的交易进行了相应的限额管理,一些大额支付如购车、购房等仍然以银行卡支付为主流。

从行业格局来看,原有的"721分配策略"(即按照不同的商户类别,发卡行、收单组织和清算机构分别大致收取提成的70%、20%和10%)不再适合行业的发展需求。因为这样容易衍生套码、"二清"等违规行为,而且较高的费率已经不再被市场所接受。2016年"96费改"实施后,第三方支付机构的收单费率从原先的政府指导定价变为完全市场化定价。这给收单机构带来了较大压力,加剧了收单机构之间的竞争。

四、第三方支付模式

(一) 按照是否依托于电子商务网站划分

从是否依托于电子商务网站角度来看,我国第三方支付模式主要分为以下两类:第一类为独立的第三方支付模式,第二类为交易平台担保支付模式。

在独立的第三方支付模式下,第三方支付平台独立于电子商务网站,为线上或线下的商户和消费者提供多种支付系统的解决方案。平台一端连接着商户和消费者,另一端连接着众多的银行。平台既负责结算与各银行的账务,又提供账户查询和商户订单管理等功能。这种模式的典型代表是首信易支付和快钱。

交易平台担保支付模式是指依托于自有 B2C、C2C 电子商务网站的实力和信誉为买卖双方提供担保功能的第三方支付模式,以支付宝、财付通等为代表。在商品交易的过程中,买方在购买商品时,先将钱款存入第三方支付平台,之后卖方发货,消费者收货后,查验货品没有问题并确认付款后,钱款才会打入商家账户。在这个过程中,第三方支付平台承担着一种信用担保的角色,提供代收付货款服务,交易资金暂存在虚拟账户中。

(二) 按照支付服务划分

从支付服务角度来看,我国第三方支付模式分为以下两类:第一类为支付网关模式,第二类为虚拟账户支付模式。

1. 支付网关模式

支付网关模式是最普遍的第三方支付模式,也是支付产业中发展最成熟的一种模式,其典型代表是首信易支付和银联电子支付。该模式的业务流程如图 2-6 所示。其主要特点是在网上商户和银行网关之间增加一个第三方支付网关。第三方支付网关负责集成不同银行的网银接口,并为网上商户提供统一的支付接口和结算对账等业务服务。

第三方支付网关模式的主要价值在于第三方支付企业集成了银行的支付功能,是各家商户和银行之间连接的"中转站",商户只需要和一家支付网关相连,从而为商户节省了接入、维护、对账和结算等成本。但是,这种支付模式适用于已经达成交易的资金支付,是一种被动响应的服务方式,而且该模式的准入门槛低、技术含量少、缺少创新空间。因此,企业要取得成功,必须围绕运营效率、服务创新和安全防欺诈技术形成核心竞争力,在支付网关上面创造难以替

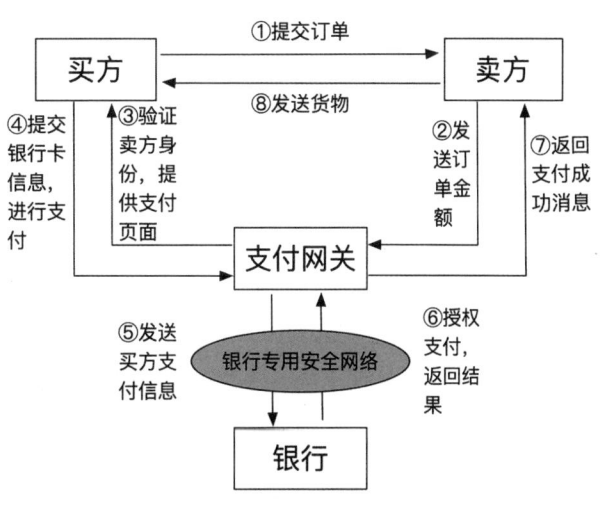

图 2-6 支付网关模式业务流程图

代的附加值。

2. 虚拟账户支付模式

虚拟账户支付模式是由电子交易平台独立或合作开发的第三方支付模式。在这种模式下，不仅第三方支付平台需要与各大银行建立合作，而且用户也要在第三方支付平台上建立一个虚拟账户，这个虚拟账户类似于活期账户，可以满足用户在交易过程中收付款的需求。同时，不同虚拟账户之间可以进行转账，其具有较大的方便性和灵活性，能够满足交易过程中的各种需要。

虚拟账户支付模式可以加快资金清算速度，减少银行支付服务成本。虚拟账户模式不仅具有集中银行支付接口的优点，还解决了交易中信息不对称的问题。该模式通过虚拟账户对商户和消费者的银行账号、密码等进行屏蔽，减少了用户账户机密信息泄露的机会。同时，该模式还可为电子商务等交易提供信用担保，为网上消费者提供信用增强，由此解决了网上支付的信用缺失问题。当然，在具体业务操作过程中，虚拟账户中的资金在被转移到客户银行账户之前是汇集存放在第三方支付机构的银行账户中的，这导致该模式在用户交易资金管理上可能存在一定风险。

在虚拟账户模式下，虚拟账户是所有支付业务流程的基本载体，根据虚拟账户承担的不同功能，该模式又可细分为信用中介型账户模式和直付型账户模式两类。

1) 信用中介型账户模式

信用中介型账户模式是指第三方支付机构在交易中扮演信用中介的一种支付模式，其业务流程如图 2-7 所示。在交易中，第三方支付机构为买卖双方保存货款，待买方收到商品并确认无误后，第三方支付机构将货款支付给商家。例如，支付宝提供的虚拟账户支付服务就是这种模式。

从信用中介型账户模式的发展来看，该模式有以下两个明显的特点：①具有虚拟账户模式的所有功能，包括基于虚拟账户的资金流转、银行支付网关集成等；②为交易提供了信用增强功能。传统的交易信用来自买卖双方的信用，而对于通过信用中介型账户模式实现的交易，第三方支付机构在交易中不仅提供了支付功能，还提供了自身的商业信用，这就大大增强了交易的信用，提高了交易的达成率。

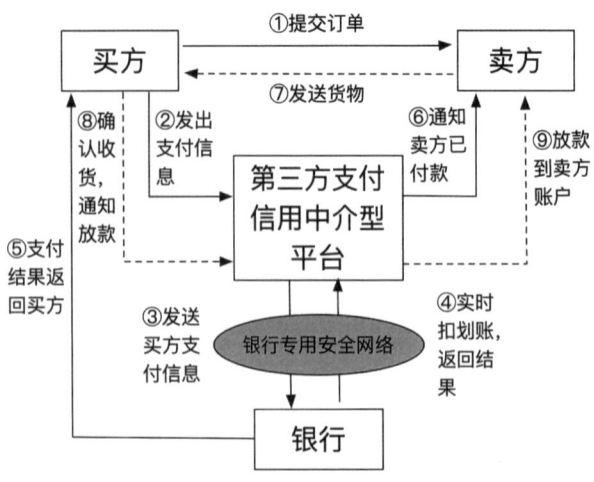

图 2-7 信用中介型账户模式业务流程图（C2C 为例）

该模式通用的支付过程如下：

第一步，用户登录相关信用增强型虚拟账户支付平台，注册虚拟账户，按照注册页面中的要求认真填写注册信息，激活虚拟账户。

第二步,确保银行卡已具备网上支付功能。

第三步,登录虚拟账户,点击"账户充值",输入需充值的金额,金额需大于或等于购买货品所需的金额,选择发卡银行,点击下一步,输入支付卡号和支付密码,即完成充值。

第四步,打开虚拟账户的交易管理,看到等待付款的交易,点击"付款",按要求填写相关信息。此时,如果用户的虚拟账户中有余额并足够支付货款,系统就会跳转到虚拟账户支付页面,用户只要输入虚拟账户的支付密码,即可完成支付;如果虚拟账户中余额不足,系统会自动默认网上银行支付,并回到第三步,进入相关银行网站,用户在输入支付卡号和支付密码,完成充值后,再次进行第四步,支付才能完成。

2) 直付型账户模式

直付型账户模式的交易流程较为简单,支付平台中的虚拟账户只负责资金的暂时存放和转移。在交易发生前,买卖双方要在支付平台上设置一个虚拟账户,并与各自银行账户关联。在交易过程中,支付平台根据交易的支付信息将资金从消费者的银行账户转到虚拟账户,再从买家的虚拟账户转到商家的虚拟账户。该模式的业务流程如图 2-8 所示。PayPal 和国内的快钱、盛付通等采用的就是直付型账户模式。从形式上看,PayPal 的基本模式是"电子邮件支付"方式,但实际上它是一种基于其平台的虚拟银行账户的记账和转账系统。这种模式的特点在于,网络交易的收款人(卖家)只要告诉付款人(买家)自己的电子邮件地址,即卖家在 Paypal 的用户名,付款人就可以通过 Paypal 完成付款。Paypal 的用户发出的金额和收到的金额首先都是对其 Paypal 账面的增减,然后用户可以通过 Paypal 账户进行支付、提现等操作。PayPal 的付款人和收款人可以在两个不同的银行开户,也可以在两个相距甚远的国家或者地区的银行开户,但是只要他们都是 Paypal 的用户,就可以减少跨行、跨国和跨地区转账的烦琐。这种一站式的便利以及以电子邮件地址作为 Paypal 账户的方式大大有别于传统的依赖金融系统的交易和转账模式。

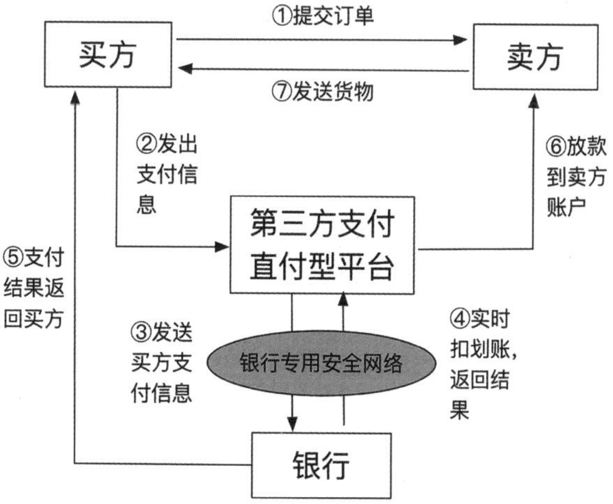

五、第三方支付产业图谱

图 2-8 直付型账户模式业务流程图

我国第三方支付产业的主要参与者包括第三方支付机构、金融机构、软硬件及基础服务提供商及监管机构等。在发展过程中,这些组织表现出先分工后融合、竞争与合作并存的趋势。从价值链来看,第三方支付机构位于战略地位,属于核心环节,在整个价值链的关系协调机制、利益协调机制、信息协调机制、运作协调机制的建立中都起到非常重要的作用。因此,第三方支付机构不应仅停留在支付工具的层面,而且要在监管机构的指导下承担起连接各产业链环节的责任,并进一步推动信息流、资金流、物流平台的发展,推动互联网、云计算、大数据等与金融业的结合,完善信息平台,提供信息增值服务,实现行业上下游企业的资源整合。第三方支付产业图谱总体可分为基础层、支付服务层及监管层,如图2-9所示。

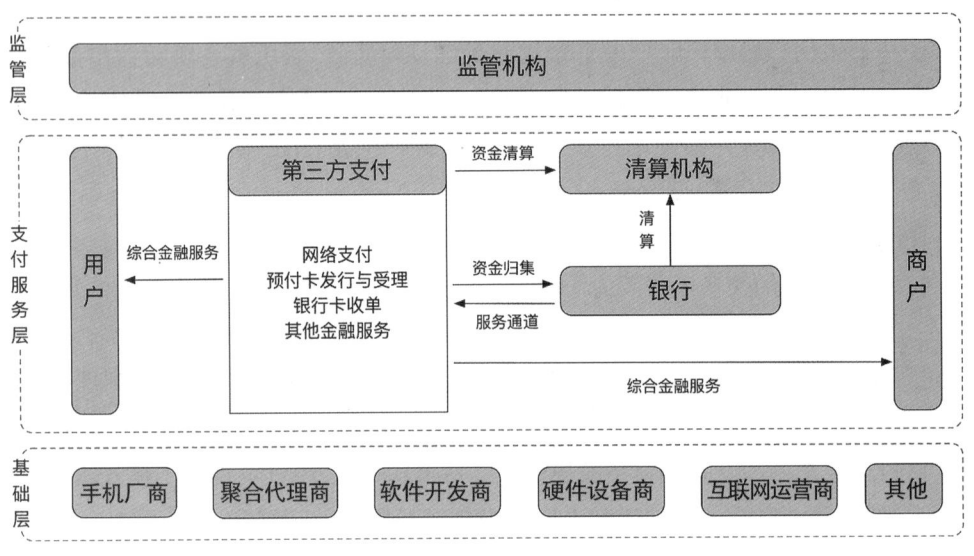

图2-9 第三方支付产业图谱

(一)基础层

第三方支付服务顺利运行需要完善的基础产业作支撑,不仅包括硬件设备等产业,也包括软件及服务产业。

在硬件方面,第三方支付企业需要以终端设备以及服务器等为支撑。终端设备包括电脑、手机以及支付设备等。这些作为第三方支付必须的硬件设备,为第三方支付服务提供了物质与技术保证。

在软件及服务方面,第三方支付企业需要与银行、互联网运营商、网络设计等行业进行合作。例如,银行等金融机构和银联等银行卡组织不仅可以为第三方支付企业开立、发行以及管理账户、银行卡和票据,为其办理支付和清算等相关业务,而且可以协助外部的公司与第三方支付企业进行业务合作,满足其基本的支付结算业务需求。这些软件与服务为第三方支付平台的运行安全、效率提升提供了重要支撑。

在基础层中,硬件设备商通过提供设备基础保证第三方支付服务顺利进行,软件开发商以及银行、运营商等也在为第三方支付企业提供技术支持与服务中实现了价值,同时,互联网运营商为第三方支付提供网上运营支持,特别在移动支付方面,互联网运营商发挥着越来越重要作用。

(二)支付服务层

第三方支付企业在整个第三方支付产业链中处于最重要的环节,也是重要的纽带。它一方面连接银行,解决资金结算、客户服务、差错纠正以及其他相关问题;另一方面又连接着众多客户,包括个人、企业、政府等,实现客户的支付、结算等,同时帮助行业上下游企业进行资源整合,在给客户提供的增值服务中实现盈利。

2017年8月,央行正式发文决定成立网联清算有限公司。这意味着第三方支付市场正式纳入国家金融监管体系,彰显了国家强化第三方支付市场监管、着力化解第三方支付市场系统性风险的决心。自此,第三方支付市场经营模式由"三方直连"变为"四方网联"(图2-10),第三方支付市场迎来历史性变革,第三方支付行业进入网联监管时代。网联统一清算、信息共享功能的发挥,为第三方支付企业在公平竞争的环境中进行场景创新和业务创新提供了可能。

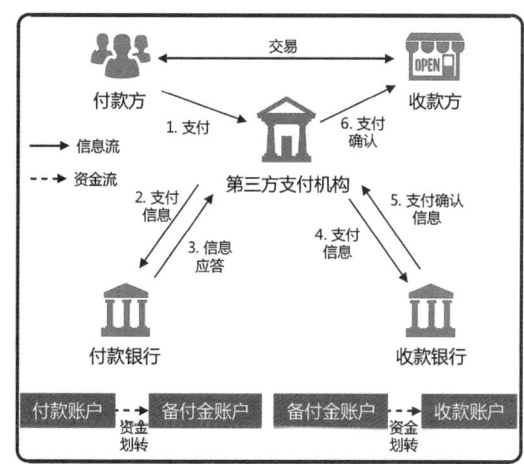 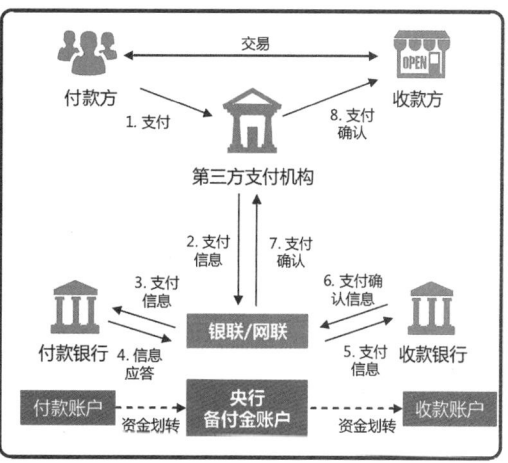

图2-10 第三方支付业务由"三方直连"变为"四方网联"

当前,第三方支付企业应当围绕支付服务主业,主动拓展产业边界,加大垂直市场细分,不断提升支付增值服务比重。为此,第三方支付企业总体上应从以下两方面着手。

一是努力拓展支付场景。随着互联网、大数据、云计算等信息技术的快速迭代,传统产业边界日渐模糊,跨界经营趋于常态,零售、娱乐、金融等传统行业加速融合裂变,新产业、新业态、新商业模式不断涌现。当前,第三方支付企业应当主动适应市场新变化,快速响应客户新需求,主动深入新产业、新业态、新商业等领域,从广度、深度、高度等多个维度不断拓展支付场景。

二是努力延伸支付产业链条。支付是商业行为的核心环节,所有商业活动最终都需要依靠支付行为来实现。第三方支付企业应当充分借助网联监管新规带来的信息共享红利,加强客户交易数据沉淀、分析和应用,深度挖掘交易数据的附加价值。例如,通过对客户交易数据的处理,构建客户消费模型,分析客户购买习惯、决策方式,为上游商户的商业决策和精准营销提供支持;对客户购买行为进行分析,向下游拓展财务决策、征信认证、信用担保、金融理财等业务;以第三方支付业务为核心,向上下游业务领域延伸,不断延长、拉伸支付产业链条,逐步实现单一支付业务向综合金融服务转变。

(三) 监管层

目前,我国对第三方支付的监管主要由中国人民银行及其分支机构负责,按照"属地原则"进行监管,同时以行业自律管理、商业银行监督为辅。《非金融机构支付服务管理办法》对第三方支付设置了准入门槛,要求从事支付业务的机构必须取得相应的经营许可证,并且要求相关机构对其经营活动进行审慎监管。同时,近年来中国人民银行通过加大执法检查力度、实施分类评级、发展行业自律组织等手段,多管齐下,将现场检查和非现场监督有机结合,适应行业发展,不断提高监管的针对性和有效性。

第二节 移动支付

一、移动支付的概念及特点

(一) 移动支付的概念

移动支付是指通过移动终端设备完成交易支付的一种支付方式。其中,移动终端设备包括智能手机、平板电脑以及各种可穿戴设备等。目前,移动支付终端主要以智能手机为主。本节所指的移动支付主要是指以智能手机为支付终端的移动支付。

(二) 移动支付的特点

1. 移动性

移动终端设备具有便于携带的特性,可以在任何时间、任何地点随时满足用户的支付需求。此外,移动支付不仅可以做到远程控制,还可以通过近场完成,突破了时空的限制。

2. 实时性

移动终端和移动互联网的结合正在日益取代传统的人工支付服务,移动支付也不再被一些金融企业或者商家的经营时间所限制,能够实现全天候的服务。

3. 集成性

移动支付平台连接了移动运营商、平台提供商和金融机构,不但为用户提供了支付账户,还为用户提供了各种便利的消费场景,比如超市、交通酒店、代缴水电费、充话费、理财投资等,服务范围广泛全面,集多种消费场景于一体。用户只要登录手机终端,就可以享受多方面的服务。

4. 定制性

移动支付包括多种支付形式,消费者和商户可以根据自身的需要选择自己习惯的支付方式,比如指纹支付或者短信支付。同时,移动支付可以很好地保存用户的消费记录,如果商家的商品得到用户的认可,那么用户只要翻看交易记录就可以准确地找到商家,以便进行下一次交易,这就增加了用户的黏性。

二、移动支付的流程

对于移动支付的流程,本节以 B2C 业务的移动支付流程为例展开说明,如图 2-11 所示。

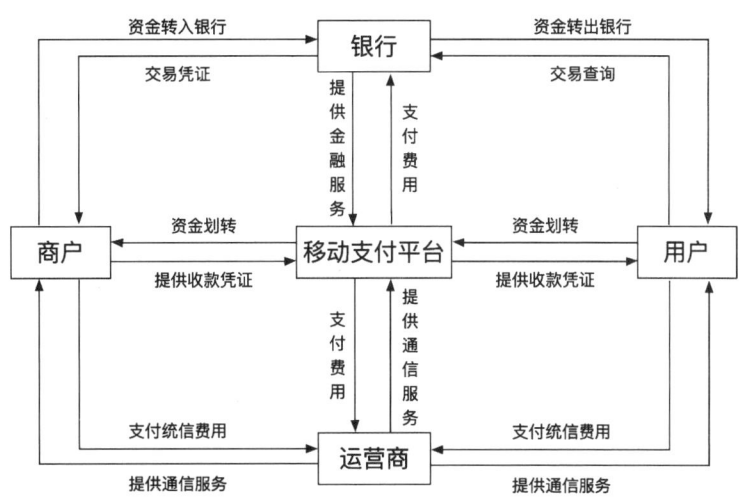

图 2-11　B2C 业务移动支付的支付流程

用户与商户进行商品或服务交易时,用户将资金从其银行账户或移动支付平台的私人账户中转出,转入移动支付平台,待用户确认付款后,移动支付平台将资金转入商户的银行账户或其在平台开设的账户,商户向平台发送交易完毕的指示。在这个过程中,移动运营商为消费者和商户提供网络流量支持,并不参与交易;银行之间通过移动支付平台相连接,而不直接参与交易认证。

移动支付平台的出现,解决了移动支付中使用银行 A 的用户无法与使用银行 B 的商户进行交易的难题,用户体验得以提升,大大提高了交易效率。但同时,这也要求移动支付平台具有强有力的技术支持、技术创新和资金周转运作能力,具备较高的认知度和号召力。

三、移动支付技术

(一)近距离无线通信技术

近距离无线通信(near field communication,NFC)技术产生于 2003 年,最初是菲利普公司、诺基亚公司与索尼公司一起开发的一种无线短距离(10 厘米左右)通信技术,后来经过改良,与非接触智能卡技术结合,最终形成了一种兼容当前 ISO14443 非接触式卡协议的无线通信技术。NFC 技术发布之后,并未引起移动终端厂商的很大兴趣,主要原因是 NFC 功能的实现需要在终端设备内安装 NFC 芯片、天线等，这需要重新设计产品结构、规划功能，并且还增加了设备成本，所以在 NFC 技术出现的前几年里，支持 NFC 技术的终端产品少之又少。

转机发生在 2006 年，智能卡厂商雅思拓与恩智浦公司联合开发了单线协议（single wire protocol，SWP）。SWP 协议是采用终端内的电信 SIM 卡实现 NFC 技术中的安全模块（secure element，SE）功能，即通过电信运营商发行的 SIM 卡上的 C6 管脚与 NFC 控制器进行通信，从而替代单独的 NFC 安全芯片，节省了 NFC 模块的成本投入，使终端上的 NFC 功能与电信运营商建立了关联。对一直想进入移动支付领域的电信运营商来说，这是一个对电信业务有利的支付通道，安全模块能够控制在电信运营商手中。由此，NFC 技术开始得到了国内外终端厂商的推崇，国内外开始出现大量具备 NFC 功能的智能手机，并由此产生了众多移动支付场景。

（二）基于安卓 HCE 架构的 NFC 支付技术

NFC 技术借助于电信运营商的支撑并没有为其带来更广阔的发展，反而由于安全模块受限于运营商的 SIM 卡而使其在小额支付领域受到很多限制，由此占智能手机大半江山的安卓操作系统厂商谷歌开始谋划更好的解决方案，在 Android4.4 中集成了主机模拟卡片（host card emulation，HCE）架构。

HCE 架构主要是改变之前 NFC 手机应用依赖于 SIM 卡作为安全模块 SE 的模式，将传统的 NFC 实体安全模块 SE 远程托管到云端 SE 或本地模拟，这样即使移动设备没有 SE 模块，也可实现安全的 NFC 应用，如银行卡、公交卡等应用。

HCE 架构的推出使国内众多的应用开发商可以越过电信运营商直接与 NFC 手机用户建立联系，从而促进 NFC 手机应用的推广。目前，此种方式应用很多，并且谷歌进一步完善了安卓体系，融合了生物识别（指纹等）安全技术，为各类应用提供了底层安全的便捷支付体验。

（三）标记支付技术

标记支付技术是由苹果公司与国际芯片卡标准化组织 EMVCo 共同研发，并在 2014 年正式发布的一项新的支付技术，这一技术充分考虑了信用卡交易时的安全保护，核心是设计了一个支付标记 Token，用 Token 来代替信用卡卡号进行交易，从而避免卡号信息泄露带来的风险。标记支付的支付过程如图 2-12 所示。该技术由苹果公司在其手机产品 iPhone 6 上推出后，于 2016 年进入中国市场。

标记支付技术是将生物识别技术与 NFC 技术相结合，具有较好的安全性和易用性。苹果公司首次将生物识别技术与支付技术整合，为移动支付领域提供了新的安全支付方式——苹果支付（Apple Pay），该技术被广泛地应用到国内各类商场等支付场景。继苹果支付技术之后，厂商陆续推出了人脸识别支付、超声波支付、虹膜支付等技术。

近年来，随着移动网络的普及，国内移动支付技术不断推陈出新，在应用方面已经逐步领先于国外。

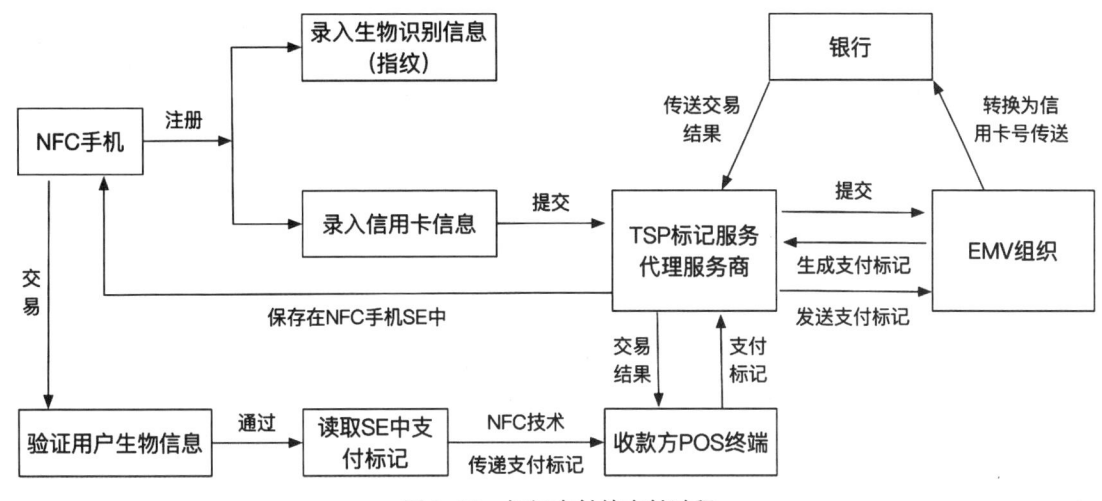

图 2-12 标记支付的支付过程

(四) 二维码支付技术

2013年以来,以支付宝、微信支付为代表的二维码支付技术在移动支付领域飞速发展,应用非常广泛。该技术具有支付简捷、便利、对移动设备依赖极少等特点。

二维码支付技术是标记支付技术的国产化。它原理很简单,即通过智能手机内的应用程序(App)将用户账户以二维码的形式展示出来,收费终端通过条码识别器扫描二维码获取用户账户信息,并通过网络向用户账户发起扣费操作。在这个支付过程中,用户账户信息并非是一个真实的银行账户或系统用户账户,而是一个随时间变化的数字,这个数字在服务器端与用户真实账号关联,扣款成功后此数字在手机上变为新的数字,以此来保证用户账户安全。该模式和苹果公司推崇的标记支付模式很类似,只不过其交易过程没有银行的参与,交易只发生在扣款方、用户移动设备与用户后台账户之间。

二维码支付技术与标记支付技术在安全方面差别很大,二维码自身无法抵御复制拍照等简单窃取操作。但是在领先互联网金融公司的推动下,技术专家采用一些密码技术改善了二维码支付的安全强度,加之其应用的便利性,目前二维码支付技术几乎成了我国移动支付技术的主流。

 专栏 2-2

上海地铁二维码互联互通稳步推进

2021年3月5日起,上海地铁与广州地铁乘车二维码实现互联互通,即上海市民使用 Metro 大都会 App 就可以便捷地乘坐广州地铁,而广州市民使用广州地铁 App 也可便捷地乘坐上海地铁。至此,上海地铁乘车二维码与全国包括长三角区域以及北京、广州等主要都市在内的共计14座城市轨交实现互联互通。

早在2018年12月1日,第一张长三角地铁通票就在上海、杭州、宁波三地诞生。2019年8月,上海地铁二维码走出长三角,实现了与厦门地铁、青岛地铁的互联互通。2020年12月,上海地铁二维码实现与北京地铁二维码互联互通。自2018年12月1日地铁二维码互联互通计划启动以来,上海地铁二维码已实现与国内共计14座城市地铁二维码互联互通,这些城市线路运营总里程达3 683公里,累计约710万人次从中获益。

上海申通地铁集团在与长三角等各城市(杭州、宁波、温州、合肥、南京、苏州、无锡、徐州、常州以及青岛、兰州等)轨道交通二维码互联互通取得成功的基础上,依托区块链等成熟稳定的技术方案和高效的协调组织,进一步升级互联互通模式,线上线下共同协作,为城轨行业树立了新的标杆。

第三节　第三方支付的发展现状与展望

一、第三方支付行业发展现状

(一) 第三方支付交易规模快速增长,增速逐渐放缓

根据艾瑞咨询的数据,2013年中国第三方支付综合交易规模仅有13.9万亿元,到了2016年,中国第三方支付综合交易规模突破百万亿元,达到130.3亿元,截至2021年,中国第三方支付综合交易规模增长至449.0万亿元。可见,第三方支付已经渗入了人们生活中的各个环节,民生领域线上支付环节也逐步打通。现阶段,随着监管趋严,第三方支付市场进入有序发展阶段,第三方支付市场交易规模的增长速度也逐步稳定下来。

(二) 银行卡收单业务萎缩,移动支付占比不断增大

以往在非现金支付中,线下POS机刷卡是人们常用的支付手段,银行卡收单的规模占比较高。随着电商行业的发展,互联网支付规模快速增加,至2013年,其市场规模占比约为40%。2013年开始,智能手机以及4G网络的快速普及大大推动了移动支付市场的发展,一方面,部分互联网端的支付规模转移至移动端;另一方面,人们在线下扫码支付、NFC支付的习惯养成推动了移动支付规模大幅增长。到2021年,银行卡收单业务规模占比仅为16.8%,网络支付总规模占比为83.2%,其中移动支付的部分占比超过80%。

(三) 线下收单业务较线上收单占比高、增速快

近年来,第三方支付机构银行卡收单市场中仍以线下收单业务为主,其交易规模大致占到80%左右。由图2-13可知,线下收单的交易规模从2013年的5.1万亿元增长到了2017年的55万亿元,年均复合增长率达到81.2%,增长速度较快。此外,企业端的线上收单业务由于谈判成本高,商户渗透率较低,仍有较大的市场容量。

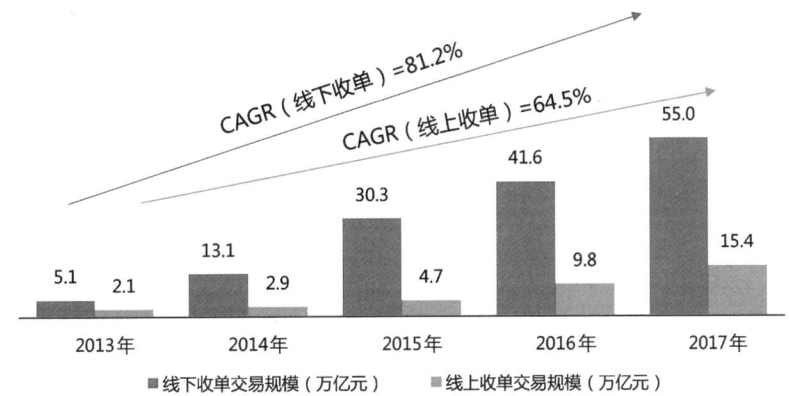

图 2-13　2013—2017 年中国第三方支付机构线下及线上收单交易规模

数据来源：艾瑞咨询.2018 年中国第三方支付行业研究报告［R/OL］.(2019-02-22)
［2020-08-10］.https://www.iresearch.com.cn/report.shtml.

(四) 移动支付规模不断扩大,扫码支付占比提升明显

如图 2-14 所示,第三方移动支付的交易规模从 2013 年的 1.2 万亿元增长到 2020 年的 249.2 万亿元,累计增长 206.67 倍。人们在日常生活中使用移动支付的习惯已经养成,第三方移动支付渗透率达到较高水平,加之"断直连"及备付金相关政策在 2018 年的相继落地,市场正式步入稳步发展阶段。与此同时,扫码支付业务保持稳步增长,占移动支付整体市场比例逐渐提高。2020 年,线下扫码支付交易规模从第一季度的 3.5 万亿元增长至第四季度的 7.2 万亿元,各季度环比增速大幅高于第三方移动支付整体市场,线下扫码支付交易规模占移动支付整体交易规模比例从 2017 年的 5.2% 逐渐提高至 2020 年的 31.2%。扫码支付技术相对成熟,基础设施普及率不断提高,短期内线下扫码支付的发展仍然会是移动支付规模的主要增长点。

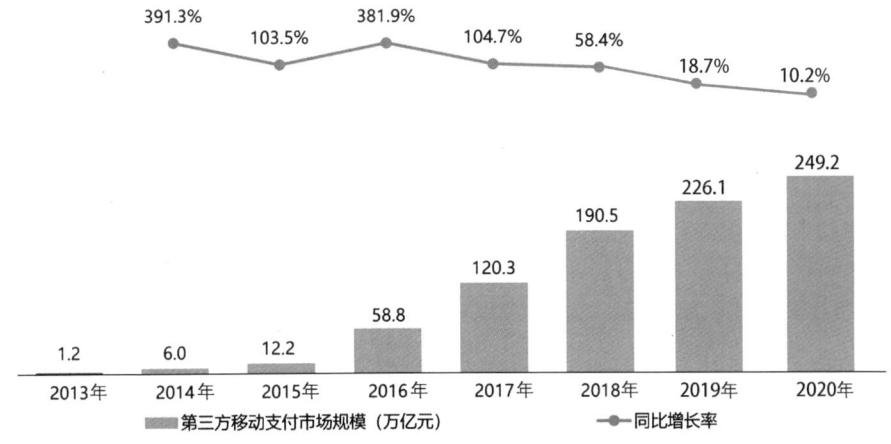

图 2-14　2013—2018 年中国第三方移动支付交易规模

数据来源：艾瑞咨询.2020 年中国第三方支付行业研究报告［R/OL］.(2019-02-22)［2020-08-10］.
https://www.iresearch.com.cn/report.shtml.

(五)互联网支付增速变缓,互联网金融业务占比最高

2013—2018年,第三方互联网支付规模持续增长。至2018年,中国第三方互联网支付交易规模达到29.1万亿元,同比增长3.6%。2019—2020年,随着移动支付的快速发展,互联网支付交易规模开始下降(图2-15)。从互联网支付应用场景来看,由图2-16可知,互联网金融业务(包括理财销售、网络借贷等)已逐渐发展成为互联网支付市场占比最高的业务,占比达44.5%,其次是个人业务(包括转账业务、信用卡还款业务等)和线上消费(包括网络购物、O2O、航空旅行等),交易规模占比分别为21.5%和18.7%。但随着PC端到移动端支付习惯的转移,个人业务占比相比之前有所减少。

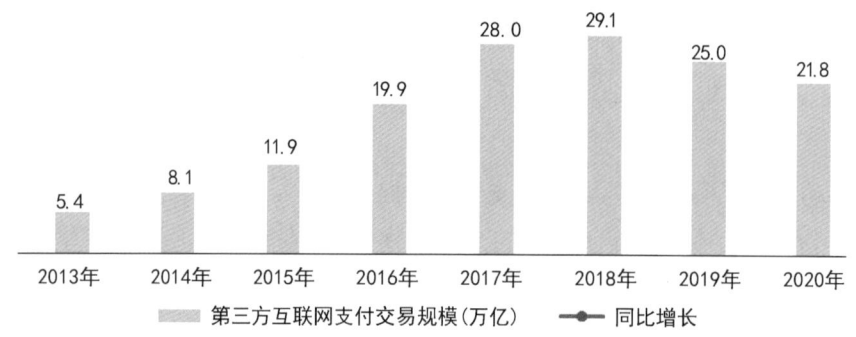

图2-15　2013—2020年中国第三方互联网支付交易规模

数据来源:穆晓菲.2020年中国第三方支付行业市场现状及发展趋势分析第三方互联网支付地位逐年下降[EB/OL].(2019-09-14)[2020-09-10]. https://www.qianzhan.com/analyst/detail/220/190912-d139561e.html.

(六)头部企业垄断形成,第二梯队差异化发展

数据显示,目前我国第三方移动支付市场份额比较集中的问题较突出,由图2-17可知,第一梯队的支付宝、财付通分别占据了54.3%和39.2%的市场份额,第二梯队的支付企业在各自的细分领域发力。其中,壹钱包用户服务业务保持增长,企业端服务业务拓展成效显著;联动优势受益于平台化、智能化、链化、国际化战略,推出面向行业的"支付+供应链"金融综合服务,促进交易规模持续增长;京东支付受益于电商平台以及金融业务的发力,呈现出较为明显的增长趋势;快钱在购物中心、电影院线、文化旅游等场景快速扩展;易宝支付加大营销力度,在互金、航旅领域持续发力;和包支付作为通信网络到支付网络的改造者,将数据流、信息流和资金流连接起来,从而使连接更具价值;苏宁支

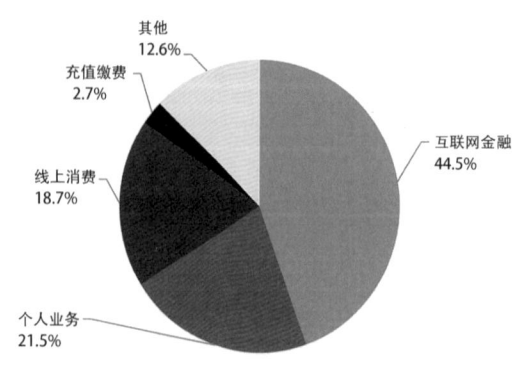

图2-16　2018年中国第三方互联网支付交易业务结构

数据来源:艾瑞咨询.2018年中国第三方支付行业研究报告[R/OL].(2019-02-22)[2020-08-10]. https://www.iresearch.com.cn/report.shtml.

付致力于O2O化发展,为C端消费者、B端商户提供便捷安全的覆盖线上线下的全场景支付服务。可见,第二梯队的各家支付企业正在积极发挥自身优势,走差异化发展道路,深耕细分领域,未来的移动支付格局对各个参与者来说都充满了机会与挑战。

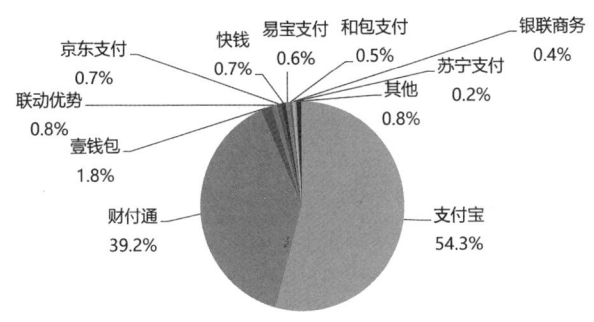

图 2-17　2018 年中国第三方移动
支付交易规模市场份额

数据来源:艾瑞咨询.2018 年中国第三方支付年度数据发布.[R/OL].(2019-04-30)[2020-08-10]. https://www.iresearch.com.cn/Detail/report?id=3360&isfree=0.

二、第三方支付行业转型与发展

(一)监管政策

1. "强监管"成为常态

我国非银行支付机构由中国人民银行负责监管,并且从 2011 年 5 月开始,只有持有中国人民银行颁发的支付业务许可证的机构才能从事金融支付业务。截至 2019 年年初,共有 238 家支付机构拥有牌照,业务范围涉及互联网支付、移动支付、银行卡收单、预付卡发行与受理。近年来,中国人民银行从市场准入和违规处罚两个维度不断强化支付领域的监管力度,"强监管"渐成常态。

一方面,中国人民银行原则上不再受理新支付机构设立的申请,并坚决撤销严重违法违规机构的牌照,支付行业的牌照数量一直处于收缩状态。2015 年 3 月,我国支付机构数量最多达 270 家,此后中国人民银行不仅再未审批新的机构,而且陆续注销了 32 家支付机构的业务许可证。其中,部分机构因挪用客户备付金等违法行为被注销牌照,部分机构因不符合《非金融机构支付服务管理办法》等监管规定,牌照到期后未予续展。

另一方面,监管部门对违规机构密集开出大额罚单,彰显出规范支付行业的决心。2018 年,我国互联网金融风险整治进入深水区,监管部门对支付机构的处罚力度也是空前的。据统计,2018 年各地人民银行开出的罚单近 140 张,罚额超过 2 亿元,是 2017 年的近 7 倍,同时大额罚单频频出现,由表 2-1 可知,千万元级以上罚单共 6 张。进入 2019 年,支付行业"罚单潮"依然不减,常态化"强监管"时代已经到来。

表 2-1 2018 年第三方支付行政处罚前十张大额罚单汇总

处罚日期	机构名称	处罚原因	处罚金额(万元人民币)
2018 年 8 月 6 日	国付宝	违反清算管理规定	4 646
2018 年 5 月 15 日	智付	为境外非法交易提供支付服务	4 200
2018 年 7 月 20 日	卡友支付	违反银行卡收单规定	2 582
2018 年 10 月 13 日	杉德支付	违反支付业务规定	2 473
2018 年 8 月 6 日	联动优势	违反清算管理规定	2 424
2018 年 8 月 6 日	银盛支付	为境外非法交易提供支付服务	2 247
2018 年 7 月 20 日	付临门支付	违反银行卡收单规定	892
2018 年 8 月 6 日	支付宝	违反支付业务规定	412
2018 年 7 月 25 日	联动优势	违反反洗钱规定	215
2018 年 12 月 26 日	随行付	违反反洗钱规定	170

2. "交备付"重塑话语权

2018 年 11 月底,中国人民银行支付结算司下发《关于支付机构撤销人民币客户备付金账户有关工作的通知》,要求非银行支付机构于 2019 年 1 月 14 日之前对开立在商业银行的"备付金交存专户"(跨境人民币备付金账户、基金销售结算专用账户、预付卡备付金账户和外汇备付金账户除外)完成销户,将客户备付金 100%交至中国人民银行。此前,按照监管规定,支付机构客户备付金的集中交存比例已在逐步提高,如 2017 年最初为 10%～20%,2018 年 4 月增至 40%～54%,且不计付利息。自 2018 年下半年起,支付机构交存中国人民银行的客户备付金存款急剧增加,2019 年 2 月末达 1.3 万亿元,已实现 100%集中交存。

备付金利息收入一直是支付机构的重要收入来源之一,央行全额上收备付金将对支付行业产生以下几方面影响。

1)对银行的议价能力将大打折扣

以往,支付机构凭借备付金存款可以换取银行的支付通道优惠,尤其是大型支付机构可以获得很低的费率。备付金全部交至央行后,支付机构的议价筹码不复存在。

2)服务收费可能使部分客户回流银行

备付金利息收入消失、综合成本上涨等,将使支付机构的盈利压力大增,这种压力最终会传导到用户端,多年来用户享有的免费红利期可能自此终结。例如,微信支付和支付宝均开始对信用卡还款收取服务费。此外,支付宝还宣布结束优惠期,把对商户的标准费率恢复到0.6%。

3)中小支付机构经营将受到较大冲击

据统计,大型支付机构备付金利息收入在总收入中的占比仅约为5%,而且其收入相对多元,受政策变化的影响较小。中小支付机构用户黏性不高,业务范围和盈利手段单一,对备付金利息收入依赖性较强,该收入占比大多在 30%以上,因此其将受到较大冲击,甚至可能被市场淘汰。

3. "断直连"变革交易模式

为更好地防控风险,打破大型支付机构多头直连银行、承担清算职能的模式,中国人民银行牵头组建了网联清算有限公司,并要求支付机构在 2018 年 7 月前切断与银行的网络支付业务直连,通过网联或银联实现集中统一的跨行转接清算。截到 2019 年年初,持网络支付牌照的全部 115 家支付机构以及 424 家银行已接入网联平台,99% 的市场存量跨机构业务完成了向网联平台的业务迁移,多家银行公告称已全面完成与合作支付机构网络支付业务的"断直连"。

此后,银行与支付机构之间形成了新的交易链路与合作模式,新模式的影响主要体现在以下四方面。

1) 有利于银行防控风险

"断直连"后,支付通道从三方模式(商户/用户端—支付机构—银行)转为四方模式(商户/用户端—支付机构—网联/银联—银行),同时统一了接口标准和安全规范,从而使业务开展更加合规,更利于操作风险和声誉风险的防控。

2) 有利于提高监管效能,实现用户资金的透明化流转

此前,一些支付机构平台化的运作模式脱离了"央行—商业银行"体系,在监管框架之外自成一脉,导致海量资金不受监管,甚至引发资金挪用等违法违规行为和高杠杆经营风险。"断直连"后,中国人民银行可以直接拿到支付机构的相关数据,从而有利于用户资金的透明化流转和实时监控。

3) 有利于提高全行业的运行效率

"断直连"改变了支付宝、财付通等大型平台成为"网上银联"的事实,支付机构不再自建跨行清算平台,从而使与银行多头直连带来的信息系统重复建设、连接成本抬高、行业运行效率不平衡等诸多问题得以解决。

4) 中小支付机构获得更公平的发展环境

网联模式下,任何合法合规支付机构都可接入平台,享受相同的服务,从而降低了渠道壁垒,使市场各参与方的竞争更加公平。特别对于中小支付机构而言,它们可以把经营重心转到深挖用户需求、优化场景应用、提高创新能力上来,从而通过提升服务质量赢得市场地位。

(二) 技术革新

支付和科技的创新是支付行业进步的一大表现。近年来,第三方支付行业参与主体呈现出"百家争鸣,百花齐放"的大好局势,各大金融机构平台、电信运营商和手机制造商都纷纷参与到支付创新的洪流中来,开发了二维码扫码支付、NFC 近场支付、生物识别支付、光子支付、声波支付 5 大新型支付技术。

二维码扫码支付是当前主流的支付结算方式,扫码支付一度成为引领消费时尚的结算方式。二维码支付凭借其便捷性和较高的支付场景适应性,成为目前主宰市场的支付霸主,无论是市场巨头支付宝和微信,还是想分一杯羹的中国银联、易宝支付等,都曾在二维码支付市

场上进行了"烧钱式"的补贴推广。2016年8月3日,中国人民银行正式发布的《条码支付业务规范》标志着二维码扫码支付业务在金融监管层面已完全开放。当前,培养消费者支付习惯的前期投资阶段已经基本完成,二维码已经成为电子商务平台和线下零售业务厂商的标准配备。美中不足的是,目前各个平台和经营主体都是"各自为政",客户消费时需要下载相应App或寻找对应App的二维码,这给客户和厂商都带来了极大的不便。支付二维码不同带来的支付碎片化问题是目前影响二维码扫码支付推广的主要限制性因素,在资金清算体系不断完善的前提下,聚合支付或是解决目前二维码扫码支付问题的有效途径。

NFC近场支付是中国银联携手苹果、三星等手机厂商进军第三方移动支付市场所依赖的支付技术。NFC近场支付通过闭环式NFC射频实现与POS收款机的连接识别和信息传输,由于其支付全程不需要移动网络、银行卡号和支付密码,NFC近场支付被认为是目前最为安全的支付方式之一,NFC近场支付可以看作是手机软件功能和硬件设备的一次完美整合。2015年后,主要手机厂商推出的新款智能手机都已经把NFC功能作为标配。因此,从某种意义上讲,NFC支付技术的推广主要依赖于手机厂商新款智能手机的推广速度。2016年9月,继苹果和三星在中国推出Apple Pay、Samsung Pay后,国产手机厂商华为、小米也分别推出了Huwei Pay和Mi Pay。

生物识别技术目前主要包括人脸识别技术、指纹识别技术、虹膜识别技术、掌纹识别技术、声音识别技术等。生物识别技术相对于其他支付技术有两大技术优势:①支付快捷,效率高,如指纹支付只需将手指放在"HOME"键上就可以轻松支付;②安全性比较高,因为每个人的指纹、脸、虹膜等生物器官都是独一无二的。而且随着新型智能手机技术的推广,主要的第三方支付平台都已经推出生物识别的功能,生物识别技术或将成为最有可能替代二维码扫码支付霸主地位的支付技术。

光子支付技术相对于其他支付技术更为先进,同时它对支付双方的硬件设备要求也高,因此整体上其市场普及率较低。光子支付技术主要通过智能手机上的闪光灯照射POS机上的光感应器来实现交易,虽然手机闪光灯已经相当普及,但是有光感应器的POS机成本较高,因此该技术在短时间内不可能在支付市场上广泛应用。就整个市场前景来看,目前只有平安银行和美国的Omnipay公司推出过光子支付,其他支付平台和机构并没有表现出较高的推广积极性。

声波支付技术也是一种安全性较高、技术要求高的支付技术。但该项技术由于对声波接收器的要求较高,并没有被推广开来,目前该技术主要用于自助售货机。

三、第三方支付行业未来发展展望

(一)C端需求市场逐渐饱和,产业支付潜力显现

我国第三方移动支付市场根据不同时期的主要增长点不同大致可以分为三个阶段。第一个阶段是2013—2017年的线上场景驱动阶段。这一时期,电商、互金、转账的先后爆发持

续推动了移动支付的快速增长。第二个阶段是2017—2019年的线下场景驱动阶段。2017年开始线下扫码支付规模全面增长,线下场景的支付增速远高于线上场景支付的增速,引领移动支付经历了由线上驱动阶段到线下驱动阶段的转变。第三个阶段是从2019年开始的产业支付驱动阶段。这一时期,C端驱动的线上线下支付因C端流量见顶进入了平稳增长期,而产业支付伴随产业互联网的快速崛起正逐渐成为我国移动支付新的增长点。

(二)支付产业链商业模式交叉增多、上下游合作加强

第三方支付企业间的竞争已经从单纯的产品形态竞争逐渐演变为商业模式的竞争,未来还会表现为生态建设上的竞争。因此,支付企业不能仅仅依靠通道业务本身,还要致力于打造支付生态圈,全方位满足用户需求。例如,在支付服务上要提升用户支付效率,降低商户支付成本,提高商户支付利润;在支付模式上要统一各家银行的入口,增加用户支付选择,增加支付应用场景;在支付基础上要叠加信用、理财、保险等增值服务,打造多元化消费场景,致力于为客户提供基于场景的无缝高效交易服务体验。此外,第三方支付企业还要联合产业链上下游以及不同的金融机构,构建自己的生态系统,以打造其核心竞争力。

(三)金融科技推动支付企业服务升级

随着云计算被广泛运用于第三方支付领域,以及区块链等其他金融科技技术逐渐落地以及运用,第三方支付企业能够使用更多的技术,为用户提供更好的服务。第三方支付企业不断建立自身云平台,并整合SaaS能力,从而更好地向外提供标准化技术与服务,以增强B端企业的经营效率和自身服务效率。未来,云计算将进一步提高行业支付效率。在供应链金融领域,区块链凭借其多方参与、分布式记账、信息可追溯性等特点,能够更好地帮助供应链各方参与者建立高效信任机制,解决原有企业间不信任及数据不可信的问题,进而降低产业链中中小企业获取金融服务的成本,提高整体金融效率。未来,第三方支付企业通过运用区块链技术,能够更好地帮助企业建立产业生态,提高整体行业效率。同时,3G/4G技术推动了移动支付的发展,而随着5G时代的到来,5G技术将为各行业带来更多的可能性,加速万物相连。对于支付企业而言,5G技术将会催生出新流量入口、新数据源以及业务场景,这将扩大第三方支付企业在获客、风控、运营等方面的内容量级,从而为更多的商户提供更好的服务。

专栏2-3

ETC潜在用户过亿　银行与支付机构打响争夺战

"收费不等待,秒过收费站,×行ETC你值得拥有!"近年来各家银行使出浑身解数推广电子自动收费系统(ETC)。它可以实现车辆在通过收费站时,通过专用短程通信技术实现车辆识别、信息写入并自动从预先绑定的IC卡或银行账户上扣除相应资金等功能。

对于ETC用户市场的争夺,不仅仅是银行,微信支付、支付宝、中国银联等支付机构也纷纷入局:人们在微信中搜索"ETC助手"小程序和公众号即可线上办理;在支付宝中搜索"高速ETC"也能找到ETC生活服务号,同样可以线上提交资料办理;2019年6月6日,中国银联称在云闪付App上线了ETC记账卡线上申请和绑定扣款服务,与微信小程序一样,只要录

入车辆等认证信息,绑定指定银联卡即可完成申请和业务办理。

支付机构的纷纷入局也是源于政策支持。2019年6月初,交通运输部印发的相关文件规定,为了拓宽ETC发行服务渠道,鼓励银行业金融机构、非银行支付机构和互联网企业等服务机构紧密合作,允许ETC绑定既有银行账户和支付账户。业内人士认为,相比银行,支付机构用户基数大、黏性高,更擅长运营,因此支付机构会快速推动ETC普及,做大市场。

银行和支付机构抢占ETC用户市场的目的是抢占有车一族的高黏性接触入口,以此为桥梁,渗透推广其他金融产品,以充分发掘用户价值。ETC用户市场到底有多大?2015年年初,我国汽车保有量突破2.46亿辆,已经安装ETC的车辆约8 073万辆,而根据交通运输部此前要求,到2019年年底ETC装载量要达到90%。如果要达到这一目标,则需要安装ETC车载终端的车辆总数将超过1.4亿辆。

"ETC客群的特征十分明显,有车一族客群价值极大,以绑定ETC支付为契机,可以迅速、有效地拓展该类客户,进行其他产品的交叉营销。"苏宁金融院高级研究员黄大智表示,对于银行而言,ETC缴费绑卡这一关键步骤可以有效地拓展信用卡、理财、保险、贷款等高价值业务。而微信、支付宝、银联等支付机构,一方面希望通过ETC支付拓展新用户,另一方面也希望借助出行场景提升用户活跃度,增加用户黏性,让资金更多地从本平台经过。更重要的是,ETC支付场景兼具高频应用、客群价值高、交通支付重要场景等特点,可以完善支付机构线下场景布局。黄大智表示,在高速公路收费方面,除了传统的人工缴费、ETC服务,随着无感支付(扫描车牌)、扫码付等新兴支付方式的逐渐普及,未来高速公路收费模式很可能是多种支付方式并存的格局。

参考资料来源:许莉芸.ETC潜在用户过亿　银行与支付机构打响争夺战[EB/OL].(2019-07-01)[2020-08-10]. http://ep.ycwb.com/epaper/xkb/html/2019-07-01/content_32833_164080.htm.

第四节　第三方支付的风险及防范

第三方支付为网上交易主体带来了极大的便利性,而且也为商家节约了成本,但是作为融合了金融和互联网两个行业特点的第三方支付,随着其快速发展以及现代信息技术的深入应用,在具有传统金融风险(如信用风险、流动性风险、合规风险、操作风险等)的同时,其暴露出来的信息技术风险更具综合性和复杂性。

一、信用风险及防范

(一)信用风险

第三方支付平台在买方、卖方和银行之间搭起了一座支付桥梁,从而减少了一部分由于信息不对称而产生的信用风险,但与此同时新的信用风险也会产生。这些新的信用风险可分为以下四类。

1. 买方的信用风险

买方的信用风险主要是指买方进行虚假交易或者违规操作而带来的风险,如洗钱、开设虚假账户、信用卡套现等违法行为风险。这虽然不一定会对银行和第三方支付企业造成资金或者货物的损失,但是对其声誉会造成一定的影响。

2. 卖方的信用风险

卖方的信用风险主要是指买方付款购买商品后,货物的质量出现明显的问题,即使卖方同意退回货物并重新发货,但是这会造成买方时间成本、物流费用的增加,从而对卖方和第三方支付平台的信誉造成很大影响。

3. 银行信用风险

银行信用风险是指由于银行员工操作失误或者系统问题导致银行资金结算延误和交易延长而产生的风险。这对买方和卖方都会造成影响,同时也可能造成挤兑风险,甚至对第三方支付企业的声誉也会造成一定影响。

4. 第三方支付企业信用风险

第三方支付企业信用风险主要表现为由于内部经营管理不善、违规操作、交易过程中的风险控制措施不完善产生的风险。这对买方、卖方和银行都会造成很大影响,甚至会给整个金融业都带来难以估量的风险。

(二) 防范措施

信用是第三方支付企业生存的基础,建立一个完善的信用体系对整个第三方支付行业来说至关重要。因此,第三方支付企业应从下面两个方面努力。

首先,健全信息机制,维护买卖双方的信用。为了更好地维护买卖双方的合法权益,第三方支付企业有义务承担起对买方和卖方的信用维护职责,通过完善个人征信系统提高其对买卖双方的信用评价管理力度。例如,第三方支付企业可以根据买卖双方的交易数据进行多维度综合分析和信用评级,对一些可疑行为和大额交易及时跟踪和监控,并对存在信用风险的账户实施一定的管制措施,有效防控风险。

其次,完善第三方支付企业自身的信用体系,防范自身的信用风险。针对信息泄露风险,第三方支付企业要加强内部员工的教育培训,提高员工的职业道德素养,明确信息泄露的惩罚机制,同时应实现员工职位分离,防止因职责重叠出现信息互换等不法勾当。针对携款潜逃风险,第三方支付企业内部应做好自有资金备用金储备,防止因公司倒闭或其他原因发生与客户之间的违约事件。另外,第三方支付企业需要定时披露公司经营信息,建立自身的信用评级机制并定时披露评级报告,从而约束企业的违规行为。

以支付宝为例,在每笔交易结束之后,消费者或商家都可以针对支付宝在此次交易中提供的服务进行反馈,如客服态度、支付到账速度、物流信息准确性等。支付宝通过分析这些服务评价并制定改进措施,可以提高其服务水平,得到更多客户的认可。此外,针对此安排,支付宝还成立了信用督察小组,严禁内部形成服务刷好评返现的不良风气,力求客户反馈源于客户最真实的体验感受,使信用评级的数据更精准。

二、流动性风险及防范

(一) 流动性风险

流动性风险是支付清算系统面临的重要风险,其直接关系到支付清算系统的稳定运行。第三方支付企业的流动性风险主要包括第三方支付企业盈利能力不足风险与沉淀资金风险。

第三方支付企业如果盈利能力有限,短期内没有足够的资金及时偿付在支付系统中所产生的债务,将会产生罚息、商誉损失和投资损失。此外,第三方支付企业的投资产品如果无法及时变现以满足其短期资金需求,第三方支付企业将无法正常运转,出现经营性困难进而产生资金流动性风险,造成客户经济损失。所以,第三方支付企业运行越稳定,资产管理、投资工具越合理,其流动性风险也就越小。

在第三方支付企业的运作机制中,沉淀资金分为在途资金和支付工具吸存资金。其中,在途资金是第三方企业沉淀资金的主要来源。第三方支付企业作为买方和卖方之间的资金交易平台,在收到买方支付的资金之后不会立即将其转至卖方账户,而是在买方确认收货无误之后再将资金进行释放。这样就形成了资金在第三方平台的滞留,此类滞留资金称为在途资金,也称客户备付金。

在交易担保型账户支付模式中,客户需在第三方支付平台内开设虚拟账户,并将一定的资金预先存入虚拟账户以便用于后期交易,此类资金称为支付工具吸存资金。以京东钱包为例。首先,用户对其拥有的京东钱包账户进行充值,则用户的实体资金将会转移到其京东账户中。其次,用户与商家进行交易,待交易结束后,如果商家没有将放在京东账户中的货款提现,而是继续存放以备进行其他交易时使用,这样就会形成沉淀资金。

在备付金集中存管前,第三方支付企业在经济体系中不仅扮演了便捷支付的角色,还扮演和承担着支付、清算的角色,其在多家银行开立多个备付金账户存放资金,并通过自身的资金调拨体系完成客户委托的支付指令,对头寸调拨、资金对账以及系统开发等方面的要求较高。此外,资金多头存放和调拨不仅降低了资金使用效率,而且中国人民银行很难监管并明确这些资金流向,这时就会出现洗钱、诈骗等违规活动,易发生流动性风险。

随着非银行支付机构网络支付清算平台(简称网联平台)的成功上线,支付机构有了专职的网络支付跨行清算基础设施,使得备付金全额集中交存具备了实施的基础。2019年1月14日之后,支付机构将全部备付金交存至中国人民银行。同时,中国人民银行不对备付金计付利息。在备付金集中存管以及支付业务"断直连"之后,支付机构的备付金除了预付卡等少量资金,其余资金全部存放在中国人民银行集中存管账户内,并通过银联或网联平台的系统进行资金划拨,从而大大降低了资金管理难度和发生流动性风险的可能性。

同时,第三方支付企业的业务发展思路应逐步从通过做大备付金规模获益回归到注重支付服务体验与产品创新,通过增加用户黏性、服务升级、加大创新投入和提供差异化服务等方式吸引客户,提升品牌知名度和认可度,从而获得支付服务手续费等主营业务收入,维持公司的生存和发展。例如,支付宝应利用现有的客户规模和生活服务产品打造品牌特色,挖掘已有业务的潜力,积极推出新的服务(如与地铁、航空和各类生活缴费对接),实现生活领域全覆盖,快速扩大非利息业务总规模;财付通应充分利用客户规模大且无法离弃的特点,除了与支付宝合法竞争,还可推出有特色的理财和支付服务;其他中小企业则应利用公平竞争的机会,打造具有自己特色的"短、平、快"服务项目,走品牌差异化道路。

三、合规风险及防范

(一)合规风险

合规风险是指第三方支付企业因违反监管法规而可能受到的行政处罚的风险。如今,第三方支付企业众多,良莠不齐,竞争激烈,在价格大战的市场环境中,其为追逐利润,存在套码、二清结算等问题,触及了监管红线。

套码是指某些商户违规套用低费率行业的商户类别码(merchant category code,MCC),将高费率商户类别调整为低费率商户类别,并从中套取利差的行为。例如,高费率商户利用类别不同手续费标准不同的费率政策,通过对POS机中MCC码的设置套用低费率商户MCC码,从而少缴手续费。

二清结算是相对于一清结算而言的。一清结算是指银联、银行或具有收单资质的机构直接将交易账款清算至商户账户里,资金不经过任何其他渠道。二清结算是指交易账款先清算到一个代理账户上,然后个人或未取得收单资质的公司通过第二次清算将款项清算给商户。根据中国人民银行下发的相关文件,非经中国人民银行批准的二次清算行为属于违法行为。

据统计,2017年中国人民银行针对第三方支付企业累计开出罚单97张,处罚金额共计2 468万元,其中涉及67家支付公司。2018年中国人民银行开出的罚单近140张,处罚金额超过2亿元,是2017年的8倍多,其中存在的主要问题包括违反银行卡收单业务规定、违反支付结算业务规则和管理要求、未按规定使用备付金三类。

第一,按照银行卡收单业务规则和管理要求,收单机构应当根据商户受理银行卡交易的真实场景正确选用交易类型,准确标识交易信息并完整发送,确保交易信息的完整性、真实性和可追溯性。但是,某些企业为了争取商户,冒着违规风险更改MCC码、商户名称和类别、受理终端(网络支付接口)类型和代码、交易时间和地点、交易金额、交易类型和渠道、交易发起方式等,以满足商户的"个性化要求",帮助商户隐藏相关信息。

第二,按照支付结算业务规则和管理要求,POS机的结算方式是"T+1结账",即第二个工作日结账。然而,市场上有的"二清机"商家为了吸引客户打出实时结算的幌子,但是资金却迟迟不能到账。其原因是第三方支付企业为了拓展商户往往采取与渠道商合作的方式,由渠道商负责挖掘商户、布放POS机,后续再将手续费与渠道商分成。但渠道商为抢占商户,给商户开出更为有利的条件,例如通过自己提前垫付资金让商户能够实时结账,或采用拖延到账天数和零费率的形式,而完全忽视未来合规监管风险带来的经济损失和名誉损失。

第三,按照客户备付金管理相关要求,客户备付金只能用于办理客户委托的支付业务和有关规定的情形,任何单位和个人不得擅自挪用、占用、借用客户备付金,不得擅自以客户备付金为他人提供担保。而有些第三方支付企业因管理缺失、风险意识薄弱,私自动用少部分备付金垫付款项购买理财产品等,从而反映出诚信缺失、违规经营等突出问题,并损害了消费者的权益。

(二)防范措施

首先,相关部门针对此类风险要强化合规监管,提高第三方支付企业的风险意识。目前,虽然我国颁布了一系列与第三方支付行业监管相关的法律法规,构建了初步的监管体制,开展了监管实践,但由于第三方支付行业的发展迅速,金融创新产品层出不穷,相关监管措施也要与时俱进。

其次,相关部门可以借鉴中央银行对商业银行监管模式,加强对第三方支付业务必要信息的披露制度建设,使公众这个利益主体加入社会监管。监管过程中,在留给第三方支付机构发展创新空间的前提下,相关部门可以借鉴商业银行的负面清单管理制度进行有效灵活的监管。同时,网联、银联可以发挥清算中转优势,实现实时监测风险交易,及时发现并报告违反商户真实性管理、特约商户管理、终端管理、流程管理及外包管理规定等违规行为,并通过技术手段根除支付接口乱象以及资金"二清"行为,营造合规自律、规范发展的市场环境。

最后,第三方支付企业自身要重视和发挥审计监督职能。内部审计机构是风险管理的内部监督部门,第三方支付企业应将风险管理纳入内部审计范畴,对包括风险管理部门在内的各单位是否按照规定开展风险管理工作及其工作效果进行监督评价。例如,企业应加强内部的业务风险审计,建立不定期专项审计制度,对企业业务拓展方式、渠道商资质、业务流程的审核制度、风险防控措施等进行抽查,使内部审计机构有重点、有节奏地对公司业务进行审计,减少合规风险的发生。另外,企业应对软件系统的规划设计、开发运行和管理维护等情况进行审计,从技术层面减少风险发生概率,减少违规使用商户类别码、违规套用MCC码、违规设置交易信息等情况的发生。

四、操作风险及防范

(一)操作风险

操作风险是指由内部流程机制不完善、人为违规操作、外部不可控因素等引起的风险,主要体现为洗钱风险和信用额度套现风险。

洗钱是指不法分子通过使用一系列掩饰、隐瞒资金来源和性质的手段使不法资金合法化的违法操作。洗钱分为两种,一种是黑客窃取用户信息,将用户账户资金划至自身账户;另一种是不法用户将金融体系外资金非法占用,划入自身账户。就第三方支付而言,不法分子在虚拟资金交易平台进行交易时,第三方支付平台并不能准确识别出卖方和买方是否为同一个人或其是否有其他非法联系。由于存在身份识别的难度,第三方支付平台无法监控、记录用户的具体账户信息,监管部门也很难追踪资金的流向,从而容易导致洗钱风险。

另外,第三方支付跨境国际化发展也带来了风险隐患。一方面,监管制度的非国际化以及滞后性给了第三方支付机构违规操作的空间。一些国内的第三方支付机构与国外的金融机构合作,通过账号共享等方式实现跨境支付。对于这些违规违法行为,监管部门事前难以监管,事后也无法做到有效追查处理,这是当前跨境第三方支付存在的一个重要风险隐患。另一方面,在第三方跨境支付中,交易方的购汇、结汇业务均由第三方支付机构代理完成,银行很难了解国内买方及国外卖方的真实交易背景,也无法查找交易双方的准确身份信息,因此难以开展有效监督。同时,虚拟货币的广泛使用使有关部门和第三方跨境支付机构对交易双方资金来源的监管更加困难,为犯罪分子通过这种途径进行境外洗钱活动提供了很大的操作空间,从而使得洗钱风险进一步加剧。

信用额度套现是指不法分子通过非法操作将信用额度内的资金提取为自身可随意支配资金的行为。信用额度有两种形式,一种是以信用卡形式存在,另一种是以线上信用额度账户形式存在。随着消费升级,当代人消费需求日益增加,信用卡持卡比例逐渐攀升。但信用卡常规只支持线上支付,用户若想取出卡内现金,需向发卡银行支付一定的利息。不法分子通过信用卡套现的方式提取现金而不向银行支付利息的方式属于违法行为。而且,现阶段许多第三方支付机构也开发了一些信用额度支付产品,如京东支付的"白条"和支付宝的"花呗""借呗",此类支付产品只支持消费者在线上购物时进行付款,不支持转账、现金提取等功能。但当此类信用额度通过第三方支付系统支付给卖方后,卖方便获得了该类资金的任意调配权。若不法分子抓住此监管漏洞,伪装成商家通过自身交易提取信用额度资金,或者与商家串通以利益交换的方式提取资金,这些套现方式都将形成信用额度套现风险。

(二) 防范措施

在直联银行模式下,交易过程被第三方支付机构分割成互不相连的两部分,所有信息流、资金流都被掩盖在各个支付机构的内部,银行很难去了解其中的动态。因此,在防范洗钱、信用卡套现等方面,银行也"心有余而力不足",从而容易产生违法违规隐患。网联清算平台的出现则连通了第三方支付机构和各大银行,并且支付账户实名制的推行也进一步堵住了洗钱、套现的漏洞。此外,网联监管模式可以使权责变得清晰,在发生支付故障时相关部门可以通过网联监管平台较为容易地查询到是技术性问题还是操作性的问题,以此来防止推诿责任情况的出现,给用户带来更好的服务体验。但是,目前我国网联监管平台建立不久,监管制度相对来说还不够健全,很多框架条款都需要等到事实发生并有效处理之后才能去补全,制度的引导作用很难发挥。今后,相关部门应围绕第三方支付机构的一系列核心问题进行综合考虑,加快修订、完善现行监管制度,为第三方支付行业健康发展提供健全的法律制度和稳定的政策环境。

加强反洗钱监管、防止信用卡套现等工作对整个社会都至关重要。为了更好地进行风险控制,除了相关法律法规的制度建设之外,第三方支付机构可以联合其他机构(如公安机关)对用户的身份信息进行严格的审核,从而保证身份信息的真实性。在交易过程中,第三方支付机构要明确每笔交易的资金来源和动向,对一些可疑交易要及时上报,银行和监管部门也要对资金流向进行实时监控。这些机构要加强合作,及时交流信息,共同监管,不给那些不法分子可乘之机,从而维护金融体系的稳定。

五、技术风险及防范

(一) 技术风险

技术风险一般可分为硬件风险和软件风险。硬件风险主要是指第三方支付平台的机器设备老化导致相关故障的风险。软件风险主要是指第三方支付平台软件系统性能不佳,使用者数量激增时可能导致服务器崩溃、系统瘫痪等风险。随着互联网的普及和网民数量的激增,以及大数据、云计算、人工智能、区块链在内的新技术在金融领域的深入应用,第三方支付平台的使用者也在急剧增加,从而形成大量的交易。如果这些系统设备不能及时处理这些交易,或者系统存在漏洞被黑客入侵,交易将无法正常完成,这对消费者造成损失的同时也会为金融行业带来巨大的风险。

技术上的不完备、安全控制措施不到位将导致客户个人信息和资金安全受到严重损害。例如,支付业务的信息安全及交易安全容易受到攻击,最近频频爆出的二维码被调包、隐藏木马、资金被盗刷等技术漏洞都给使用现代支付结算方式的消费者带来了不同程度的损失。

另外,受成本低廉、客户需求等多种因素驱动,商业银行、支付机构等加紧了在聚合支付业务方面的布局,以减少商户与多家支付机构对接,通过帮助转型中的线下实体店提升生产效率,更好地提升消费者的服务体验,从而达到刺激消费的作用。由于聚合支付业务处理过程涉及收单机构、商业银行、发码机构、发卡银行等多个角色,交易信息传递环节多,交易报文内容不规范,每一个主体、每一个环节都有可能出现不可预知的风险状况,支付市场安全难以保障。此外,部分聚合技术服务商在合作过程中存在私自转接交易信息、截留存储商户信息等问题,涉嫌违法从事交易处理、资金结算等收单核心业务,从而危害到客户敏感信息和资金安全。

(二) 防范措施

首先,针对技术风险,第三方支付机构应加强技术研发,确保第三方支付平台的安全可靠。一是及时修复安全漏洞,加大网络安全设施建设,实施网络安全领域控制,加强软件开发控制,对软件进行安全测评和漏洞扫描,时刻监控系统的运行情况,强化系统安全测评,以保障消费者权益。二是强化身份认证环节技术应用,通过利用双因素认证、生物识别等手段提高客户身份验证的安全标准,以保证客户基本信息和资金的安全。

其次,针对第三方支付创新中的聚合支付,第三方支付机构应加强聚合支付模式下信息传递的统一性、规范性,进一步提高对聚合支付的风险防范要求,指导收单机构在商户准入、交易限额、交易监控、商户巡检等方面强化风险管理措施,同时强化身份认证环节技术应用,提高客户身份验证的安全标准,共同防范业务风险,推动建设良好的支付生态环境。相关部门应通过法律法规的完善及监管加大对开通聚合支付商户准入标准的排查,避免聚合支付商户直接接触客户及消费者的隐私信息。

专栏2-4

第三方支付漏洞及安全风险

据《央广新闻》报道,央行的一份内部报告列举了近年来支付机构的风险案例和支付系统漏洞。例如,在第三方支付机构中,只有拿到了互联网支付牌照才能开设支付账户。目前,269家第三方支付机构中有互联网支付资格的不超过100家,但绝大多数未获得互联网支付资格的机构也都开设了支付账户。该央行报告指出,支付机构在迅速发展的过程中,相关问题和风险不断显现,消费者权益未能得到有效保护。

具体而言,该报告列出四方面的问题。一是支付账户普遍未落实账户实名制。据公安部反映,不少机构为"黄、赌、毒"洗钱、恐怖融资及其他违法犯罪活动提供便利。二是挪用客户资金事件时有发生。三是疏于安全管理。部分支付机构风险意识薄弱,保护客户资金和信息安全机制缺失,安全控制措施不到位,从而对消费者的信息和财产安全构成严重威胁。四是缺乏消费者权益保护意识,夸大宣传、虚假承诺,普通消费者维权困难。此外,该报告强调,消费者在使用网络支付服务时自我保护意识和风险识别能力亟待提高。例如,在追求和享受支付便捷性的同时,忽视了自身金融信息的保护,对支付业务内在风险的警惕性不足。因此,日益频繁的支付活动,使个人支付信息泄露风险大大增加,消费者面临更大的资金被盗和欺诈风险。

参考资料来源:胡晓,沈光倩.央行内部曝光第三方支付漏洞及安全风险案例[EB/OL].(2015-08-11)[2020-08-10].http://it.people.com.cn/n/2015/0811/c1009-27444038.html.

第三章

量化投资发展与策略

谈到量化投资,首先要提起华尔街的传奇、量化投资的领军人物——詹姆斯·西蒙斯(James Simons)。这位独具慧眼的投资巨擘,却是一位不折不扣的数学家。

1961年,年仅23岁的西蒙斯获得加州大学伯克利分校数学博士学位,1年后出任哈佛大学数学系讲师;37岁时与中国数学家陈省身联合发表了著名论文《典型群和几何不变式》,并开创了著名的陈—西蒙斯理论;40岁时运用基本面分析法设立自己的私人投资基金;43岁时与普林斯顿大学的勒费尔(Henry Laufer)重新开发交易策略并从基本面分析转向数量分析;45岁时正式成立文艺复兴科技公司,并于1988年推出公司旗舰产品——大奖章基金(Medallion Fund)。

与多数投资者关注市场基本面有所不同,西蒙斯的投资策略主要运用他最熟悉的数学方法来构建投资模型,大量筛选历史数据资料,借助相关性统计来预测期货、货币、股票市场的短期运动,并通过数千次快速的日内短线交易来捕捉稍纵即逝的市场机会。

通过将数学模型和投资策略相结合,西蒙斯逐步走上"神坛",开创了以他为代表的量化投资时代。从1989年到2009年,其运作的大奖章基金平均年回报率约为35%。即使在美国次贷危机全面爆发的2008年,该基金的投资回报率仍稳稳保持在80%左右,年度收入更是高达25亿美元。

那么究竟量化投资是什么?它与传统投资有哪些区别?它如何将数学模型和投资策略相结合实现稳定的收益?本章将会就这些问题进行深入地梳理与探讨。

第一节 量化投资概述

一、量化投资的概念及其与传统投资的区别

(一)量化投资的基本概念

近年来,随着机器学习算法的迅速发展,机器学习算法逐渐被应用于金融市场。众多学者以及投资者利用机器学习算法进行选股,以提高收益、降低风险。国内外流行的主要投资方法包括基本面分析、技术分析以及量化投资等。其中,量化投资是目前应用较为广泛的投

资法。投资组合理论被视为量化投资的开端,随着大数据和计算机技术的发展,资本市场不断完善,量化投资在金融市场中的作用日益凸显,尤其在20世纪80年代得以迅速发展。

量化投资是指利用先进的计算机技术分析大量数据,并采用特定的数学模型和信息技术构建量化选股模型,以实现投资策略。量化投资对金融理论的数学应用和计算机技术有较高的要求。一方面,量化投资利用统计学的原理研究资产价格走势,避免了人工操作可能导致的误差;另一方面,量化投资通过先进的计算机技术处理数据,并选出符合投资策略的股票,提高了数据的可靠性。

量化投资以数据为基础,通过构建投资模型进行程序化交易,其最鲜明的特征是模型交易。量化投资可以从频繁的市场变化中捕捉细微的获利机会,利用市场的短暂价差实现套利的目的。量化投资具有持仓时间短、交易量巨大、总体收益稳定等特点。量化投资因其技术要求较高,在普通的中小投资者中应用较少,主要应用于期货公司、私募基金等机构的投资理财分析。

目前,量化投资被广泛应用于投资决策的各个方面:①估值与选股,即通过程序化交易对投资标的进行估值并构建选股策略;②优化资产配置方法,如短期资产配置方法包括Alpha策略、行业轮动策略等,长期资产配置方法包括基于贝叶斯估计的资产配置模型、马科维茨资产配置模型等;③指数预测,预测模型主要有支持向量机预测模型、神经网络预测模型等;④制定投资策略,如反向投资策略、小盘股策略等。此外,在程序化交易时,量化投资还可以通过制定程序化的规则来选取投资标的。

(二) 量化投资与传统投资的区别

作为一种新兴的投资方式,量化投资近年来得到了广泛的应用。根据相关统计,美国约90%的公开市场均采用了量化投资,并且采用量化投资获得的收益比传统投资获得的收益提高了10.3%。量化投资是一种与传统投资存在较大差异的投资方式。两者最主要的区别在于,量化投资基于定性的理论基础构建模型,利用计算机技术收集和分析大量数据,从而筛选出符合投资模型的股票组合。相较于传统投资,量化投资利用计算机程序将投资专家的经验和思想融合到投资模型中,并利用计算机捕捉符合标准的投资标的,从而避免了由于基金经理人的偏好、情绪等造成的主观偏差。

量化投资以数据库中的数据作为样本,选取投资策略所需的自变量参数,将数据代入模型,并不断修正数学模型,直到得出有效的结果。与量化投资相比,传统投资有很多缺陷,主要表现为传统投资是对市场基本面进行深入分析,实地调研上市公司,以调研结果为依据进行决策。此外,传统投资依赖于投资者的经验和直觉,带有较大的个人主观因素,投资者可能由于情绪偏差或缺乏系统的信息等而作出错误决策。

传统投资是对公司经营情况进行基本面分析和技术分析,具有一定的局限性。量化投资虽然也考虑基本面因素,但是量化投资的样本数据多且运算快速,具有更强的科学性和时效性。也就是说,量化投资是一种在定性投资的基础上延伸的主动投资,如自变量选取、投资模型选择等都可以认为是量化投资的主动部分。

二、量化投资的基本流程

一般而言,量化投资的基本流程包括数据获取、研发和回测、交易执行三步,如图3-1所示。

图 3-1　量化投资的基本流程图

(一) 数据获取

数据是量化投资的基础,量化投资需对大量的数据进行处理。因此,数据应当完整且规范,以确保最终分析结果的准确性。具体操作如下:首先,获取数据后,需要对数据进行筛选、清理和抽样;其次,提取数据后,对数据进行归一、平滑处理,并将数据分拆为训练集和测试集;最后,对数据进行回测,并运用神经网络等算法构建模型。

(二) 研发和回测

量化投资在研发过程中需综合考虑alpha模型、风控模型和成本模型等。alpha模型的作用在于实现策略的投资逻辑,风控模型的目的在于控制风险,成本模型的作用在于使成本最小化。回测常用的指标包括最大回撤、夏普比例等。最大回撤可以衡量风险状况,夏普比例可以反映单位风险情况下的收益率。我们在回测过程中还需考虑交易成本,包括手续费以及滑价偏差等。

(三) 交易执行

回测后,我们需搭建交易系统,将指令做成下单机制,以对接券商的量化交易接口。交易执行需考虑资产管理、订单管理以及风控管理。其中,资产管理即资金的使用和分配,订单管理是对订单进行再处理,风控管理主要是控制各种风险。

三、量化投资发展的基础与现状

(一) 量化投资发展的基础

1. 投资理论与模型的发展

马科维茨在20世纪50年代创造性地提出了风险报酬以及效率边界的概念,并在此基础上创立了均值—方差模型,从而奠定了量化投资理论的基础。托宾在此后提出了分离理论,但该理论的缺陷在于无法单独进行高难度的运算,需要与马科维茨的理论相结合。19世纪60年代,夏普基于马科维茨理论提出了单一指数模型,这是一种投资组合的简化模型,它可以极大地提高了运算速度。例如,对于使用马科维茨的均值—方差模型需要花费33分钟的计算,单一指数模型仅需30秒就能够解决,并且其对电脑内存的消耗也大大减少,在此情景下,电脑能处理相比均值—方差模型8倍以上的标的证券。1964年,夏普又提出了资本资产定价模型(CAPM),该模型不仅能够预测风险和预期回报,还能为人们衡量投资组合的绩效提供有效参考。这些基础投资理论的提出为量化投资的出现提供了可能性,成为量化投资的理论基础。

2. 计算机技术日益成熟

信息技术的发展成熟解决了量化投资对硬件的依赖。传统的量化投资策略主要是利用机器学习算法对财务、交易数据建立各类数学模型,通过回归分析揭示其显著特征。但是人类的计算能力是有上限的,而计算机则能突破人类计算能力的上限,且量化投资中涉及的大量计算也需要成熟的计算机技术和处理器。相比于过去,如今的金融衍生品工具和证券数量呈现爆炸性增长,面对巨量的数据,我们只能通过构建模型让计算机进行计算。

3. 交易费用不断下降

在金融市场不断全球化的大背景下,各市场交易费用逐渐趋于统一,并呈现下降的趋势。在此背景下,人们对于投资的需求也进一步提升。因此,量化投资作为一种新兴且高效的投资方式,必将受到广大投资者的欢迎。

(二) 量化投资国内外的发展现状

1. 量化投资在国外的发展现状

量化投资在国外发展已逾60年,成绩斐然。量化投资在国外的发展大致可分为以下四个阶段。

第一阶段是20世纪60年代。爱德华·索普发明了科学股票市场系统(实际上是一种股票权证定价模型),创办了首个量化投资基金——可转换对冲合伙基金,标志着量化投资的诞生。基金自成立后连续11年内未出现年度或季度亏损,长期跑赢标普指数。

第二阶段是20世纪七八十年代,量化投资如日方升。1973年,美国芝加哥期权交易所成立,开启了以金融衍生品创新和估值为主题的量化投资革命。1983年,摩根士丹利大宗交易部门的程序员格里·班伯格发明了统计套利策略。统计套利策略不受市场趋势影响并持续盈利的优越性引起了众多基金管理者的关注。1988年,数学家和密码学家的詹姆斯·西蒙斯成立了大奖章基金,专门用于高频交易和多策略交易。大奖章基金自成立以来,20多年内的平均年化收益率约为70%,西蒙斯凭此赢得"量化对冲之王"的美誉。

第三阶段是20世纪90年代,量化投资如日中天。1994年,约翰·梅里威瑟成立长期资本管理有限公司(LTCM),创立期权定价模型(OPM),以"不同市场证券间不合理价差生灭自然性"为基础,制定了"通过电脑精密计算发现异常市场价差,通过杠杆放大资金,入市套利"的投资策略。1996年,LTCM大量持有意大利、丹麦、希腊政府债券,而沽空德国债券。根据OPM的预测,随着欧元的启动,上述国家的债券与德国债券的息差将缩减。不久,该预测被市场证实，LTCM也因此获得巨大收益。

第四阶段是21世纪以来，虽然在互联网泡沫破灭与金融危机的冲击下，量化投资受到了一定打击，但从2011年起，量化投资重启迅猛增长的步伐，从2万亿美元的规模快速上升到3万亿美元，已经达到了全世界基金管理规模的30%。

目前，量化投资的运用已经十分广泛，发展趋势良好，在世界资产管理中有着举足轻重的地位。图3-2为1990—2020年全球量化投资基金概况。

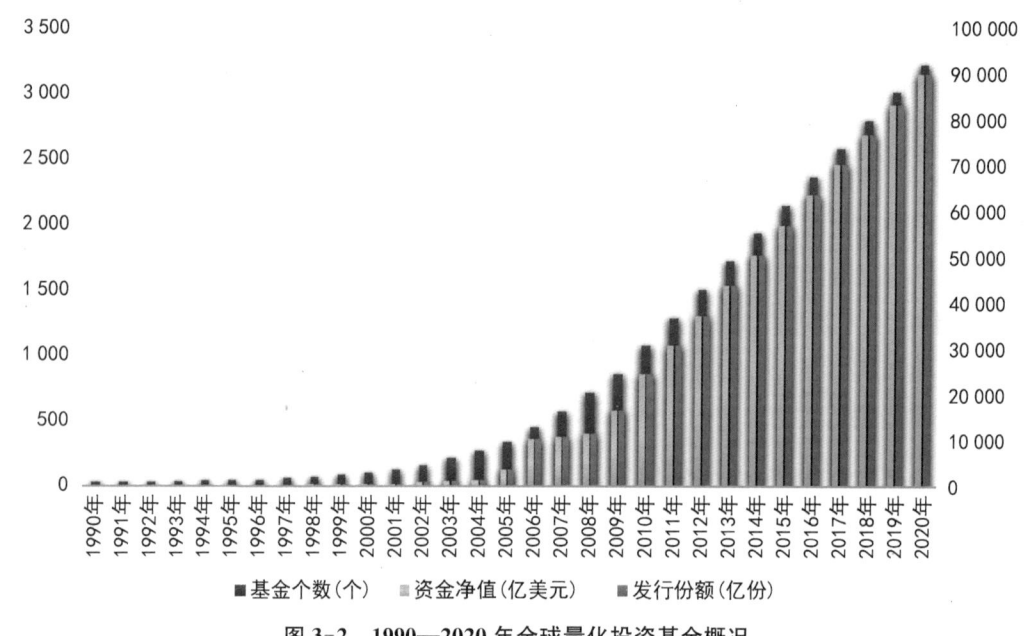

图3-2　1990—2020年全球量化投资基金概况

2. 量化投资在国内的发展现状

与国外市场相比，我国早期金融市场投资工具不足、效率低下、机制发展不健全，量化投资难展拳脚，远远落后于世界平均水平。特别在公募基金规模中，量化投资基金占比不足5%，量化投资对整个市场的影响较小。近年来，随着我国金融市场不断发展完善，量化投资的成长环境日益改善。

量化投资在国内的发展历程同样可分为四个阶段。

第一阶段为2009—2010年。当时市场环境较为特殊，小盘股发展势头迅猛，大盘股较为萎靡，量化投资基金固守股指增强的思路，重点关注某个股指，成绩并不理想。

第二阶段为2011—2013年。此时对冲工具开始出现，可以产生独立于贝塔的绝对收益。但由于同时期实际利率水平很高，量化投资未引起广泛关注。

第三阶段为2013—2016年。金融市场进一步发展，投资工具更加丰富，市场流动性增加，利率下行，量化投资发展迎来黄金期。截至2016年，国内基金公司层面量化基金平均管理规模约为12.4亿元，共有13家基金公司旗下量化基金规模超过20亿元。其中，易方达基金以及摩根士丹利旗下的华鑫基金和华商基金分列前三名,管理规模均超过60亿元,形成了规模和品牌优势。从具体品种来看,易方达旗下的量化产品主要集中在指数增强型量化基金上,2004年成立的易方达上证50指数增强型基金的规模达到78亿元,是量化产品中规模最大的基金。摩根士丹利华鑫量化基金规模次之,主要集中在偏股型主动量化型产品上,如大摩多因子精选策略混合基金和大摩量化配置混合基金规模都在主动量化产品中排名前十。华商基金旗下的量化产品也主要集中在偏股型主动量化基金上,而工银瑞信的量化产品则主要由市场中性策略基金构成,如工银绝对收益策略混合基金是市场中性策略基金中规模最大的产品。

第四阶段为2016年至今。近年来,国内不少著名高等院校中,量化投资和金融工程成为备受欢迎的研究方向,国内量化投资有望迎来快速发展和创新。

总体来看,量化投资在投资领域已经占据了比较重要的地位。一方面,大数据时代需要量化投资这种方式;另一方面,科技发展、社会进步也推动了量化投资的发展。从目前的情况来看,国外量化投资市场由于应用时间更长、应用领域更广泛,处于领先地位,而我国量化投资市场由于起步晚等原因,仍然处于追赶状态。近年来,随着市场环境不断改善,国内的量化投资也将迎来进一步发展。

专栏3-1

国内著名量化基金公司——幻方量化

幻方量化是一家依靠数学与人工智能进行量化投资的对冲基金公司。当前管理规模超过200亿元,拥有国内量化策略第一梯队的私募管理人,团队成员130多人,策略开发人员60多人,人员专业背景覆盖了金融、信息技术、人工智能、数学物理等领域。

2008—2014年幻方量化主要以自有资金为主,2015年后拿到私募牌照,2016年在人工智能领域开始有所突破,并获得少量外部资金,2017年后其完善了指数增强和市场中性两大产品线,为投资人创造了稳定、丰厚的投资回报。

自2008年起,幻方量化致力于量化对冲的研究、创新与实践。依靠强大的系统、独特的模型、严谨的风控,结合宏观与基本面研究,幻方量化多年来始终保持令人瞩目的优秀投资业绩,为客户稳定创造价值。多年来,公司累计投入大量资金用于研发,其中人工智能软硬件研发累积投入近2亿元。其"萤火1号"超级计算机算力强大,可以匹敌4万台个人电脑,能同时支持2 000个模型线上运行。公司还表示,后续仍将持续增加硬件方面投入,不断提高算力,在研发方面获取更大的竞争优势。

幻方量化始终坚持最高的法律和道德标准,借助科学与科技的力量,立志成为世界顶级的量化投资公司,推进中国量化对冲基金的健康发展。

第二节 量化投资相关的理论与研究

一、量化投资相关理论

(一) 关于量化投资的金融产品定价理论

1. 马科维茨投资组合理论

1952年,美国经济学家马科维茨首次提出了投资组合理论(Markowitz,1952),并围绕此理论对金融产品定价展开了系统研究,为现代量化投资的发展奠定了坚实的基础。投资组合理论主要包括两部分内容:投资组合有效边界模型和均值—方差分析方法。该理论的模型如下:

$$\begin{cases} \min \delta_K^2 = W^T \sum W \\ \text{s.t.} \sum_{i=1}^{n} W_i = 1 \\ \max E(r_K) = W^T R \end{cases} \quad (3-1)$$

其中,$R = (R_1, R_2, R_3, \cdots, R_n)^T$,$R_i = E(r_i)$ 表示该投资组合中第 i 种资产的预期收益率,$W = (W_1, W_2, W_3, \cdots, W_n)^T$ 表示投资组合 K 中各项资产的权重,δ_K^2 和 $E(r_K)$ 分别表示投资组合 K 的方差和收益率的期望值。马科维茨投资组合理论在已知假设下可以为投资者提供一个期望收益率,然后在不同的期望收益水平下得到使方差最小的资产组合解。

2. 资本资产定价模型理论

在马科维茨投资组合理论后,许多学者对该理论进行了完善和扩展,提出了资本资产定价模型理论(Lintner,1965;Mossin,1966;Sharpe,1983)。相较于投资组合理论,这些模型理论进一步讨论了在市场均衡的条件下资产的预期收益率与风险之间的关系。资本资产定价模型如下:

$$\bar{r}_a = r_f + \beta_a (\bar{r}_m - \bar{r}_f) \quad (3-2)$$

其中,r_f 为无风险收益率,表示纯粹的货币时间价值,$\bar{r}_m$ 为市场期望收益率,$(\bar{r}_m - \bar{r}_f)$ 为股票市场风险溢价。资本资产定价模型理论把任何一种风险证券的价格都与风险溢价、β 系数、无风险收益率这三个因素结合起来,进一步简化了金融资产定价的计算,为投资决策中较简单的问题提供了解决方案。

3. 套利定价理论

套利定价理论与资本资产定价模型理论都是在一般均衡的假设条件下提出的,与资本资产定价模型理论不同的是,套利定价理论以因素模型作为理论基础,其认为套利行为对市场均衡价格的形成具有决定作用。套利定价理论主要包括因素模型和无套利均衡理论。该模型的一般表达式如下：

$$r_i = a_i + \sum_{j=1}^{k} b_{ij} F_j + \varepsilon_i, \quad i=1, 2, \cdots, N \tag{3-3}$$

其中，$r=(r_1, \cdots, r_N)^T$ 为 N 种资产收益率组成的列向量，$F=(F_1, \cdots, F_K)^T$ 为 K 种因素组成的列向量，$a=(a_1, \cdots, a_N)^T$ 为 N 个常数组成的列向量，$B=(b_{ij})_{N \times K}$ 是因素 j 对风险资产 i 收益率的影响程度，称为因素负荷或灵敏度，$\varepsilon=(\varepsilon_1, \cdots, \varepsilon_N)^T$ 是随机误差列组成的列向量。

在套利定价理论中，以 Fama 和 French 提出的三因素模型较为典型。1993 年，Fama 和 French 进一步研究发现，账面市值比、市场超额收益率以及公司规模等因素对股票收益有较为显著的影响，并完善了三因素模型。

4. 期权定价理论

1973 年，Black 和 Scholes 提出了期权定价模型，即 B-S 模型。该模型为量化投资中金融衍生品的定价提供了理论基础，其基本假设为股票价格满足几何布朗运动，即满足以下方程式：

$$dS_t = S_t(rdt + \delta dB_t) \tag{3-4}$$

式 3-4 中，r、δ 为常数，B_t 表示几何布朗运动。运用风险中性定价得到期权 C（看跌）、P（看涨）的价格，则：

$$C(S_t, P, \delta) = e^{-r\delta} E(\max(0, S_\delta - P, 0)) = S_0 N(d_1) - P e^{-r\delta} N(d_2) \tag{3-5}$$

$$P(S_t, P, \delta) = P e^{-r\delta} N(-d_2) - S_0 N(-d_1) \tag{3-6}$$

其中，

$$d_1 = \frac{\delta\left(r + \frac{1}{2}\sigma^2\right) + \ln\left(\frac{S_t}{P}\right)}{\sigma\sqrt{\delta}}, \tag{3-7}$$

$$d_2 = \frac{\delta\left(r - \frac{1}{2}\sigma^2\right) + \ln\left(\frac{S_t}{P}\right)}{\sigma\sqrt{\delta}}, \tag{3-8}$$

式 3-5 中，S_0 是股票在 $t=0$ 时刻的初始价格，P 为期权的执行价格，σ 表示股票波动率，δ 表示期权期限（年化），r 表示无风险利率，$N(\cdot)$ 表示标准正态分布。

5. 股指期货定价理论

1983 年，Cornell 和 French 在 Cox 等人提出的关于期货价格和远期价格关系模型的基础上进行了拓展，提出了采用持有成本模型进行股指期货定价。但是，持有成本模型在实证研究的过程中存在较多缺陷,如未考虑股票的波动率和实际交易过程中产生的成本,以及无风险利率为常数等。1991年,Longstaff和Hemeler根据原有模型的不足提出了一般均衡模型,该模型假设股票价格变化满足几何布朗运动,而实证研究表明这个假设不符合市场的实际情况。在同一年,Klemkosky和Lee基于无套利原理,利用做空期货的同时做多现货(正向套利)和做多期货的同时做空现货(反向套利)的策略分别推导出了股指期货价格所处区间的上界和下界。在市场实际运行中,大多数机构投资者运用该模型进行投资。

(二) 关于量化投资的策略理论

1. 与股票相关的策略理论

在国外,量化投资较早被应用于投资策略中,其中跟股票相关的量化投资策略主要包括多因子选股策略、风格轮动策略、动量与反转策略、分析师一致预期策略等。

多因子选股策略的关键在于选股因子(主要包括市盈率、市净率、净资产收益率、毛利率、每股收益、均线、量比指标、换手率等),以及如何正确地选择和检验这些因子的有效性。只有选择符合资本市场发展逻辑的因子,才能正确预测未来走势,为选股策略提供帮助。投资者可以先依据不同选股因子对股票影响幅度的大小来对因子进行权重赋值,再按照加权总分数对股票进行排序完成筛选。

风格轮动策略是指建立了基本预测变量后,寻找一个适用于风格转换的合理模型。由于市场上经常出现某些类型股票走势好于其他类型股票的现象,比如在一段时间内,有时候价值投资型股票的走势超过其他类型股票,有时候高成长型股票的走势好于其他类型股票等。为了定量分析预测市场走势,投资者便根据风格分类构建一个股票风格分类的矩阵,运用Markov Switch模型、Logistic概率模型等确定模型最佳的判别点,并据此确定风格轮动策略。进一步地,比较风格轮动策略所获得的收益和简单买入并持有策略的收益,若风格轮动策略的收益较低,则简单买入并持有策略为最佳策略;反之,则风格轮动策略为最佳策略。

动量与反转策略主要考虑股价在运行过程中出现的动量效应和反转效应。动量策略即为股票市场上的一种追涨的策略;而反转策略是指选择买入一段时间内跌幅较大的投资标的,等待标的价格反弹后抛出获利。

分析师一致预期策略是指根据市场上绝大多数有经验的分析师对某些投资标的的一致看法来进行投资。一般投资者认为,股票市场上的行业分析师或者个股分析师作为各个行业的专家,他们的看法最有参考价值,并且对一个行业或者个股的研究会较为充分。此外,从信息的有效性和对称性来说,由于分析师背后有机构的支撑,他们也会掌握一些行业或者上市公司的重要信息。该策略在一定程度上避免了由于信息不对称等原因导致的非理性投资行为,如跟风大量买入或者大量卖出某些投资标的的羊群效应行为。

2. 与金融衍生品相关的策略理论

与金融衍生品相关的策略主要包括股指期货套利策略和期权套利策略。目前国内外较为认可和流行的股指期货套利策略有很多种,包括期现套利、期现套利、跨市套利、跨期套利、和跨品种套利。期权套利策略包括股票和期权的套利、股票期权指数套利、转换套利与反向套利、跨式套利、蝶式套利等。这些策略基本都是基于股指期货或期权的定价模型对投资标的进行定量分析,从而制定出相应的量化投资策略。

二、国内外相关研究

量化投资在国外发展较早,并且由于可量化、投资业绩稳定等优点,其市场规模和份额不断扩大。相较于有三十多年发展历史的国外资本市场,国内的量化投资并未完全普及,真正进行量化投资的机构较少。因此,从市场饱和度视角来讲,量化投资在国内有着巨大的潜力和发展空间。随着2010年4月16日之后中国沪深300股指期货及期权(2015年2月)金融衍生品的推出,量化投资在我国逐渐发展壮大,越来越多的学者就量化投资进行深入研究。

(一)国外相关研究综述

在国外,有关量化投资定价模型的研究萌芽于20世纪50年代。1952年,经济学家马科维茨提出了资产组合选择的理论,奠定了现代数量化投资的基础。马科维茨运用均值和方差分别表示风险资产的期望收益率和风险,提出了经典量化理论——投资组合理论(均值—方差理论),该理论对怎样构建投资组合有着重要的影响。在马科维茨模型的基础上,Lintner(1965)、Mossin(1966)和Sharpe(1983)提出了资本资产定价模型(CAPM)。该模型建立了风险和收益之间的度量,其中有关寻找α收益的思想被广泛应用于量化投资策略。该模型认为,股票(或投资组合)的收益率与市场系统风险之间呈线性关系。但后期部分学者以美国股票市场数据进行实证检验,结果表明:运用CAPM模型无法解释股票市场上出现的各种现象。1993年,Fama和French提出了著名的三因子模型,该模型揭示了股票(或投资组合)的超额收益率跟三因子(市值因子、账面市值比因子、市场资产组合)之间的关系。在期权定价方面,1973年,Black和Scholes提出了著名期权的定价模型,即B-S公式(Black和Scholes,1973)。该模型列出了期权的理论价格$P(t)$与其对应的股票价格$S(t)$、股票预期收益率μ、股票波动率σ、无风险利率r、行权价格K、剩余期限τ之间的关系,推动了金融衍生品交易的发展。

量化投资的策略主要包括选股策略、趋势类策略、对冲类策略等。其中,选股策略中较为重要的是多因子策略,国外部分学者检验了该策略的有效性。

(二)国内相关研究综述

在国内,有关量化投资的研究起步较晚,主要集中在中国股票市场的动量、反转效应及相关投资策略方面。王永宏、赵学军(2001)对1993—2000年中国股票的交易数据和复盘信息进行实证分析,结果表明,短期内中国A股动量效应不显著,而中长期反转效应较显著。周琳杰(2002)以国内A股市场为样本,实证研究得出策略的形成期和持有期影响动量策略的收益率。曹敏和吴冲锋(2004)研究表明,与国外证券市场的反转策略相比,中国A股市场的反转周期更短。在股票的量化选股策略方面,多因子选股策略在国内较为重要和流行,很多国内学者验证了多因子选股的有效性(祁洪全,2001;吴启芳等,2003;陈军才,2005;陈玉山和席斌,2007;庄晓玖,2008;钟燕和盛智颖,2009)。在股票的量化择时策略方面,主要根据技术指标来选择买卖时机,国内大量学者研究了技术分析的有效性及技术指标的择时策略(魏玉根,2000;程鹏和吴陵涌,2002;戴洁和武康平,2002;王兆军等,2002;贾权和陈章武,2003;孙碧波和方健雯,2004;孙碧波,2005;王志刚等,2007;张学勇和盖明星,2013;张永冀等,2013)。

在国内金融衍生品方面,国内期货于 2010 年开始交易,期权于 2015 年 3 月开始交易。相较于国外,国内期货、期权上市的时间较晚,相关研究还不够成熟。以股指期货定价的研究为例,郭洪钧(2007)研究提出了消除价格背离的策略。在国内沪深 300 是否存在套利机会的问题上,部分学者认为,在大多数情况下,股指期货的日结算价格要大于模型计算价格区间的上界,存在正向的套利机会(张锦和马晔华,2008)。有的学者在国外相关股指期货模型的基础上,研究了沪深 300 股指期货的日收盘价格数据,实证结果表明:沪深 300 股指期货存在的套利机会并不多(徐国祥和刘新姬,2010)。

综上,有关量化投资的研究内容主要集中在两个方面:一方面是金融产品的定价理论,其中以投资组合理论、资本资产定价理论、三因素模型理论和期权期货定价理论最为典型;另一方面是量化投资的策略,主要包括多因子选股策略、风格轮动策略、动量与反转策略、分析师一致预期策略和股指期权期货的套利策略等。相较于国外量化投资的规模和发展水平,国内量化投资还有巨大的发展潜力和漫长的发展道路,部分国外的量化投资理论和策略应用于中国市场的有效性还有待进一步检验和改善。

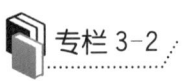 专栏 3-2

文艺复兴基金公司——量化交易的先行者

文艺复兴基金公司成立于 1982 年,是量化交易的先行者,其成功地将高等数学应用于金融领域,利用资本资产定价模型和期权定价等模型进行量化分析,并通过计算机算法交易方法将多因子选股策略发挥到极致,是一家全球著名的量化交易对冲基金公司。自文艺复兴基金公司成立以来,旗下对冲基金便开始在全球资本市场进行大范围投资。文艺复兴基金公司高薪聘请了各个领域的专家学者,和以往大批量金融专家不同的是,文艺复兴公司雇佣了大量专业的物理学家、统计学家、数学家开展量化分析和投资工作。

文艺复兴对冲基金能成为全球最赚钱的对冲基金,很大程度上取决于其算法交易。文艺复兴基金公司为了有效地分析金融市场和达到交易目的,开发了许多自动化交易数学模型,并以模型的"算法交易"为核心,利用计算机编程建立多因子模型,对股票价格和估值进行有效的分析、交易,从而达到获利的最终目的。值得一提的是,上述多因子模型是建立在海量的交易数据基础之上的,具备较强的可靠性和实用性,交易结果也跟设想的一样,准确率之高令人咋舌。目前,文艺复兴对冲基金的管理规模超过 500 亿美元,旗下有三只主要对冲基金,它们分别是大奖章基金、机构股票基金和机构多元化阿尔法基金。

第三节 量化投资的主要策略模型及表现

一、量化投资选股类策略及其表现

量化投资选股策略利用数量化方法,依靠计算机模型和程序,遵循固定规则构建投资组合,避免主观因素干扰。目前,行业主要量化投资选股策略是多因子选股策略。多因子选股策略是假设股票未来收益与公司财务指标和市场行情指标密切相关,根据股价历史数据,通过成长因子(如净利润增长率、ROA、ROE 等)、估值因子(如市盈率、市净率等)和技术因子(如换手率、动量指标等)寻找有投资价值的公司股票并通过对各项因子分配权重对公司股票进行评分,最终筛选出优质股票。除了上述因子,多因子选股策略还将考虑行业因素和宏观经济因素。

多因子选股策略的理论依据包括经典的资本资产定价模型、三因子模型和五因子模型等。多因子选股策略考虑了来自公司基本面和市场技术面的多维度指标,相较于单指标选股策略有明显优势。多因子选股策略避免了由于仅关注单一指标而造成投资片面性,建立了客观、科学、严谨的数据模型,在广泛关注各类指标的同时不失精度和深度。借助量化投资模型,多因子选股策略可以同时完成对多个指标的深入分析,能统筹各项分析结果并给出备选股票的综合评估,是客观而全面的选股策略。但是,无论是五因子模型,还是加入动量指标的六因子模型,依然不能完全解释我国股市的收益率波动,因此,探索其他有效影响收益率的因子以构建更加精确实用的资产定价模型,仍是未来学术界和业界的研究方向。目前,多因子选股策略仍处于改进和发展当中。

多因子选股策略的关键是筛选有效因子,合理分配因子权重,提升策略的盈利能力,降低投资组合风险。其最常用的方法是计算组合收益和选股因子的相关系数,或者通过建立收益和因子的数量模型来考察回归系数。此外,我们还可以通过胜率、信息比率、夏普比率等绩效指标对因子有效性进行衡量。由于市场和行业处于发展变化当中,市场投资风格不断轮动,选股因子的有效性会持续发生变化,该策略会产生一定的算法维护成本。多因子选股策略的应用并不意味着投资者的解放,而是十分依赖于投资者对市场行情的跟踪掌控以及对选股因子的动态调整。

多因子选股策略的典型操作流程如图 3-5 所示。首先,收集初步选取的原始因子的数据

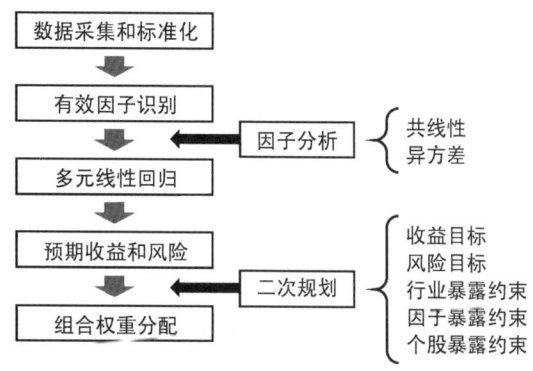

图 3-5 多因子选股策略的典型操作流程

并进行标准化和去量纲工作,再删减非有效因子。其次,对保留的有效因子进行共线性和异方差性分析后,构建多元线性回归模型,得到各有效因子的预期收益和股票的预期收益,同时获得因子收益的协方差矩阵和残差风险估计,共同构成预期收益和风险基础数据集,为多因子选股模型的优化提供数据基础。最后,基于收益和风险数据,遵循指定投资组合的收益目标或风险目标、行业风险暴露约束、因子暴露约束、个股权重上下限约束等,建立二次规划求解投资标的的权重分配,最终确定投资组合。

多因子选股策略广泛应用于指数增强基金的主动管理。如表3-1所示,2010—2019年,各大指数增强基金凭借多因子选股策略普遍取得较好业绩。但是,基于多因子选股策略的指数增强基金业绩仍深受宏观经济环境和市场波动的影响,表现出明显的收益波动。

表3-1 2010—2019年沪深300、中证500指数增强基金超额收益

年份	沪深300增强	中证500增强	沪深300增强组合	中证500增强组合
2010	3.86%	—	18.38%	28.73%
2011	3.18%	—	7.53%	21.24%
2012	2.27%	7.50%	15.99%	31.88%
2013	1.32%	−0.28%	21.89%	35.68%
2014	1.07%	−0.30%	9.52%	30.90%
2015	5.92%	12.53%	30.52%	95.89%
2016	8.25%	13.63%	14.53%	29.38%
2017	7.62%	7.35%	15.68%	10.71%
2018	4.94%	5.31%	9.35%	16.77%
2019	1.66%	4.70%	9.99%	20.15%

除了多因子选股策略,量化投资选股策略还包括行业轮动策略和风格轮动策略。受经济周期、政策倾向以及突发事件的影响,行业收益持续变化,市场投资风格时常切换,表现出行业板块的轮动、大小盘股的轮动。各行业启动顺序往往存在一定规律,市场偏好能够通过风格指针、动量反转、财务数据披露等各项指标预判。行业轮动策略和风格轮动策略赋予了量化投资跟随规律、动态切换的投资逻辑,并以此构建模型,选取有良好发展前景的股票。

市场经济周期变动、国家政策变迁、投资者非理性交易行为等均为轮动选股策略创造了盈利空间,同时也增加了投资风险。综合来看,量化投资选股工作应综合考虑并动态调整多种因子,同时引入行业和风格轮动的选股逻辑,科学客观地构建投资组合,并结合择时策略和风险对冲策略,对投资组合进行动态调整和风险管理。

为进一步优化和丰富选股策略,使量化选股策略与我国A股市场的迅速发展协同并进,学界和业界尝试提出了采用机器学习构建调仓指令、引入高频动态因子预测收益等多种改进方案。近年来,深度强化学习(deep reinforcement learning,DRL)算法在量化选股领域应用

广泛,效果斐然。其中,具有代表性的是基于贝尔曼方程值函数的神经网络近似 DRL 算法,其更加适应高频交易数据下连续的状态和决策空间。表 3-2 所示为量化选股策略主要模型对比。

表 3-2 量化选股策略主要模型对比

多因子模型	多因子模型指利用与股票收益率相关的影响因素衡量股票收益,从而进行选股的一种交易模型
风格轮动模型	风格轮动模型指随着股票市场的变化,股票池也会出现相应变化的一种交易模型
行业轮动模型	行业轮动模型指投资者利用市场趋势获利的一种主动交易模型

二、择时类策略及其表现

择时类量化投资策略利用海量交易数据信息源,通过程序代码将投资逻辑编译为数据模型,以程序性自动化交易为投资手段,选择恰当时机调整投资组合,实现收益和风险管理。

趋势型量化投资策略是一种重要的择时类量化投资策略。趋势型量化投资策略以评估和顺应市场趋势为投资规范,以传统技术面分析为基础,运用决策树、神经网络等机器学习技术,通过识别价格形态、价格突破等市场信号,并匹配相应的参数和指标,完成对价格趋势的研判,从而确定进出场时机。趋势型投资者根据指定的周期跟踪和判断市场趋势,在价格上涨时开仓,在价格下跌时做空,在无趋势或趋势不明显时不开仓。

趋势型量化投资策略运行的重要机制是现实市场中的动量效应。在非有效市场中,投资者在处理市场信息时会出现反应不足,并存在正反馈交易行为和羊群效应。受此影响,股票收益会延续历史收益率,维持当前价格趋势,表现出动量效应。虽然行为金融理论指出动量效应源自投资者的非理性交易行为,但维系股价趋势的力量也可能来源于不同经济时期的市场和行业风格,以及公司的持续盈利能力。趋势型量化投资策略通过对价格趋势进行事前预测和事后评估,匹配公司的持续盈利能力评估指标、市场投资风格指标,在有效买入信号大量出现时买入或加仓,一旦出现卖出信号则果断清仓,从而实现即时的动态管理。

趋势型量化投资策略的适用范围存在不少限制。当股价受动量效应支配、趋势较为明显时,趋势型量化投资策略给出的投资时机是果断而有效的。然而,考虑到市场行情的多变性,当市场处于震荡时期时,投资者依赖趋势型量化投资策略反复买入、卖出会引致严重的损失。此时,投资者可更严格地规定趋势指标和相关参数的取值。

事实上,在市场行情震荡时期,实行趋势型量化投资策略极易造成持续损失,而中止策略却会浪费投资机会,此时可以实行反趋势策略。在震荡行情时期,在既定通道内,反趋势策略的投资逻辑是在价格高点卖出,在价格低点买入,持仓时间较短。如果计算机配置和网络传输速度能够达到要求,投资者则可以实现高频交易并由此扩大收益。

反趋势策略的投资逻辑是市场中普遍存在的反转效应。市场对长期估值异常的股票拥有自发纠正的能力,投资者处理市场信息也可能出现反应过度的情形。这些会导致现有股票价格趋势的中断甚至逆转如历史收益率低的股票可能在未来实现高于平均水平的盈利,而处于历史高位的股票往往会迎来猝不及防的下跌。股票收益在未来存在发生强烈逆转的可能,表现出反转效应。相较于动量效应,反转效应更难以创造可观的投资收益,而更适宜为量化对冲提供理论依据。

实践中,动量(反转)效应受市场信息传递效率、投资者关注和情绪等诸多不易观测和量化因素的影响,投资者凭借价格趋势信号、股票历史收益率、公司持续盈利能力未必能全面掌握股价未来的波动趋势。不同的择时类量化投资策略也有相应的适用情境限制,量化择时的程序化和客观性未必总能达到理想的结果。此外,投资者利用短期趋势或调整震荡期获取收益还依赖于高频交易,对计算机和网络配置有较高要求。这些构成了择时量化投资策略的难点。如何在投资实践中将这种有效的策略进行应用,通过对投资组合与持续性评估参数的相关分析不断优化和更新参数组合,并在 A 股市场投资活动实践中不断检验趋势研判的准确性和投资策略的可盈利性,学界和业界对此还需进行持续而深入的研究。表 3-3 为量化选股模型和量化择时模型对比情况。

表 3-3　量化选股模型和量化择时模型对比

项目	量化选股模型	量化择时模型
基本概念	量化选股指通过量化的方式选择股票组合,以获得超额收益的投资行为	量化择时指通过对宏微观指标进行量化分析,获取影响股票走势的信息以预测其未来走势
主要模型	多因子模型、风格轮动模型、一致预期模型、行业轮动模型、动量反转模型、筹码选股模型和趋势追踪模型等	趋势择时、Hurst 指数、市场情绪择时、牛熊线、SWARCH 模型、SVM 分类等

三、量化对冲策略及其表现

量化对冲策略将量化投资和对冲交易相结合,在构建市场投资组合的基础上对冲部分或全部市场风险,以获取超额收益为投资目标。证券市场存在做空机制是量化对冲策略得以实施的前提。我国上海、深圳证券交易所在 2010 年上线了融资融券业务,金融期货交易所在同年推出沪深 300 股指期货,在 2019 年推出沪深 300 股指期权,为量化对冲策略提供了有效的避险品种和对冲工具。

量化对冲策略主要是指 alpha 对冲策略。具体来说,alpha 对冲策略是在量化选股构建投资组合之后做空股指期货对冲风险,获得选股收益。基于资本资产定价模型,量化投资组合收益率由量化选股和投资者管理能力获得的超额 alpha 收益、无风险收益以及由于承担市场系统性风险而获得的补偿收益组成。择时类量化投资策略致力于通过对投资组合进行频繁的动态调整来管理风险和谋取择时收益,而 alpha 量化对冲策略运用股指期权、期货或融资融券等金融衍生工具对投资组合进行等市值对冲保值,在规避系统性风险的同时也放弃了风险补偿,专注于获取 alpha 收益。alpha 对冲策略无需对宏观经济变量、市场行业风格、价格趋势进行深入跟踪和研究,只需依赖科学的量化选股策略分析所构建的投资组合能否跑赢市场指数。

alpha 对冲策略具有明显优势。首先,投资组合可在很大程度上规避市场风险,实现较低的收益波动率,并且在市场整体表现不佳时也能获利。与择时类量化投资策略不同,量化对冲策略能够适应绝大多数市场环境。其次,量化对冲策略减轻了投资组合的择时压力,不必因市场行情变化和股价趋势反转而频繁地对投资组合进行调整,降低了交易成本和风险管理成本。为克服 alpha 对冲策略放弃风险补偿的不足,目前量化对冲策略往往保留一定的风险敞口。

量化对冲基金是量化对冲策略的主舞台。截至 2019 年 12 月,我国公募量化对冲基金主要存量产品有 18 只,包括汇添富绝对收益策略基金(单只规模 95.6 亿元)、海富通阿尔法对冲基金(单只规模 33.0 亿元)、广发对冲套利基金(规模 6.6 亿元)等。代表性量化对冲基金的单位净值多在 1.1 至 1.3 区间内。对于对冲工具的选择,多数公募量化对冲基金做空沪深 300、中证 500 股指期货,少部分基金选择对国债期货持空仓。具体数据如表 3-4 所示。

表 3-4　我国主要公募量化对冲基金(截至 2019 年 12 月)

基金名称	单位净值	总规模(亿元)	成立日期	现持对冲工具			
汇添富绝对收益策略 C	1.306 0	95.567 3	2017 年 3 月 15 日				
汇添富绝对收益策略 A	1.308 0	95.567 3		IC2003	IH2003	IF2001	IF2003
海富通阿尔法对冲 A	1.130 0	32.996 3	2014 年 11 月 20 日	IC2001	IF2001	IF2003	
海富通阿尔法对冲 C	1.130 0	32.996 3		IC2001	IF2001	IF2003	
海富通安益对冲 A	1.000 8	27.581 2					
海富通安益对冲 C	1.000 5	27.581 2					
广发对冲套利	1.316 0	6.594 9	2015 年 2 月 6 日	IF2001	IF2003		
华宝量化对冲 A	1.151 6	4.146 1	2014 年 9 月 17 日	IF2001	IF2003	IF2006	
华宝量化对冲 C	1.139 0	4.146 1					
中金绝对收益策略	1.072 0	3.783 0	2015 年 4 月 21 日	IC2001	IF2001		

实践数据表明，量化对冲策略确实表现出良好的获取稳定收益、规避市场风险的能力。

除了alpha对冲策略，量化对冲策略还包括量化套利策略，涵盖跨期、跨品种、跨市场等多个方面。量化套利策略多在价格趋势中寻找机会，在做多低估资产的同时做空高估资产。它依赖程序性和数据模型的量化投资方式能够更及时、更有效地捕捉套利空间。综合而言，量化对冲策略的目标是规避风险、实现超额收益，并以低风险甚至无风险为前提获取套利收益。然而，量化对冲策略的操作效果和发展空间受到资本市场发展水平的限制。随着我国金融衍生品市场的不断发展，风险对冲工具不断丰富完善，量化对冲策略有望取得更理想的避险和获益效果。

四、算法交易策略及其表现

随着经济增长、财富积累和金融市场的不断发展，资产管理的规模不断扩张。运用量化择时策略和量化对冲策略时，投资管理程序将频繁对投资组合进行适时调整，由此产生大量的交易单数和交易金额。纷繁复杂的交易操作显然无法通过人工交易的方式完成。一方面，人工交易难以短时间内完成多个交易指令。另一方面，人工交易难以取得理想的交易价格，造成交易成本增加和收益损失。在数学、金融、计算机快速发展的今天，机构投资者尝试设计计算机程序，通过数据模型完成交易指令，算法交易策略应运而生。

算法交易策略是完成量化投资交易指令的策略，它依靠事先确定的交易逻辑和相应的交易程序，在无人为干预的条件下决定交易下单的时机、交易手数和交易价格。目前，算法交易策略的交易价格主要遵循两类方法。一是时间加权平均价格（TWAP）法，即在给定时间段内，TWAP法将交易指令（父单）分割为子单并均匀执行。程序根据指定的一系列时刻获取股票价格并计算均值，使交易价格尽可能靠近平均价格。二是交易量加权平均价格（VWAP）法。与TWAP法不同，VWAP法根据交易量计算平均价格，因而它在业界被更广泛地采用。

算法交易策略旨在为下单交易过程提供最佳解决方案。它较为理想地满足了机构投资者进行大量证券交易时的两个需求，一是希望通过分拆交易来降低冲击成本，二是不希望过多延长交易耗时而导致价格向不利的方向变动。算法交易策略通过权衡冲击成本和操作风险，既能满足大规模资产交易的需要，大幅度降低交易成本，显著提升操作效率，又尽可能地减少了大单交易对市场造成的冲击。

算法交易策略虽然通过科学分拆订单实现了上述诸多目标，但由于极大地增加了交易负荷，对计算机配置、交易系统配置、网络配置有极高要求。此外，算法交易策略仍有改进空间。因为算法交易策略特别是VWAP策略总是在固定的时间间隔上完成子单交易，其交易的时机未必是最优的。改进VWAP策略的方法是采用机器学习技术，通过强化学习算法，修正子单交易时间，以更好地完成交易指令。

综上，本节介绍了量化投资的主要策略，包括选股策略、择时策略和对冲策略。典型的选股策略是多因子选股策略，即基于公司基本面、市场估值以及历史股价等多项因子，对公司股票进行评估筛选。考虑到市场和行情波动以及投资风格轮换,多因子选股策略构建的投资组合并非一成不变,投资者须进行动态调整和风险管理。

对于拟定的投资组合,择时类策略提供了买进和卖出指南。趋势类策略评估和跟踪价格趋势,在价格明确维持趋势变化时进行交易。当行情处于震荡期时,趋势类策略极有可能引致损失,此时可尝试反趋势策略。择时类策略有时需要进行高频交易以达到盈利目标。

量化对冲策略为管控投资风险提供了良好思路。以 alpha 超额收益策略为代表的量化对冲策略旨在通过科学选股和运用管理者能力获取稳定的超额收益,减轻择时压力,不必刻意关注风险变量,广泛适用于多种市场。随着金融衍生工具的不断发展完善,量化对冲策略的优势有望得到进一步发挥。

算法交易在无人为干预的条件下确定交易的时机、数量和价格,大幅提升操作效率,充分权衡了操作风险和冲击成本,但它对系统配置水平有较高要求,在子单的交易时机方面也存在改进空间。

专栏 3-3

泓信投资——量化投资经验的应用

泓信投资成立于 2014 年 2 月,是一家私募基金管理公司。成立以来,泓信投资将全球先进的量化投资经验应用于中国证券市场,通过多元化投资理念,在多个市场为客户寻找预期收益风险比最佳的投资机会。作为国内量化投资领域知名私募机构之一,泓信投资旗下共有十大产品线、上百只产品,全面覆盖国内外机构及高净值客户的投资需求。泓信投资运用多因子选股方法,通过成长因子、估值因子、技术因子、发现规模和价值、盈利能力和投资风格来寻找有价值的股票,从而提高自身的收益率水平。

首先,泓信投资通过数据筛选出每日的数据库和实时的行情数据,从基本面数据、研究报告数据、复合因子数据、历史价格交易量数据等方面构建每日数据库,而实时行情数据分别由实时价格、实时交易量和实时新闻三个方面组成。每日数据库和实时行情数据共同组成多因子数据库。其次,泓信投资通过量化因子筛选、量化因子配比和预测阿尔法收益进行深度数据分析,并最终通过投资风控等操作后完成最终的市场交易。

第四节 量化投资发展趋势

一、整体发展趋势研判

量化投资这一概念进入我国已经有十几年时间并取得了一定的发展,但目前我国量化投资行业依旧处于萌芽阶段。我国量化投资行业目前竞争对手较少,这为量化投资在我国的发展提供了良好的外部环境。

从市场饱和度的角度来看,目前国内证券基金的总体规模超过16万亿元,其中公募基金14万亿元、私募基金2.4万亿元。而我国现在量化投资规模仅为3 500亿～4 000亿元,其中公募基金1 200亿元、私募基金2 000亿元左右。现阶段,我国证券基金中的量化基金管理规模仍处于较低水平,在公募基金和私募基金中的占比分别低于1%和5%,而国外量化投资基金规模已经达到整体的30%左右。由此可见,我国的量化投资市场发展前景广阔。

从技术角度来看,机器学习、人工智能的发展为量化投资的发展提供了非常好的基础。在2015年之后,受市场认可度较高的头部量化投资企业基本都在自身的量化策略模型中加入了机器学习及人工智能方法。随着这些技术的不断发展,量化投资的发展前景也会越来越广阔。

从收益角度来看,相较于其他较为成熟的股票市场,我国股市发展还不太成熟,存在个人投资者比例偏高、有效性偏弱、市场情绪对股市产生的影响较大等问题。根据有效市场理论,在有效市场中,投资者可以通过技术分析获得超过市场平均水平的超额收益。量化投资的优势之一在于能够有效避免由情绪导致的人为偏误,降低人类心理对投资决策的影响,运用模型对历史及当前市场数据分析从而作出客观理性的决策。在传统的投资方法中,投资决策在很大程度上受投资者自身对接收到信息的主观评价。而在当前信息化时代,依靠个人处理海量信息的效率是十分低下的,还可能会产生人为失误。因此,我国量化投资行业的前景十分广阔。

我国量化投资行业拥有后发优势。虽然相较于欧美等发达国家的量化投资行业,我国量化投资行业起步较晚,但我国量化投资策略起点较高,都是已经被证明行之有效的策略,这为我国量化投资行业发展节省了大量的试错成本。现阶段,我国量化投资发展势头正好,在发展的过程中既吸收了欧美等国的先进经验,也与中国实际的投资环境和制度密切结合,进而形成贴合中国基本国情的特色量化投资策略。未来,我国量化投资行业必将繁荣发展。

二、未来可能流行的量化策略

量化投资在发展的过程中也逐渐暴露出来一些需要解决的问题。一方面,虽然量化策略可以在一定程度上脱离投资者进行自主决策,但是在面对市场出现风格转变或者发生"黑天鹅事件"的时候,量化投资策略的表现不佳。另一方面,量化投资策略对新数据的反应程度还有待进一步优化,现阶段主流量化策略对新数据的反应还未能达到令人满意的程度。

目前,量化投资策略主要有深度学习选股策略、多因子选股策略和阿尔法策略等。

深度学习选股策略是目前国内外最主流的策略之一,已经被业界广泛使用。深度学习算法的目的是寻找最优策略,即找到状态变量与交易操作之间的最优函数关系,从而实现累积投资收益的最大化,主要模型包括Q-Learning、Greedy-GQ及SARSA。根据有效市场假说,如果弱有效市场成立,则此时仅通过技术分析是无法获得超额收益的。但与假设前提相悖的是，市场上的交易者并非完全理性，所以总存在套利机会。此外，根据适应性市场假说（adaptive market hypothesis）这一理论，市场上不同种类的人并非是完全理性的，他们对充斥在各种市场上的信息的反应既不是实时的，也不是适当的，所以金融市场并不总是有效率的。因此，在充满流动性的金融市场上存在套利机会是理所当然的。但是一旦这些机会被披露于公众视野之下，它们就消失了。之后，随着旧物种的消亡和新物种的诞生，又会产生新的投资机会，进而如此循环往复。因此在该理论下，以过去信息为基础的算法效果并不好，而不需要先验知识的强化学习算法则能取得很好的效果。

多因子选股策略既是业界使用最广泛的策略，同时也是目前管理资金规模最大的策略。主流的多因子模型包括基本面类模型、技术类模型和特异类模型。多因子模型作为目前使用最为广泛的量化投资模型必将会随着行业的发展而发展。

阿尔法策略是指通过一定的方法对冲市场系统性风险，从而获得稳定超额收益的策略。当今世界，外部大环境的波动程度不断增加，系统性风险不断积累，控制风险的需求也随之不断增加。因此，能够通过策略来对冲掉系统性风险的阿尔法策略发展前景广阔。

在未来，各种类别的量化投资策略不断深入发展必定是趋势之一。各种量化投资策略不断迭代更新，更加突出自身优势。例如，多因子策略将发挥自身在因子挖掘和因子积累等方面的优势，应用各类最新研究成果，不断提升策略的稳定性和适应性。同时，为了更好地适应不同环境下的经济情况，各种互补策略的融合应用也可能成为趋势之一。比如，某个基于过去数据的量化投资策略可能对新的数据反应不及时，那么此时加入一个会实时根据新数据而修正的量化投资策略就有可能克服这一问题。多策略互相融合有助于各种策略扬长避短，从而取得更加稳定的收益。

综上，我国目前量化投资占比较低，未来发展空间较大。从投资效果、技术等角度来看，量化投资相较于传统的投资方式，依然具有很大的优势，未来发展潜力极大。虽然我国量化投资行业发展较晚，但起点较高、速度较快，具有后发优势，我国应在国外发展的基础上发展出适应中国特色的量化投资策略。在诸多量化投资策略中，多因子选股策略和阿尔法策略的发展潜力最大。随着市场的不断发展，单一的量化投资策略越来越难以应对市场变化，也难以持续取得稳定的收益。因此，量化投资策略之间的相互融合、取长补短也是未来发展的方向之一。

量化投资的未来：学会主动量化

过去，大多数人了解比较多的量化投资产品是指数增强被动型量化投资产品。这类产品依靠多因子模型，超额收益主要来源于市场定价偏差，即赚交易的钱。但是在目前市场环境下，它们追求的超额回报不会太高，投资者接受的主要是它们的工具属性。

主动量化产品的本质是以量化方法辅助价值投资。过去几年，主动量化产品的投资体验不是很好，因为有很多这类产品采用了类似于指数增强的管理方式，从而就失去了"主动"的优势。尽管都是主动量化基金，因为基金经理本身对投资的理解以及产品定位的不同，不同基金所追求的收益来源和投资能力也会有很大的差别。因此，从投资来说，最重要的不是贴标签，而是背后的投资方法和逻辑，以及长期收益的可持续性。

展望未来，苏昌景先生认为，公募主动量化产品应该赚企业的钱而不是交易的钱，用不同的工具和方法去寻找长期不断创造价值的公司，同时捕捉市场错误定价的机会。这是主动量化投资的"大道"，也是泓德基金一直强调的理念和在做的事情。摩根坦利曾有一份报告指出，如果能把量化和主动管理投资有机结合，使其取长补短、相互协同，投资者将有望获得更好和更可持续的超额收益。2019年美银美林集团做了一个调研，发现海外大部分投资者同时采用量化模型和主观基本面模型去系统化管理自己的组合，实现长期的超额收益。在海外对冲基金的发展中，除了那些高频交易的基金，很多头部对冲基金也建立并不断完善基本面量化体系。这值得我们学习。

参考资料来源：石秀珍.量化投资的未来：赚企业的钱还是赚交易的钱[EB/OL].(2020-05-21)[2021-08-18].https://finance.sina.com.cn/money/fund/jjh/2020-05-21/doc-iircuyvi4235148.shtml.

第四章

大数据与大数据金融

随着信息技术的发展,特别是大数据在营销、风控和普惠金融等领域的广泛运用,数据已经从提高运营效率和监管效能的工具进化成为金融业的核心资产和实现监管意图的重要依托。

在数字经济时代,数据是重要的生产要素,用好数据资源对实体经济发展至关重要。而实际上,众多数据资源分散在不同行业、不同机构中,形成一个一个"数据孤岛",数据蕴藏的巨大价值没有充分显现。打破"数据孤岛",才能让不同体系中数据的"沉睡价值"被唤醒。

百融云创科技股份有限公司(简称百融云创)成立于2014年,是一家用人工智能、风控云为金融行业提供客户全生命周期管理产品和服务的智能科技公司。百融云创打造的"产业+科技+金融"模式打破了"数据孤岛",有效解决了普惠金融人群因结构性数据缺乏或不足而风控难度高的问题,从而获得了"1+1+1>3"的效果。

第一节 大数据概述

"大数据"一词来源于英文"big data",其概念起源于美国。在互联网时代,大数据无处不在。例如,浏览网页、使用社交媒体、观看视频、购买商品等行为,都会产生数据。分散的数据汇集到网络中形成数据流,并最终聚集到网络服务供应商平台中,形成大数据。大数据已经渗透到人们生活中的各个方面,并引起人们的广泛关注。

一、大数据的概念

(一) 大数据的定义

大数据是指无法在一定时间范围内用常规工具进行捕捉、管理和处理的数据集合,是需要通过一定处理模式才能具有更强的决策力、洞察力和流程优化能力的海量、高增长率和多样化的信息资产。

(二) 大数据的特征

大数据具有五个特征,即大量(Volume)、多样(Variety)、高效(Velocity)、真实性(Veracity)、低价值密度(Value),如图4-1所示。

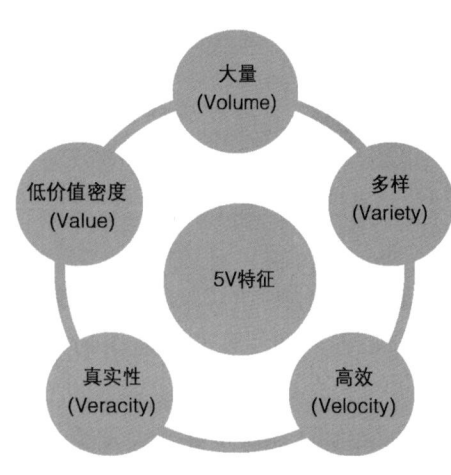

图 4-1 大数据的五个特征

1. 大量

大量即数据体量巨大,是大数据的基本属性。根据维基百科的定义,大数据的大小从 TB(1 TB＝1 024 GB)级别到 PB(1 PB＝1 024 TB)级别不等,甚至到 EB(1 EB＝1 024 PB)、ZB(1 ZB＝1 024 EB)级别。一部高清的电影大概是几个 GB,由此可见,大数据体量之大。此外,大数据的大量特征还体现在处理数据所使用的模式大,需要尽可能收集全面、完整、综合的数据,并对其进行分析、建模、数据挖掘等方面。

2. 多样

数据类型可以简单地分为结构化数据、半结构化数据以及非结构化数据。传统的数据多是以二维表的形式存储在数据库中的文本类结构化数据。然而,随着传感器、智能设备以及社交平台等互联网技术的快速发展,以网页、音视频、图片、网络日志以及微博等的半结构化数据和非结构化数据越来越多。数据类型的繁多,也使得数据处理和存储的难度增大。

3. 高效

在数据量特别庞大时,数据应用主体也能够在一定的时间范围内及时处理和分析数据,这也是大数据技术区别于传统数据挖掘技术的显著特征。数据体量的增大会对数据的处理速度、时效性提出更高的要求,大数据技术可以对数据进行实时创建、存储、处理和分析,进而及时高效地获得高价值的信息。

4. 真实性

大数据的真实性是指保证数据处理的结果具有一定的准确性。原始数据的输入错误、缺失以及预处理系统的失效等都会使数据分析不准确,进而得到一些错误的结论,导致数据的可信度、噪声、偏差以及异常等问题。由此可见,保证数据的真实性对于大数据分析是十分重要的。此外,要想获得真实的大数据信息,需要技术上的进步,以及规范的数据管理流程和安全保护等。

5. 低价值密度

大数据拥有海量的信息,但是这种信息需要通过分析才能实现从采集到变现、从数据到价值的转变。大数据的体量呈现指数增长的态势,但是海量数据中隐藏的有价值信息却没有相应增长。一般而言,价值密度的高低与数据总量的大小呈现反比关系。例如,人们真正需要的少量信息需要在连续的海量信息中去挖掘。因此,体量大、类型多的大数据具有低价值密度的特征。

(三) 大数据的变革

1. 技术变革

随着移动互联网、社交网络、电子商务、物联网等新一代信息技术的快速发展和广泛应用,即时数据不断产生,这是大数据的重要来源。同时,大数据的处理和分析可以更好地促进新兴信息技术的应用。云计算时代下,软件和服务对企业大数据相关技术提出了更高的要求。企业需要以技术为导向,充分发挥大数据的优势,挖掘有价值的信息。此外,大数据技术的更新迭代,催生和加快了运维工程师、预测分析开发人员、信息架构师、数据科学家等职业人才的培养。

2. 行业变革

大数据对社会的改变是全方位的,正如维克托所言,"大数据已经撼动了世界的方方面面"。在大数据技术的影响下,各行各业都迎来了新的发展契机,在商业、医疗、军事、教育、金融、交通等多个领域,大数据都有着深远的影响。比如,政府公安部门可以通过分析和挖掘大数据,实现人像和指纹对比,从而为相关决策提供参考。

对于金融行业变革而言,大数据有着诸多方面的影响,具体如图4-2所示。一是全方位构建客户画像。金融机构通过分析个人资料、浏览记录、交易行为、资金往来等大数据,全方位了解客户需求。二是精准营销。在竞争激烈的市场环境下,金融企业通过大数据挖掘和分析进行细分市场、定位产品,并锁定目标客户,真正满足客户个性化需求,实现精准营销。三是运营优化。金融企业利用大数据相关技术可以大大提升业务运作效率和营销效率,降低运营成本。四是提高风险控制能力。金融机构可以借助大数据相关技术降低信息不对称程度,加强风险控制能力。五是促进金融产品创新。通过深耕大数据平台,基于深入了解和掌握市场状况,金融机构可以更加科学地研发新产品。

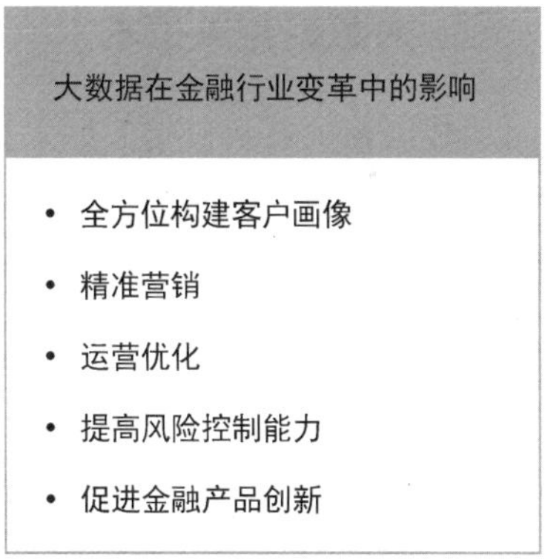

大数据在金融行业变革中的影响

- 全方位构建客户画像
- 精准营销
- 运营优化
- 提高风险控制能力
- 促进金融产品创新

图 4-2 大数据在金融行业中的变革

3. 思维变革

大数据不仅改变了人们的生活,更改变了人们的思维方式,主要体现在以下几个方面。

1) 一切都变得可量化

在互联网和大数据时代,一切文字、图片、音频、甚至情绪都变得可量化。人们接收着各种各样的信息,同时也产生着许许多多的大数据。在大数据的帮助下,人们理解世界的方式变得更加多元化。

2) 数据会"说话",可预测未来

人和人之间可以通过说话的方式进行沟通交流,进而相互了解。大数据也是如此,IBM资深大数据专家杰夫·乔纳斯(Jeff Jonas)提出了让数据"发声"的理念。大数据本身具有体量大、价值密度低的特征,要想大数据能够"说准确的话",需要分析全样本数据,而不是随机样本数据。数据分析的核心用途是及时地预测未来,进而给人们的生活带来便利。

3)从精确思维转向复杂思维

在传统时代,数据的准确性是可以得到保证的。但是在大数据时代,庞大的数据信息中包含着的信息多、杂、乱、异,数据结构也出现了结构化、半结构化以及非结构化多种格式。因此,使用容错思维收集、处理、分析大数据,可以得到更具价值的数据财富。

4)从因果关系到相关关系

科学探究通过分析数据,寻找因果关系,进而理解事物的本质。但是,在大数据时代,人们通过分析得到事物的相关关系比因果关系更为重要。比如在商业领域,企业从分析包含消费者群体购物记录、个人资料、支付方式等的数据,挖掘出该群体偏好哪几类商品,进而可以通过调整商品种类实现提高收益的目标。

5)有助于产业融合,产品创新

苹果公司联合创始人史蒂夫·乔布斯通过与 IBM 合作,涉及航空、保险、金融等多个领域,搜集和分析大数据,开发了语音识别、苹果手表等功能和产品。大数据有助于各行各业通过收集、分析、挖掘数据背后隐藏的信息,提升产品功能,研发创新性产品。

二、大数据相关技术

大数据相关技术包括数据采集、数据预处理、数据存储、数据挖掘、数据解释等,如图 4-3 所示。例如,企业先通过数据采集收集海量大数据,对不同来源的数据进行预处理和数据存储,然后根据自身业务需求,采用合适的数据挖掘方法获取隐藏的有价值信息,最后通过数据解释,将数据分析挖掘的结果以更加形象和易于理解的形式展现给终端用户。

图 4-3 大数据相关技术

(一)数据采集

大数据处理的第一步就是采集数据,它也是数据分析挖掘的基础。大数据采集技术用于获取确定用户目标的结构化、半结构化以及非结构化海量数据,采用的方式涉及 RFID 数据采集、社交网络数据采集、传感器数据采集以及移动互联网数据采集等。根据数据的来源不同,数据采集的方法主要分为系统日志采集方法、网络数据采集方法以及其他数据采集方法。

1. 系统日志采集方法

较多的互联网企业拥有自己的海量数据采集工具,常用于系统日志采集,如 Scribe、Kafka、Chukwa、Flume 等。比如,Chukwa 属于 Hadoop 系列产品,是一个开源的用于监控大型分布式系统的数据收集系统,提供了很多模块以支持 Hadoop 集群分析。这些工具基于分布式架构,可以满足每秒数百兆字节的日志数据采集以及传输需求。

2. 网络数据采集方法

网络数据采集是指通过互联网搜索引擎技术从网站抓取数据信息,即从网页中获取非结构化数据,然后以结构化的方式存储为统一的本地数据文件。该方法可以采集音视频、图片等文件或者与中文自动关联的附件。此外,网络数据采集方法不仅可以采集网络中包含的内容,还可以采用深度包检测技术(deep packet inspection,DPI)或者深度流检测技术(deep flow inspection,DFI)等带宽管理技术对其进行处理。

3. 其他数据采集方法

在采集企业生产经营数据或学科研究数据等保密性要求较高的数据时,企业可以与研究机构合作,使用特定系统接口等相关方式采集数据。比如,深圳市八度云计算信息技术有限公司采用开放式云平台集中控制数据很好地保证了数据的保密性,并通过提供数据备份工具很好地确保了数据的安全性。

此外,数据采集也面临数据量大、数据源多样化、存在数据重复、变化快等挑战。因此,数据采集的过程需要注重高可靠性、高性能性以及高扩展性。常见的数据采集平台有 Apache Flume、Fluentd、Logstash、Scribe、Chukwa、Splunk Forwarder。较多的平台采用分布式的网络连接,从而实现大数据较好的扩展性和较高的可靠性。

(二)数据预处理

通过数据采集获得的原始数据存在重复、不完整、不一致等问题,不能被直接存储在数据库中用以数据挖掘。因此,我们对于收集到的大数据需要进行数据预处理,以便节约存储空间和时间,从而得到更理想的数据分析挖掘信息。大数据预处理主要是对采集到的数据进行清理、集成、变换和归约。

1. 数据清理

通过数据采集得到的数据普遍存在有噪声、不一致、不完整等问题。数据清理可以填补缺失的数据、平滑噪声数据、识别和清除异常值、除去冗余数据、解决不一致以及原始数据格式标准化问题。

2. 数据集成

数据集成是指将多个数据源中的数据结合起来,并且统一进行数据存储,建立数据仓库。例如,阿里巴巴集团提供的数据集成对外可提供包含 20 多种异构数据源,且可靠、安全、成本低、可弹性扩展的数据同步平台,还可以为 400 对数据源提供不同网络环境下的全量或增量数据进出通道。

3. 数据变换

数据变换是指采用数据平滑、数据聚集、数据合计、数据概化以及数据规范化等方式,将数据转化为适合数据分析挖掘的形式。其中,数据平滑主要通过聚类、回归方法进行消除数据噪声,数据概化是指用更高层次的概念取代低层次的数据对象。

4. 数据归约

数据归约是指在尽可能保持数据原貌的前提下,最大限度地精简数据量,通过归约表示获得的大数据集的体量会大大减小,并能大致保持原始数据的完整性。挖掘此时的数据集不仅效率更高,还可以保证分析结果相同。常用的数据归约方法有特征归约法和样本归约法。

(三) 数据存储

大数据存储相比于传统的数据存储而言,更加注重实时性。随着传感器、社交平台、移动设备的使用快速增长,大数据体量飞速激增。因此,大数据的存储需要更加高性能、高吞吐量、大容量的基础设备。典型的大数据存储模式有云存储、分布式数据库以及分布式文件系统。

1. 云存储

云存储是以数据存储和管理为核心的云计算系统,数据可以在世界的任何地方被复制、保存、使用。云存储基于多种存储设备开展协同工作,并提供数据存储、业务访问等服务。云存储分为公共云存储、内部云存储、混合云存储三类。公共云存储可以提供低成本、大量的文件存储空间,如亚马逊公司的 Simple Storage Service(S3) 和 Nutanix 公司提供的存储服务。内部云存储和私有云存储比较类似,唯一的不同点是它仍然位于企业防火墙内部,如 Eucalyptus、3A Cloud、minicloud 安全办公私有云、联想网盘等。混合云存储是把公共云存储和内部云存储结合在一起,主要是按客户的要求临时配置文件存储容量。

2. 分布式数据库

分布式数据库是通过网络将分布在不同地理位置上的数据存储单元连接起来组成的逻辑数据库。数据的存储方式从集中式到分散式,通过网络节点来链接不同的数据存储节点,进而获取更大的存储容量和更高的并发访问量。因此,传统的关系型数据库从集中式模型转向分布式架构,从集中式存储转向分布式存储。

3. 分布式文件系统

分布式文件系统采用将计算法网络与具有相同或不同物理地点的节点相连接的方式,取代物理存储资源直接链接在本地节点上,进而构成一个文件系统网络。常见的分布式文件系统有 HDFS、Ceph、Lustre 等,它们分别适用于不同的领域。比如,HDFS 作为 Hadoop 分布式文件系统适用于大规模数据集的存储。

(四) 数据挖掘

数据挖掘是指在大量的数据中,通过算法获得事先不知道但隐藏在其中的有用信息以及知识的过程。企业可以根据自身业务需求,选取合适的工具软件以及数据挖掘方法进行数据处理。数据挖掘由多学科交叉融合,又可以应用于众多学科,如人工智能、统计学、机器学习等。

1. 数据挖掘分类

数据挖掘涉及多学科领域以及技术,存在多种分类方法。数据挖掘可以分为直接数据挖掘和间接数据挖掘。前者是采用可用数据建立模型,对剩余数据或一个特定变量进行描述。后者是在所有的变量中建立某种关系。此外,根据信息存储格式的不同,数据挖掘的对象主要有关系数据库、数据仓库、面向对象数据库、文本数据源以及时态数据库等。

2. 数据挖掘方法

数据挖掘方法主要分为机器学习方法、统计方法以及数据库方法,具体包括决策树、聚类、神经网络、遗传算法、贝叶斯判别、回归分析、多维数据分析等。数据挖掘的目标是基于大量数据,发现隐藏的有价值信息。按照实际用途,数据挖掘任务可分为关联分析、聚类分析、偏差分析、回归、分类、预测以及序列。

3. 数据挖掘技术

数据挖掘技术主要有统计、关联规则、遗传算法、回归分析、差别分析、链接分析、决策树、神经网络以及概念描述等,常用的工具软件主要有 Rapid Miner、SPSS、Oracle、SAS、Python、Orange、R 语言、Matlab、Teradata 以及 Weka 等。

(五)数据解释

数据解释是指将大数据挖掘结果以友好、形象、易于理解的形式显示在终端,呈现给用户。它是一个面向用户的过程,是大数据处理的核心。传统的数据呈现方式是以文本输出或在终端显示,然而,大数据分析挖掘的结果一般数据量巨大、关系复杂,传统的呈现方式已基本不可行。目前,企业主要采用数据可视化技术、人机交互技术等新的方法将大数据挖掘结果呈现给用户,使其能够更加清晰地了解分析结果,以及为其提供决策信息的支持。

1. 数据可视化技术

数据可视化技术是指通过信息技术,将抽象的数据信息以图形化等方法清晰而有效地呈现给用户。数据可视化技术包括几何技术、图标技术、图形技术、分层技术、混合技术等,企业可以根据不同需求选择可视化技术。常用的数据可视化工具软件有 Gephi、TimeFlow、OpenLayers、Impure、Exhibit、Weka、NodeXL 以及 R 语言等。

2. 人机交互技术

人机交互技术是指通过机器、计算机或软件等系统输入和输出的方式,实现人与系统之间双向的有效信息传递,即用户通过输入设备输入提示、请示等相关信息,系统通过显示设备输出反馈的信息。它可以将大数据分析挖掘的结果更好地呈现给用户,以便于用户理解。随着时间的推移,人机交互技术经历了"点击时代""触摸时代""声音时代""体感时代"四个时段。

三、大数据应用领域

2012年,《纽约时报》的一篇专栏文章 *The Age of Big Data* 正式宣告人类社会进入大数据时代。大数据的应用影响着每一个人,并冲击了很多的行业。下面我们以金融、商业、通信以及医疗四个应用较早的领域为例,讲述大数据在不同领域中的应用,如图4-4所示。

金融	商业	通信	医疗
·精准营销 ·服务优化 ·运营优化 ·风险控制	·改善客户体验 ·完善营销策略 ·保障数据安全 ·提升供应链效率	·网络管理及优化 ·市场及营销 ·保证应急通讯网络 ·优化企业运营管理	·优化医护人员配置 ·实现病例的互联互通互认 ·助力癌症治愈 ·完善公共健康防控

图 4-4 大数据在不同领域中的应用

（一）金融

金融领域的大数据信息丰富，企业通过对客户信息、交易信息、信用信息、资产信息等数据的采集、整理和深入挖掘，可以有效进行精准营销、服务优化、运营优化、风险控制，进而为决策提供有力支持。

1. 精准营销

金融机构可以通过挖掘采集到的大数据全方位构建客户画像。客户画像主要分为个人客户画像和企业客户画像，前者包括消费能力、风险偏好、人口统计学特征、兴趣等数据，后者包括企业的生产、运营、财务、销售、产业链上下游等数据。在全方位构建客户画像的基础之上，金融机构就可以有效地开展精准营销。

精准营销是指金融机构根据客户的画像，了解客户的消费偏好以及消费能力，以便确定目标客户，进而推荐个性化产品。例如，信用卡中心通过大数据追踪热点消息，针对年轻人推销热映电影、美食饮品等产品。精准营销主要包括实时营销、交叉营销、个性化营销以及客户生命周期管理营销。

2. 服务优化

金融机构可根据大数据分析，为客户提供节假日问候、发送福利，以及提供定制服务等，从而提高客户满意度。金融机构通过分析收集到的大数据快速推出行业报告，以便于投资者及时了解热点，即优化客户服务。金融机构还可以通过数据挖掘技术分析自身市场状况和客户需求，不断研发新产品，促进金融产品创新，改善客户体验。

3. 运营优化

金融机构利用大数据相关技术可以大大提升自身业务的运作效率和营销效率，进而提升运营效率，降低运营成本。运营优化的途径主要有市场和渠道分析优化、产品和服务优化以及舆情分析。市场和渠道分析优化是指基于大数据监控不同市场推广渠道，调整和优化渠道的选择与合作。产品和服务优化是指通过数据挖掘识别不同客户，提供差异化的金融产品和服务。舆情分析是指通过爬虫技术、论坛、微博、公众号等社交媒体搜集正面和负面信息，对相关信息进行加强和规避，从而提升自身业务水平。

4. 风险控制

在风险控制方面，银行可以通过企业的流通、销售、财务等大数据信息，量化企业的信用额度，开展有效的中小企业贷款业务，进而提高信用风险管理水平。大数据相关技术还有助于金融机构降低信息不对称程度，进而加强风险控制能力。

在欺诈风险管理方面，金融机构可以通过大数据技术实时识别欺诈交易以及分析反洗钱行为。例如，信用卡公司利用大数据技术及时预测和发现恶意欺诈行为，积极采取措施，从而降低信用欺诈风险。此外，大数据还可以提供多维度的监控指标和联动方式，完善风险监督不足。

(二) 商业

商业企业是大数据应用较为广泛的领域。企业可以通过直接询问、间接追踪以及参考其他客户数据的方式来收集消费者数据。消费者数据主要包括个人数据、参与数据、消费数据以及偏好数据。通过大数据分析挖掘，商业企业可以改善客户体验、完善营销策略、保证数据安全、提升供应链效率。

1. 改善客户体验

对于商业公司而言，消费者数据提供了一个更好地理解和满足消费者个性化需求的途径。通过数据分析，商业公司可以灵活推销商品或服务，改进网站功能，以适应当前市场，改善客户体验度。此外，商业公司还可以基于客户数据，分析消费者偏好，提供个性化产品，改进服务品质。

2. 完善营销策略

商业公司可以通过准确定位市场进一步完善营销策略。企业管理者可以利用科学的预测方法，对采集到的大数据进行分析和挖掘，从而更为准确地预测消费者需求。此外，市场营销越来越注重个性化需求。商业公司可以根据顾客的购买频次、偏好、忠诚度、流失概率等预测其消费意愿，深入挖掘潜在客户，主动提供个性化的销售及服务，以提高销售额和利润。

3. 保障数据安全

商业公司拥有大量的顾客数据信息，保障数据的安全是非常重要的。例如，上海的随申办 App 通过人脸识别的功能来授权用户登录访问其个人信息，从而有效避免了他人恶意欺诈的行为，从一定程度上保证了数据的安全。

4. 提升供应链效率

商业公司将大数据技术应用于供应链中，可以提升其效率。通过对销售数据和库存数据的分析，商业公司可以决定各类商品的数量增减，以保证合适的库存数量。利用大数据技术，商业公司可以构建统一的供应链平台，管理上下游供应商、物流、资金流、人力资源等，使各部门可以共享数据和服务，进而快速响应顾客消费变化、降低供应链成本、提升整个供应链效率。

(三) 通信

通信行业的大数据来源包括移动语音、固定电话、固网接入、无线上网等业务,实体、电子、直销等渠道,以及公众、家庭、政企客户信息等。因此,通信行业积累了十分丰富的数据资源。大数据在通信行业中的应用还在不断探索,主要包括网络管理及优化、市场及营销、保证应急通信网络、优化企业运营管理。

1. 网络管理及优化

通信的网络管理及优化分为两种:基础设施建设优化和网络运营管理及优化。前者是指运营商利用大数据技术选择基站和热点的位置,进行有效的资源分配。后者是指运营商通过大数据分析挖掘技术,基于网络的流量和变化趋势及时调整资源配置,进一步提升网络质量和利用率。此外,运营商还可以利用大数据技术实时监控网络状况,以提高投资效率,优化网络管理。

2. 市场及营销

市场及营销包括客户画像、精准营销、实时营销、关系链研究以及个性化推荐等。通信网络运营商可以根据客户终端信息、地理位置、通话记录等大数据信息刻画客户画像,深入了解客户偏好和个性化需求,精准匹配通信相关业务,预测客户需求,进而提供定制化服务,优化产品设计和定价机制,寻找营销时机,提高营销效率,实现精准营销。

3. 保证应急通信网络

2020年,我国出现了四川森林火灾、新疆地震以及重庆近60年来最大的洪水等自然灾害,灾害管理日渐成为一项重要且紧迫的研究课题。由于大规模的破坏,通信服务无法使用,应急通信网络显得格外重要,它能够保证通信的基本功能。运营商可以通过对灾区的大数据分析,了解灾区发生的状况,提供可能的解决方案,进而对有限的应急通信资源进行优化配置。

4. 优化企业运营管理

企业运营管理主要包括业务运营监控、经营分析以及市场监控。运营商可以利用大数据技术从网络、业务、客户等多个维度全面、及时、准确地监控业务运营状况。此外,运营商还可以通过整合企业内部数据以及采集外部社交数据和交易数据总结经营状况,最终优化企业运营管理。

(四) 医疗

医疗领域拥有大量病历、报告、治疗方案、药物报告等数据,对其进行有效的整理分析,可以极大地提高诊断效率。医疗行业借助大数据可以优化医护人员配置、实现病例的互联互通互认、助力癌症治愈、完善公共健康防控。

1. 优化医护人员配置

大数据在医疗领域的应用可以有效解决一个经典问题,即在给定时间内合理分配有限的医护人员,以满足病人需求,降低成本。例如,医疗行业可以通过采集住院记录数据,使用大数据技术对其进行分析,并且预测未来一段时间内病人的访问量和入院率,从而优化医护人员配置,缩短病人等待时间,提高病人就诊效率。

2. 实现病例的互联互通互认

每位病人都有自己的就诊记录,包括病史、过敏史、检查结果等。数据信息电子化有助于不同医院之间共享数据,做到互联互通互认,从而有效避免相同的项目重复检查,以及降低医院就诊和检查项目成本。未来,上海计划实现全市医疗机构检查检验信息互联互通互认,重点推进医学影像检查图像资料的互通,让病人看病更加便捷高效。

3. 助力癌症治愈

医疗机构可以通过采集癌症患者的治疗计划和康复率等大量数据,研发新药物,完善癌症治疗方案,从而提高患者治愈率。例如,医疗企业可以根据大数据信息,给出患者个性化治疗对策;还能够基于对疾病的模式和趋势分析,更好地制定研发投资决策,优化研发重点和资源配置。

4. 完善公共健康防控

大数据应用于医疗领域,有助于完善公共健康防控。公共卫生部门基于覆盖全国的患者电子病历数据库,能够快速检测传染病,进行有效的疫情检测,并制定响应措施。例如,2019年12月以来,面对突如其来的新冠肺炎疫情,中国疾病预防控制中心通过百度大数据疫情态势监测系统掌握疫情传播状况,并及时作出研判,采取应对措施,对疫情防控提供了有效的支持。

专栏 4-1

台风来了,看大数据如何应对气象灾害

2019年,第9号台风"利奇马"(超强台风级)在我国沿海地区登陆,受其影响,华东、华北、东北等地先后掀起狂风暴雨,多地高铁停运,航班取消。这场台风也给人们带来了灾难。截至8月11日,超强台风"利奇马"已致535.8万人受灾、30人死亡、18人失踪,紧急撤离、安置120.2万人,农作物受灾面积18.5万公顷,绝收约2.3万公顷,因灾受损房屋3.6万间,直接经济损失达157.5亿元。

在自然灾害面前,人如同蝼蚁,是那么的微不足道。面对灾害,如何预防和救灾是摆在我们面前的一道难题,大数据或许可以为我们提供以下帮助。

1. 灾情预测

日常,防灾减灾综合联动指挥平台可以实时采集卫星、雷达、自动站等观测数据以及互联网信息,结合降雨、温度、湿度等气象要素,对各洪涝、林火、凝冻等灾害进行实时在线多维度的监测报警,并结合智能网格预报对未来天气情况进行精准预判。

以台风为例,通过气象大数据系统呈现的降雨、温度、湿度等数据,结合精细化格点数据,工作人员可以对天气情况进行研判,在预警信息发布系统上紧急发布台风预警。

2. 灾中决策与救援

灾害造成的损失是巨大且持久的，逃生和救援的能力决定着是否能将灾害损失降到最低。相关部门综合城市淹没区域、交通路网、天网视频、应急避灾场所、救灾物资及救援力量分布等数据信息，利用GIS地理信息，规划避灾逃生、救援抢险路线，辅助决策指挥调度，可以充分降低灾害损失。

3. 灾后评估与分析

灾后，基于上报灾情基本信息、灾情基本损失、水文水利损失、农业林业渔业损失、电力通信牧业损失以及交通影响等，工作人员利用大数据技术可以对此次自然灾害可进行评估与分析。

综合气象、国土、旅游、交通、水利等多个部门数据，基于防灾减灾综合联动支撑平台，采用大数据、移动互联网、地理空间信息等技术，通过共建、共有、共享的融合方式，气象部门用数据流驱动相关部门协同工作，推动和完善了气象防灾减灾机制。

资料来源：佚名.中琛魔方.台风来了，看大数据如何应对气象灾害［EB/OL］.(2019-08-30)［2021-05-06］.http://www.qianjia.com/zhike/html/2019-08/30_10865.html.

专栏4-2

电信大数据助力疫情防控与复工复产

大数据在疫情监测分析、病毒溯源、防控救治、资源调配等一系列疫情防控环节都发挥出不可替代的支撑作用。基于电信大数据的分析运用，在支撑疫情防控和复工复产中大显身手，不仅实现对人员流动和分布情况的统计分析和预警，提高了有关部门对重点人群的排查，还为企业复工复产提供精准支撑。

大数据的分析对于不断加深认识新冠肺炎疫情也具有重要的意义。利用电信大数据支撑疫情防控是一个新事物，分析运用前也非常谨慎。大数据在此次疫情防控的一系列环节中都发挥了不可替代的巨大支撑作用；尤其是电信大数据，由于用户规模大、覆盖面广、数据量大的特点，其在疫情溯源和监测、疫情分析方面作用显著。

2020年1月27日，工业和信息化部召开疫情防控大数据专家会商会。随后，三家电信运营商开始行动，在依法合规、保证用户隐私的前提下各显神通，建立大数据共享联合工作机制，加强通信系统省部联动。卫健委等部门也建立了疫情电信大数据共享联合工作机制，定时或按需向相关部门共享信息。2020年3月6日，"通信行程卡"微信小程序在全国上线。此举意味全国手机用户只需打开"通信行程卡"，填写手机号码和验证码，即可获取本人过去14天内停留4小时以上到访地的行程证明。

大数据统计分析技术基于大量网络信令形成统计性大数据，不涉及普通人群的个人信息，而且在数据收集范围上按照最小化原则进行，并在数据流转、使用等各环节设计数据防攻击、防泄露、防窃取等安全防护技术手段，以确保相关数据安全。

基于电信的大数据分析模型，我们可以实现人员流动和分布情况的统计分析和预警，但在对疫情的风险评估和精确预测研判方面，相关部门还需要协同联动，才能更好发挥大数据分析的支撑服务作用。

资料来源：佚名.电信大数据助力疫情防控与复工复产[EB/OL].http://www.legaldaily.com.cn/government/content/2020-03/20/content_8147296.htm.

第二节　大数据金融概述

大数据在各行各业广泛运用的背景是互联网扩张。互联网扩张的直接后果是产生了以互联网为平台、以大数据为基本要素、以云计算和机器学习等人工智能为手段的数字经济。数字经济涉猎范围很广，大数据金融便在其中，也就是说，互联网扩张是大数据金融的实施背景。

一、大数据金融的内涵

(一) 大数据金融的基础

大数据金融是大数据技术和金融业发展到一定阶段、顺应时代需要的产物。下面我们从大数据技术逐步成熟、金融业创新发展需求、大数据金融优势三个角度，阐述两者融合的必然性。

1. 大数据技术逐步成熟

随着互联网的广泛普及，大数据技术的应用逐步成熟，并得到了深入的发展。移动互联网的爆发式增长，增加了数据类型的复杂度以及数据的体量，从而对大数据技术提出了更高的速度和能力要求。Hadoop、Spark、下一代数据库等新的技术和工具如雨后春笋般层出不穷。大数据技术的日益成熟为金融业应用大数据技术奠定了基础，使其变成了现实。

2. 金融业创新发展需求

金融机构的运营产生大数据，大数据的运用又有利于金融机构提高自身服务水平，因此，金融业与大数据密不可分。金融业日趋激烈的竞争，促使金融机构不断进行创新。金融机构利用物联网、云计算、区块链等逐步成熟的技术，增强竞争力，提高管理效率，提升服务水平，增加客户满意度，创造更多价值。

3. 大数据金融优势

金融业是一个典型的数据密集型行业，其在处理日常业务的过程中就可以积累海量的客户数据。因此，金融业的特点非常适合大数据技术的应用。例如，通过数据分析挖掘大数据信息，为金融机构开拓业务提供了有力的支撑。此外，金融机构一般预算充足，更容易招募大数据技术人才，促进大数据技术和金融的深度融合。

金融业应用大数据技术有着多方面的优势。例如，通过使用新技术手段，减少人工审批流程，从而有效降低成本。又如，根据大数据挖掘获得的客户个性化需求，金融机构可提供更加符合市场潮流的产品。此外，大数据技术还可以有效识别欺诈行为，完善风险监督不足，提高金融机构的风险管理能力。

(二) 大数据金融的定义

1. 大数据金融的界定

大数据金融是指集合海量非结构化、结构化、半结构化数据，通过云计算和数据挖掘等大数据技术进行实时分析及挖掘客户信息，进而获得消费者的消费信息，预测客户的行为，以提高金融机构的服务、营销、风险控制能力。

2. 大数据金融的构成

金融大数据主要由金融机构、个人以及政府在投资、储蓄、债券、期票贴现等产生的大数据构成。人们可以利用机器学习、物联网、区块链等新技术，分析挖掘金融大数据，从而能够准确预测、降低金融活动中的不确定性。

3. 大数据金融的特征

大数据金融的出现，改变了传统的金融服务模式，重构了金融产业价值链。大数据金融的主要特征如图 4-5 所示。

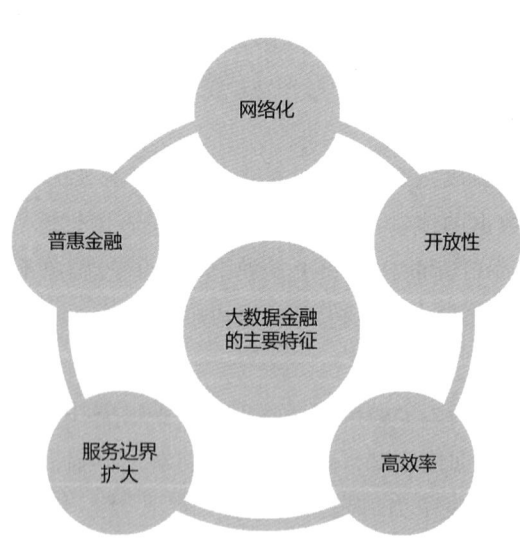

图 4-5 大数据金融的主要特征

1）网络化

网络化和数字化深入的发展改变着金融业，金融机构的资金呈现虚拟化和电子化的交易趋势。比如，2016 年 1 月，中国人民银行公开宣布将推出数字人民币。因此，金融业的发展趋势表现为产品、服务、流程的网络化。

2）开放性

在大数据金融时代，随着金融机构与消费者之间的信息不对称程度不断降低，资金借贷双方逆向选择以及道德风险问题得到有效缓解。

3）高效率

数字化、开放性的金融机构利用大数据技术可以降低人力成本，进行精准营销，提高风控能力，促进金融产品创新，增强消费者满意度，提高经营效率。

4）服务边界扩大

金融机构通过分析挖掘大数据隐藏的有价值信息可以更加全面地了解客户群体，寻找潜在客户，发现新的业务，进行科学决策，进而扩大经营范围。

5) 普惠金融

随着效率的提高和边界的扩大,呈现网络化的大数据金融有利于扩展金融产品的服务群体,可以为社会更多阶层群体提供更加有效和全方位的服务。

(三) 大数据金融的模式

大数据金融通常利用大数据挖掘的方式,通过分析电商等平台积累的数据,进而实现平台的资金融通。根据服务所处的环节,大数据金融模式可分为平台金融模式和供应链金融模式。

1. 平台金融模式

平台金融模式是指平台采用互联网、云计算等信息处理方式,对自身运营积累的大数据进行分析挖掘,再结合传统金融服务,最终为平台企业提供资金融通、结算等服务。其典型代表为阿里金融。该模式的优势在于平台掌握了客户的交易信息等大数据,能够全方位了解客户。此外,基于大数据的精确信用评估,可以有效提高金融机构风险控制能力。

阿里巴巴基于淘宝、支付宝等电子商务平台,积累了大量的客户信用和行为大数据,为阿里金融的发展提供了有力保障。"阿里小贷"通过对平台积累的大数据进行分析挖掘,可以实现快速、高效、安全地放贷。"阿里小贷"于 2010 年 6 月迎来了第一位获贷的小微企业。"阿里小贷"推出的产品主要有淘宝的订单贷款、信用贷款、聚划算专项贷款以及阿里信用贷款。截至 2018 年 12 月,"阿里小贷"和浙江网商银行已累计为超过 1 300 万小微企业提供金融服务,贷款资金超过 2 万亿元。

2. 供应链金融模式

供应链金融模式在 19 世纪出现于荷兰,到 20 世纪末逐渐发展成熟。供应链金融模式是指供应链上的核心企业结合自身产业优势,整合上下游企业的现金流、信息流、物流等大数据信息,通过自有资源或与金融机构合作的方法,为上下游合作企业提供金融服务。其典型代表是京东供应链金融。

京东供应链金融依托京东电商平台,凭借自建的物流体系及技术优势,将电商平台、物流等各种渠道的大数据信息深度融合,进行金融产品创新。京东供应链金融的资金来源于自有资源以及外部融资。京东供应链金融旗下主要有"京保贝""京小贷""京东快银"等多款中小企业信贷产品。截至 2018 年 9 月,京东供应链累计为 20 万家中小微企业提供贷款服务,累计放款近 5 千亿元。

二、大数据金融的影响

金融业是指经营金融产品的特殊行业,包括银行业、保险业、信托业、证券业、租赁业。大数据金融对金融领域的各个行业都产生了深远的影响。

(一) 大数据金融与银行业

银行可以分为中央银行、商业银行、政策性银行。在当前的金融体系中,商业银行仍然占主体地位。大数据金融和商业银行各具特色,并且,大数据金融模式对商业银行产生了深远影响。

1. 特征对比

1) 业务来源不同

大数据金融一般由龙头互联网企业推出，依托平台拥有的技术和用户资源大数据在互联网上开展营销和服务。商业银行大多采用线下的方式开展业务和活动。

2) 经营风格不同

大数据金融偏向不断推出创新产品，商业银行偏向稳健经营。

3) 成本不同

大数据金融依托于互联网企业，可以相对便捷地将注册用户转变为金融产品用户，其获得客户的成本较低。商业银行通过开设线下门店吸引客户，其中的房租、人力成本较高。

4) 门槛不同

大数据金融产品基本上没有资金规模门槛。例如支付宝中的余额宝，即使用户转入1元人民币，都可以享受到该金融产品。商业银行则更偏好信用记录良好、资金雄厚的企业或个人用户，并向其提供更为优质的服务。

5) 大数据的使用不同

大数据金融通过采集用户数据信息进行大数据分析挖掘，从而更加全面地刻画客户画像，进行精准营销。商业银行的数据主要来源于客户在使用时产生的记录，相对不够全面。

2. 大数据金融模式对银行业的影响

目前，常见的大数据金融产品有以支付宝为代表的第三方互联网支付、以余额宝为代表的互联网货币基金、P2P网络借贷等。

1) 以支付宝为代表的第三方互联网支付对银行业的影响

货币的核心功能之一是支付，传统的支付功能通过商业银行的银行卡、支票等形式进行。然而，具有便捷性的第三方互联网支付方式在一定程度上替代了传统的支付手段，从而商业银行更新现有的业务。

2) 以余额宝为代表的互联网货币基金对银行业的影响

货币基金是聚集社会闲散资金、主要投向风险小的货币市场工具，具有高安全性、高流动性、收益稳定的特征。商业银行的线下渠道通常无法达到互联网货币基金销售平台获取的用户量，并且无法收集如此大量碎片化的资金。因此，互联网货币基金可以促使商业银行开发含有货币基金的产品。

3) P2P网络借贷对银行业的影响

P2P网络借贷基于互联网平台，是个体与个体之间的直接借贷。在传统信贷市场中，小微企业由于受到自身资信条件限制，较难从银行获得贷款。同时，银行业难以从此类信贷业务中获利。P2P网络借贷填补了这部分市场的空缺，有助于小微企业的发展。

（二）大数据金融与保险业

大数据金融对保险业的理论、经营等方面都产生了深远影响。

1. 大数据金融对保险业理论的影响

大数据金融对保险业的理论影响主要表现在风险定价和骗保识别两个方面。

1）风险定价

保险业是一个风险管理的行业，生活中的不确定性是保险业赖以生存的基础。保险公司可以利用大数据技术来有效解决风险管理问题。比如，保险公司通过采集驾驶员驾驶行为以及医疗系统中的健康状况，制定适合的保费定价，进而提升保险产品的竞争力。

2）骗保识别

保险公司基于近期的赔付事件大数据，可以识别涉嫌骗保的索赔，还可以分析挖掘总结骗保规律，不断提高骗保识别的准确性和及时性。此外，保险公司还能够综合内部、第三方、社交媒体等大数据，进行早期异常值检测，并采取相应的措施，以减少先期赔付。

2. 大数据金融对保险业经营的影响

大数据金融对保险业的经营影响主要体现在商业模式、经营能力、服务意识等方面。

1）商业模式

大数据技术的广泛应用促使保险业的商业模式发生转变，即保险公司的角色从产品提供商逐渐转向服务提供商。目前，我国的保险营销体系中，以保险代理人为代表的中介人员占据了大部分保险业务。营销渠道主要有电话营销、银邮营销、电商平台营销等，各种渠道各有优缺点。随着大数据金融的普及，电商渠道发展空间最大。因为这样保险公司可以跟投保人进行便捷交流，并收集数据，有利于后续保险产品的开发。

2）经营能力

保险业的经营能力依赖于信息，可以说信息资源是保险业的生命线。大数据时代，保险公司的经营能力、风险管控能力都可以得到很大程度上的提高。比如，以往由于较难预测自然灾害，发展农业保险风险较大。现在遥感技术可以感知目标反射或自身辐射信息，有效获取农作物信息，这有利于保险公司防灾防损措施的推行，促进农业保险产品的发展。

3）服务意识

传统的投保人往往在意价格的高低和产品质量本身。但是，大数据互联网时代，投保人更加重视个人的体验。因此，保险公司需要转变经营思路，注重提升产品服务质量。中小型保险公司可以细化分工，重新定位自身业务，挖掘优势险种，提高服务意识，从而提高整体行业竞争力。

（三）大数据金融与信托业

信托业的含义是"受人之托，代人理财"。委托人基于对受托人的信任，将其财产权委托为受托人，由受托人以自己的名义，为受益人的利益或者特定目的进行管理等行为。信托公司可以在业务的核心流程中引入大数据方法，利用数据分析挖掘技术进行借款人的净值调查，以获取更多的信息。大数据金融对信托业的影响主要表现在以下几个方面。

1. 战略性结合

信托公司可以通过探索行业大数据与金融元素的结合点,从产品研发、风险管理、运营决策等方面提升竞争力。

1）产品研发

信托公司的产品类型多样,业务领域涉及资本市场、货币市场以及实业市场。基于大数据手段,信托公司能够推出不同类别的组合产品。此外,信托公司还可以从提升业务的专业化、提高资本市场的业务能力以及探索创新业务模式等角度,提高信托产品的整体研发水平。

2）风险管理

信托公司必须具有较高的风险管理水平,以规避风险项目。大数据手段为风险管理提供了更多先进的工具,从而帮助信托公司提升风险管理的全面性、增强风险管理的动态性以及提升舆情预警能力等。

3）运营决策

信托公司相比于银行、券商,其特点为规模较小、管理流程较为简单。当前,较多的信托公司基于大数据信息,通过及时了解内部经营管理情况,从而提高决策水平和决策效率。

2. 产品创新

传统信托产品的非标准化、私募的特征难以与互联网时代"流量为王"的优势契合,因此,与其他金融行业相比,信托业与互联网、大数据的结合相对较慢。在大数据金融的冲击下,信托业基于互联网和大数据研发的产品逐渐增多,最为代表之一的就是消费信托。

3. 互联网信托平台

信托业和大数据的一个典型结合点就是互联网信托平台。在开放式产品平台上,客户一方面能够了解到不同信托公司发行的优质信托产品信息,另一方面可以获取证券公司资产管理计划产品、基金子公司资产管理计划产品以及私募股权投资产品等各类产品的资讯。

(四) 大数据金融与证券业

现代证券业往往具有资本密集、信息密集、智力密集以及技术密集等特点。大数据时代,数据在产生、内容、传播等方面呈现更加多样化、立体化、多维化、体量激增的特点。相比于其他行业,证券业更加适合大数据的思维模式。互联网大数据金融模式的应用可以显著降低证券交易成本和信息挖掘处理成本,同时,券商的海量客户信息又能够成为新的数据来源。大数据金融对证券业的影响体现在以下三个方面。

1. 证券行业创新

券商数据中心充分利用大数据技术从半封闭的状态走向全开放的模式,转变了证券业的技术架构、业务架构以及管理架构,提高了证券业的整体效率。在技术架构方面,大数据技术为证券业深入分析挖掘结构多样化的数据信息提供了支撑。在业务架构方面,证券业通过大数据分析转变经营思路,调整业务,满足客户需求,以提高竞争力。在管理架构方面,大数据的应用有利于解决证券业制度不完善、法人治理结构不规范等问题。

2. 证券投资决策

证券投资决策的成败依赖于投资人掌握的信息,信息传播对证券市场走势的影响一直也是金融学研究的核心问题。大数据技术的应用能够有效避免由于信息不对称引起的投资决策失误问题。随着互联网技术的快速发展,证券市场的信息量激增。证券业利用微信、微博、论坛、博客等网络社交媒体获取和传递信息。投资者通过网络搜索金融信息,与他人交流等方式,积累投资经验。互联网的普及和市场信息结构的变化,影响着投资者的行为、股票投资定价以及金融资源配置。

3. 量化投资

通常所说的"投资"是指定性投资,具有主观判断性。投资者根据自身经验,基于现象预判投资行为。量化投资具有客观判断性,投资进程中排除人的情绪,按照事先设定的程序操作,进行投资。目前,大数据技术在量化投资中已经得到了广泛深入的应用。量化投资中结构型数据的应用主要集中在高频交易领域,高频交易可以催生稳定、高效的盈利策略,很多国际知名投资机构斥巨资对其研究,并取得丰硕成果。此外,量化投资中非结构化数据的应用也可以提供有价值的信息进而获得可观利润。

(五) 大数据金融与租赁业

租赁业是以金融信贷和物资信贷相结合的方式提供信贷服务的经营业。现代租赁业的经营活动有两类,分别是融资性质的租赁和服务性质的租赁。2015—2019年,我国融资租赁企业数量增加了67.5%,该行业正在快速发展。实践证明,融资租赁是解决中小企业融资问题的有效途径之一。

融资租赁作为发展实体经济的助推器,在经济新业态下机遇和挑战并存。融资租赁业务一般面临政策风险、法律风险、市场风险、战略风险、信用风险、操作风险以及商务风险等。融资租赁机构通过及时、精准、有效的数据收集,并结合大数据分析技术,进行风险控制和信用保障。此外,金融租赁机构的决策支持系统还可以基于业务营运情况分析、日常经营数据分析、流动性监测分析、文件传输协议数据分析、同业分析、资产状况、台账数据管理等方面,利用大数据进行业务统计分析建设。

大数据在融资租赁平台方面也发挥着重要的作用,融资租赁和互联网金融服务平台合作可以提高租赁行业的成交额。融资租赁机构通过大数据和云计算等技术,可以更加了解承租人的融资需求,并进行更好的信息披露。同时,融资租赁机构还可以利用互联网信息技术多方位了解客户的资料,识别项目风险,为投资者遴选优质项目。互联网融资租赁模式,能够给中小企业带来极大便利,为融资租赁公司带来安全、可靠、低风险的收益。

三、大数据金融的现状与发展趋势

(一) 大数据金融发展现状

大数据时代下,金融市场各个参与方之间的合作更加坚实,信用评价和征信体系更加有效,信息不对称进一步减少,服务更加综合化。随着互联网和信息技术的快速发展,金融业的数据收集能力大幅提高。相比于其他行业,大数据决策模式对于金融业更具有针对性和潜在的应用价值。

大数据金融层次分析分别是基础层、智慧层、消费层以及洞察层,如图4-6所示。后三个层次与金融行业关系更加密切。智慧层主要包括实时决策、机器学习以及数据沙箱等。智慧层分析是基于基础层的信息,采用人工智能和数据挖掘技术,对信息进行分解和提炼,进而发现有价值的信息点。面对客户的消费层主要提升信息交互和共享能力,用于实现无须人工干预的自动化金融业务决策和处理。洞察层是将相关的金融数据以各种形式展现,以满足各类企业管理和市场决策需求。

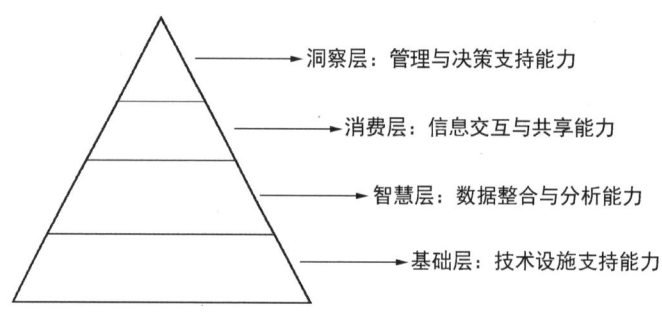

图4-6 大数据金融层次分析

(二) 大数据金融应用重点

大数据金融的应用重点在于客户洞察、市场洞察、运营洞察方面,如图4-7所示。

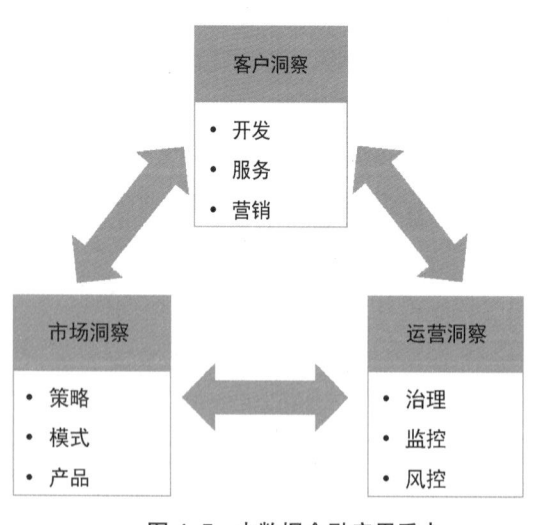

图4-7 大数据金融应用重点

1. 客户洞察

在客户洞察方面,金融机构通过大数据挖掘技术分析采集到的大数据,不仅可以获取隐藏的有价值信息,进行全方位客户画像刻画,提高金融服务质量,还可以研发新的预测分析模型,深入挖掘潜在的客户,扩大客户群体。

2. 市场洞察

在市场洞察方面,金融机构根据历史数据,洞察其中的金融创新机会,转变经营模式,研发符合市场发展需求的产品。此外,金融机构基于数据分析结果,推出捆绑销售,开拓销售路径,以提高整体的市场占有率和竞争力。

3. 运营洞察

在运营洞察方面,大数据技术有利于金融机构发现违约路线、关联风险、交易对手风险、操作风险等,进而提高风险透明度,增强风险控制能力。同时,大数据技术还能帮助金融机构识别欺诈路线、商家欺诈、索赔欺诈、在线欺诈等,有效避免欺诈骗局,从而利于企业优化运营流程,降低成本。

(三) 大数据金融未来趋势

1. 数据层面

数据孤岛制约着当今大数据产业的发展。一方面,数据可以看作机构的自有财产,在没有预期收益的情况下,机构一般不愿主动分享数据。另一方面,数据中往往包含个人隐私,基于信息保护考虑,机构对于分享数据多持保守态度。

然而,如果数据不共享、不流通,不同机构之间各自为政,就会出现信息隔离,导致现金贷、过度借贷、重复授信、过高息费、"拆东墙补西墙"的"共债"风险、欺诈行为等问题的出现。因此,大数据金融的发展趋势之一就是要打破数据孤岛,统建共享机制。

2. 技术层面

区块链技术变革传统风险控制。区块链诞生于比特币体系,因其去中心化、开放性、匿名、不可篡改等特性,被广泛应用于不同场景。在金融业中,区块链技术应用于大数据风控体系可以降低数据库的维护成本,提高信息传递效率,进而可以解决有效性不足的问题。具体可以从以下三个方面来实现。一是区块链去中心化、开放自治的特征,可以有效解决大数据风控的数据孤岛问题,信息可以公开透明地传递给金融市场参与者。二是区块链中分布式数据库可以改善大数据分控数据质量不佳的情况,有效解决数据格式多样、碎片、缺失等问题。三是区块链数据库去中心化的特性,有助于数据泄露问题被及时发现和防范。

3. 产品层面

大数据时代下,金融机构需要一个能够转化银行数据的平台,实现大数据价值的变现。这就催生了数据管理平台(DMP)。该平台主要负责收集金融业自身的交易数据,并对数据进行分析挖掘后,为用户贴上标签。此外,平台结合外部数据,帮助金融机构进行用户画像刻画、精准营销、运营优化、数据可视化、广告监测等。

金融机构需要真正做到为用户提供个性化服务,实现差异化发展,切实提高企业竞争力。目前,已有平台结合个人消费、电商、社交、征信等大数据构建信用评价模型和智能风控体系,在几分钟之内,单个借款用户就可以获得"量身定制"的借款额度。在行业同质化日益突出的情况下,针对不同用户提供对应产品,更好地满足用户个性化需求变得日益重要。

4. 行业层面

随着社会经济基础环境的转变,我国以银行为主的金融体系必然逐渐过渡到以整个社会大联网为平台的"大金融模式"。金融行业的竞争格局已然发生转变。新兴信息技术和国家大资管政策促使我国金融业出现了三个层面的竞争。一是金融业的潜在进入者与传统各类金融机构之间的竞争;二是银行、保险、证券、基金等传统金融机构之间的直接竞争;三是全国大型金融机构与区域中小型金融机构之间的正面竞争。

金融业竞争格局的变化将重构现有的产业格局，互联网平台化的产业格局将成为未来发展趋势。金融业具有信息密集的特点，实力强的大型金融机构将快速扩张，大平台将凸显"赢者通吃"的发展态势。实力较弱的金融机构只有寻找差异化的经营模式，深度融合线上线下方式，重点针对高净值客户提供产品和服务，才能在竞争中占有一席之地。

大数据时代实时流转的信息超越了金融细分行业的界限，因此，金融监管体系必须重塑自身的监管职能，才能更好地适应新时代下金融监管的需要，同时紧紧抓住"金融监管协调部际联席会议制度"的机遇，创新金融监管体制和机制，银行、证券、保险、信托、融资租赁各方相互合作，以促进金融监管体系的整合。

专栏4-3

大数据背景下金融隐私权的保护

金融隐私权是隐私权在金融领域的延伸和扩展。1890年，美国沃伦和布兰代斯发表的《论隐私权》使"隐私权"首次进入理论视野，该文第一次将"隐私权"表述为一种民事权利。

金融隐私权所包含的隐私信息可归纳为以下几个方面：一是有关身份的信息，包括姓名、身份证号、手机号等能识别出具体身份的信息；二是有关账户的信息，包括金融消费者在金融机构所开立的账户存款信息、交易信息以及消费投资偏好等意向性信息。金融隐私权属于商事范畴，兼具经济价值和人身利益。

我国对于金融隐私权的保护规定零散地分布于民法、行政法、刑法各法条之中。在大数据背景下，金融发展异常迅速，但我国至今仍未出台一部专门针对金融隐私权的法律法规，这难以有效保障金融消费者的合法权益。

目前，我国金融隐私权保护主要存在以下三方面问题：一是金融隐私权法律保护制度不统一；二是金融机构内部保密机制不完善；三是金融机构数据处理存在瑕疵。

大数据背景下，我国完善金融隐私权保护的路径选择主要包括：一是完善金融消费者隐私权立法；二是明确金融机构的义务和责任；三是引入隐私权保护模式；四是完善金融隐私权救济途径。

大数据蕴含了信息公开的思想，但是这并不意味着隐私权的衰落，相反，它更彰显了隐私权保护的危机与紧迫。金融隐私权保护不仅事关消费者的权益，而且市场的需求更决定了其关涉我国金融业的成功转型与跨越性发展。

资料来源：黎四奇，苗羽亭.大数据背景下金融隐私权的保护[J].财经理论与实践，2019，40(04)：151-155.

第三节 大数据金融环境建设

大数据金融业的发展需要合适的土壤，因此，建立有利的生态环境十分必要。建设应大数据金融生态环境从大数据市场环境建设、大数据监管体系建设、大数据征信体系建设、大数据生态系统建设等多个角度进行。

一、大数据金融市场环境建设

(一) 大数据金融外部环境建设

大数据金融在政策、经济、技术以及交易等环境方面呈现出良好的发展态势，为其健康持续地发展提供了有利契机。

1. 政策环境

1) 发达国家

近年来，发达国家已出台多项政策来促进大数据金融的发展，比如，2012年美国白宫科技政策办公室发布的《大数据研究和发展计划》指出，成立"大数据高级指导小组"，将大数据上升到了国家战略层面。2014年，欧盟及其成员国已经制定大数据发展战略，并强调数据价值链不同阶段产生的价值将成为未来知识经济的核心。相比之下，我国大数据金融发展的政策稍显滞后。

2) 中国

在我国，大数据金融由于是新兴概念，针对其发展的政策支持相对较少。为更好地促进大数据金融行业的发展，北京、上海、深圳等城市纷纷出台多项扶持政策，通过落户奖励、财政补贴、支持产业园、支持孵化园等方式，助力新兴行业的发展。

从中央层面来看，2014年，大数据被首次写入《政府工作报告》。2016年，国家发改委办公厅发布的《关于组织实施促进大数据发展重大工程的通知》指出，重点支持大数据的示范应用，如在健康医疗、社保就业、教育文化、交通旅游等领域的汇集融合。特别是2020年，中央网信办发布的《关于做好个人信息保护利用大数据支撑联防联控工作的通知》指出，鼓励有能力的企业在有关部门的指导下，积极利用大数据技术分析预测新冠肺炎确诊者、疑似者、密切接触者等重点人群的流动情况，为联防联控工作提供数据支持。

从地方层面来看，各地政府也在积极推动数据开放的工作。2016年，上海市印发的《上海市大数据发展实施意见》强调加快政务数据共享开放，鼓励社会数据共享共用，引导商业数据交易流通，以深化大数据应用，提升服务治理能力，改善民生和转型经济。2020年，上海市发布了《加快推荐上海金融科技中心建设实施方案》，指出为推动上海五年内建成全球金融科技中心，上海将加强人工智能、区块链、云计算、大数据、5G等核心领域技术研发，并通过加大财税政策支持力度来支持金融科技企业的发展。

北京地区在2020年印发的《关于推进北京市金融公共数据专区建设的意见》中指出，在坚持政府引导、市场运作、创新引领、安全可控的原则下，探索通过授权开放的方式推动金融公共数据应用，以加快建设金融公共数据专区，推动营商环境改善和智慧城市建设。广州建设的珠江三角洲国家大数据综合试验区，是全国首批确定的跨区域类大数据综合试验区。全国已有多个省市出台大数据相关政策,推荐大数据综合试验区建设,以加快大数据金融发展。

2. 经济环境

大数据金融发展的必要条件之一就是要有良好的经济环境。2015年世界经济持续保持复苏态势,我国经济发展面临的国内外经济环境总体较好。但是,面对2020年突如其来的新冠肺炎疫情,国际政治、外交政策的不断调整,为我国和世界经济的发展带来了一定的风险和不确定性。

2020年,全球经济增长放缓,特别是美国、中国、日本、欧洲增长动力同步减弱。虽然全球经济增长可能放缓,但贸易格局产生了新的合作模式,信息技术和科技创新也在蓬勃发展。区块链、物联网、数字技术、5G技术深度融合现代制造业和消费服务业,推动全球产业价值链重塑,从而激发新的经济增长潜力。

3. 技术环境

大数据金融发展依赖于日新月异的大数据技术。近年来,大数据技术的发展越来越注重对于海量数据的分析处理能力。当下,大数据技术的发展趋势如下:一是大数据分析与智能计算相互融合。大数据与人工智能、神经计算、语义计算等技术的结合,成为大数据分析领域研究的重点。二是基于各行业数据,挖掘交叉领域分析成果,关键是分析涉及多个领域的综合数据进而获得其他成果。三是大数据技术与物联网、社会计算、移动互联、云计算等技术交互结合,催生综合性的应用。

4. 交易环境

随着大数据应用的优势日益彰显和大数据技术的日益成熟,人们对大数据交互、整合、交换、交易的需求不断增加。在此背景下,大数据交易和流通平台应运而生。数据流通平台是不同数据拥有者与数据需求方进行数据交换和流通的场所,根据目的的不同,其可分成数据开放平台和数据交易市场。两者相互补充,使得整个数据交易体系更加完整。

数据开放平台主要由政府主导设立,为政府和公共机构的非涉密数据开放提供服务,具有公益性质。全球已有许多国家加入开放政府数据行动,推出公共数据库开放网站。比如,世界级的大数据开放平台 data.worldbank 包含世界银行、全球人口、经济发展指标等统计数据,markets.ft 包含世界各地金融市场最新的股票价格指数、商品、外汇等信息。此外,各国还拥有国家级的大数据平台,如 stats.gov 包含我国总人口、财政、GDP 等数据,open.canada.ca 包含加拿大地图、API 等数据。

数据交易市场主要由企业主导,商业化的数据供需促成了对应的中介化交易市场。国外数据交易市场的典型代表有微软的 AzureData Marketplace 和甲骨文的 BlueKai、DataMarket 等,它们主要提供地理位置、社交动态以及销售记录等数据服务。国内的京东万象平台以数据开放、共享、分析为核心,拥有金融、征信、电商、质检、海关等数据。

(二)大数据金融内部环境建设

在大数据时代,金融行业的内部环境也在发生变化,大数据技术在加强风控管理、精细化管理、业务创新等金融业务中发挥着重要的作用。一是大数据技术可以加强金融机构业务风险的可审性和管理力度,便于业务的精细化管理。二是大数据技术更加注重服务创新,分析客户的消费模式,有利于提高客户转化率,并为满足不同客户个性化的市场需求、开发多样化的产品、实现差异化竞争助力。

总体而言,相比于互联网行业,大数据技术在金融领域的起步稍晚,还有很大的发展空间。金融行业的大数据应用还面临着诸多的挑战,比如银行的不同类型业务的数据冗余度较高,数据分析师人才匮乏等。随着金融行业尤其是银行的中高层对大数据技术的重视,大数据技术在金融领域的发展前景会更加的广阔和灿烂。

二、大数据金融监管体系建设

(一)传统金融监管体系的不足

金融业务随着金融自由化和国际化的不断推进,呈现出品种丰富化、交易手段多样化以及金融决策依据多元化等特点。随着大数据和互联网技术的快速发展,金融机构市场准入审核、业务范围、内部组织结构等方面的监管和控制都需要不断加强。传统的金融监管体系存在着以下几个方面的问题。

1. 金融监管缺乏足够的独立性和灵活性

我国的金融监管机构主体是中国人民银行,属于国务院直属机构。虽然具有独立性,但其在履行职责、对金融进行监管时需要受到国务院政策、财政部、地方政策等的制约。此外,我国不同地域之间的发展水平差异较大,东部沿海地区的金融业发展程度远高于内陆地区。大数据技术的应用有利于金融业通过分析海量数据,提高金融监管的独立性和灵活性。

2. 非现场监管和现场监管无法有效结合

以前,基层监管机构非现场监管风险评级的成果,无法被有效应用于确定现场检查项目的重点和频率。非现场监管信息也无法通过现场检查得到进一步的核实、补充以及完善。大数据技术可以将两者有机结合,进而提高监管风险评级的准确性。

3. 预警分析不够深入

监管人员往往仅将非现场监管平台信息进行简单汇总,对实际情况的分析不够深入。大数据的分析挖掘技术有利于弥补该缺陷,对监管平台采集到的数据进行充分挖掘,发现隐藏的有价值信息,识别信息背后的风险,进而帮助监管人员采取有效的预警措施,提高风险管控能力。

4. 大数据金融时代,监管部门的人才储备不足

大数据金融时代对金融监管部门人才的业务能力提出了更高的要求。监管部门由于提供的薪酬待遇偏低,难以招纳优秀的金融人才,进而使得更加有效的金融监管难上加难。因此,金融监管部门只有提高人才待遇,引入高素质金融人才,紧跟时代步伐,才能更好地应对更高的金融监管需求。

(二) 大数据带来新的监管风险

大数据金融领域包括三大板块业务,分别是高频交易、社交情绪分析以及信贷风险分析。一方面,大数据金融模式促进了金融服务的发展,另一方面,它也给金融市场带来了一定的风险。风险主要体现在对个人信息的提取引起的数据信息安全问题和隐私问题。大数据系统、金融市场以及社会管理的基础设施趋于一体化,不断提升的对外性带来了个人隐私、数据安全、知识产权等方面的潜在风险。此外,基于大数据研发出的新的金融产品和交易模式也给金融市场带来一定风险。

世界各国对于保护隐私相继出台了法律法规。美国是最早提出隐私权并给予法律保护的国家,美国在1974年通过了《隐私法案》,在2000年与欧洲联盟签订了"安全港协议",在2012年启动《消费者隐私权利法案》的立法工作。《中华人民共和国民法通则》明确"公民的个人数据不得非法搜集、传输、处理和利用"。2020年,中共十三届全国人大三次会议表决通过的《民法典》设立了"隐私权和个人信息保护"专章,强化了个人隐私权的保护。

在大数据与金融领域深度融合的过程中,有效识别风险是保障金融体系稳定的重要一步。如何保证参与者负责地使用"大数据",是大数据应用必须要考虑解决的问题。

(三) 大数据在金融监管中的应用

大数据金融时代下的金融监管呈现出更加具有针对性和精确性的特点。在大数据时代,数据采集和分析的成本大大降低,监管机构可以通过完整、准确地刻画被监管主体的特征,提高金融监管的效率和水平,使得大数据成为金融监管的有力手段。

大数据技术打开了风险管理领域的新纪元。以防范流动性风险为例,已有部分金融机构采用大数据对其进行管理。例如,余额宝通过分析消费者使用资金的行为,评估产品的流动性风险,进而适当调整措施。此外,大数据强大的信息分析能力可以提高金融监管水平,海量、多元的数据有利于监管部门客户各个市场参与者之间的信息交互;监管部门也可以通过追踪行为数据的动态轨迹,做好盘查工作。

(四) 大数据金融监管中的政府角色

大数据分析作为一种新型的监管工具,是政府部门完善金融监管体系的有力武器之一。政府各监管部门可以通过大数据的应用监督和调控金融市场。中华人民共和国民政部发布的《基于大数据的政府监管创新》强调大数据是推动政府监管创新的重要手段,大数据可以推动经济性和社会性的监管创新。

相比于传统的分析方法,中国人民银行通过大数据分析挖掘技术可以更加便捷、准确地掌握金融市场的整体概况。在央行的监管过程中,大数据分析挖掘分析可以应用于信贷统计、行业风险预警、外汇管理、资金检测等方面,以预防金融风险,提高决策能力,精准定位被监管主体。

其他金融机构也可以通过大数据技术进行更加有效的监管。例如,在打击"老鼠仓"问题上,建立精准大数据平台是关键。证监会从2013年下半年使用大数据分析系统,至2017年已调查内部交易案件375起,立案142起。证监会中央监管信息平台的建立将会推动大数据在金融监管领域的应用进入新高度。

大数据分析挖掘技术在金融监管方面仍然存在可以改进的空间。未来,大数据金融监管也会迎来更加广阔的发展空间。

三、大数据金融征信体系建设

开展金融业务和信贷审批主要依赖于个人和企业的信用,同时也是信用风险管理的核心。传统以主观判断、定性分析为主的信用评估模式不仅效率低、准确性低、成本高,还较难满足大数据金融产品多样化的发展需求。

(一)大数据信用评估模型

1. 传统信用评估模型

传统信用评估模型的基本思想是比较借款人信用历史资料与数据库中的全体借款人的信用习惯,对比借款人与经常违约、随意透支、甚至不具备偿款能力等各种陷入财务困难的借款人的特点是否相似。传统信用评估模型可以考查用户信贷资质的多个方面,如图4-8所示。

在大数据挖掘技术运用于征信系统之前,传统的信用评估模型基于统计学,通过构建模型来定量评估风险,但在以下三个方面存在诸多问题。

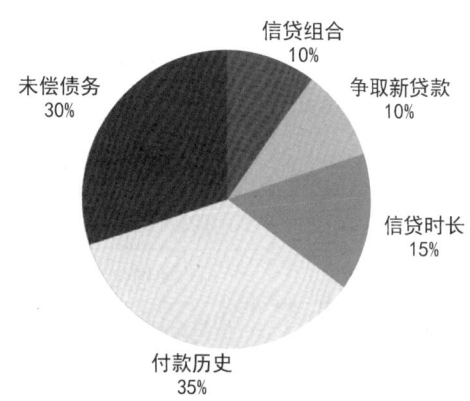

图4-8 传统信用评价模型考察用户信贷资质

1)覆盖人群窄

截至2020年12月,中国人民银行征信系统共收录11亿自然人的相关信息,但由于有信贷记录的人相对较少,如学生、蓝领、个体户等没有借款、没有申领过信用卡群体的融资需求无法满足。因此,传统信用评价模型的覆盖人群较窄。

2)信息维度单一

传统信用评估采用的是经验判别法(也称为专家判断法)。该办法主要由分析师或信贷员审核调查借款人的全部信用信息后,再结合专家经验分析判断借款人的还款意愿和还款能力,进而决定是否放款。如图4-9所示,经

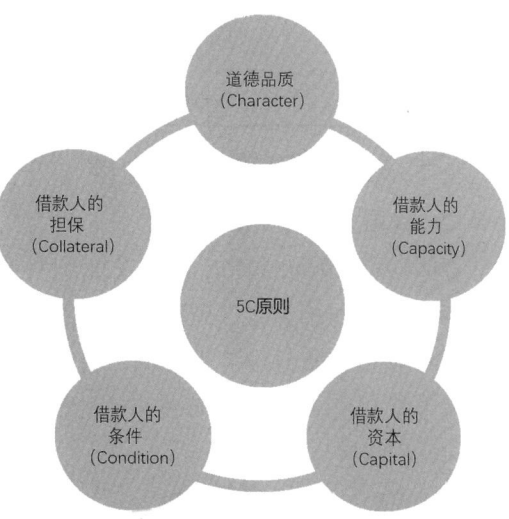

图4-9 经验判别法的"5C"原则

验判别法基于"5C"原则,并融合了统计学、基于数据的定量分析方法。

3) 时间滞后

传统信用评估模型基于历史数据模拟,数据更新速度慢,模型不能够及时反映单位或个人的信用情况的变化。比如,对于尚未发生过信用记录的个人,较难判断其信用情况。对于经营时间短、过往记录较少的新企业,评估模型的应用效果有一定的局限性。

2. 大数据信用评估模型

大数据信用评估模型认为一切数据都和信用有关,旨在从采集的数据中通过大数据采集和大数据分析挖掘,尽可能为缺乏信用记录的企业或个人提供信用评估。

大数据采集的来源涉及第三方金融数据、用户提交数据以及互联网数据。多源化的信息采集,不仅传承了传统征信体系的金融决策变量,还重视深入挖掘授信对象的信贷历史,综合考虑了如社交网络数据、账单等影响用户信贷水平因素,实现了深度和广度的融合。

表4-1给出了传统信用评估模型和大数据评估模型在数据格式、数据类型、理论基础等多个方面的不同。当下,大多银行和非银行机构信用风险评估模型仍然以传统信用评估模型为主。5G网络建设将会促进大数据信用评估模型的研发和应用。

表 4-1 传统信用评估模型和大数据评估模型对比

类别	传统信用评估模型	大数据信用评估模型
数据结构	结构化数据	结构化、大量非结构化数据
数据类型	信贷金融属性关联数据	信贷数据、网络数据、社交数据等
理论基础	逻辑回归	机器学习
变量特征	贷款类型、还款记录、卡余额	IP地址、关联网络、社交能力
数据来源	银行及第三方数据征信公司	银行、第三方数据公司
变量个数	5~15个(指标库500~2 000个)	几千到几万个

(二)我国大数据征信体系建设

1. 我国大数据征信的现状

随着我国市场经济的迅速发展和日益成熟,征信行业蓬勃发展。2020年,国内已有200多家征信机构为客户提供征信服务。征信机构由于背景、组织形式、运用方式等方面的不同,业务规模和效益也各不相同。目前,市场上存在芝麻征信、元素征信、腾讯征信、考拉征信、拉卡拉征信、前海征信等代表性的征信机构。

1) 芝麻征信

芝麻征信是在大数据互联网模式下建立的征信体系。芝麻征信的数据主要来源于各大电商、互联网金融、阿里云、互动娱乐等方面。芝麻征信的评估维度涵盖身份特质、信用历史、行为偏好、履约能力以及人脉关系。基于大数据7×24小时的在线运算能力,芝麻征信的身份识别和反欺诈能力非常强大,进而可以通过商业化的方式净化互联网环境。

2)元素征信

元素征信于 2014 年成为首批获得央行企业征信备案资质的机构,是国家发改委指定的综合信用服务机构。元素征信具有多项资质,客户涉及各级银行层次,如国有银行、股份制银行以及城商行等。2020 年,元素征信作为唯一一家大数据征信服务商,入围中国科学院《互联网周刊》和 eNet 研究院共同发布的"2020 未来银行科技服务商 100"排行榜。

3)腾讯征信

腾讯拥有 8 亿人的月活跃用户,可以产生海量的用户信息,涉及支付、社交、游戏、浏览等用户的线上行为足迹,为其征信业务的开展提供了丰富的数据资源。2017 年,腾讯旗下的财付通和中国公安部所属的全国公民身份证号码查询服务中心达成人像对比服务的战略合作。

2. 我国征信体系建设的不足

目前我国征信体系在技术、数据、环境等方面仍然与欧美国家存在一定的差别。一是技术方面,我国的征信机构发展起步较晚,基于大数据日新月异的发展,硬件基础设施和核心技术都有待提高。二是数据方面,个人信息数据存在格式不统一的问题,而且征信机构缺乏企业信用相关的数据。三是环境方面,我国的征信体系仍停留在各地区各自建设阶段,尚未形成统一的数据库和规范。

(三)我国大数据征信体系发展趋势

我国的大数据征信体系建设从 2017 年开始逐步发展,典型的征信应用有腾讯信用、蚂蚁信用等。大数据征信利用大数据、云计算等新技术重新设计征信评价模型和算法。大数据征信下的信用风险评估内容如图 4-10 所示。随着我国大数据征信体系的成熟,我国大数据征信体系呈现出如下发展趋势。

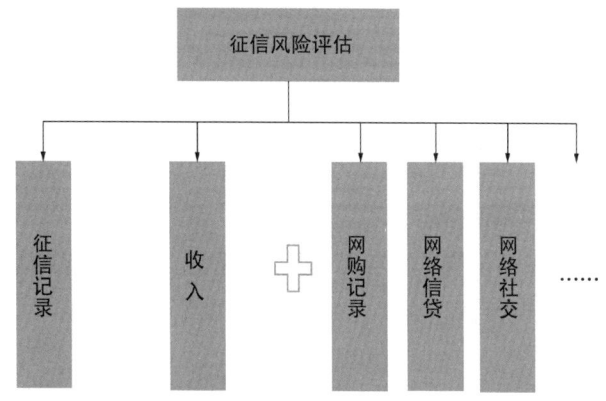

图 4-10 大数据征信下的信用风险评估内容

1. 大数据征信体系覆盖范围更广泛

目前，征信中的数据信息涉及了日常生活（交通出行、水电费等）、社交（微博、微信、QQ等）、社会行为（住宿、网购等）、政务办理（办税等）。未来，大数据征信的数据来源将会更加多元化。我国人口基数大，有不少人没有被包含在征信体系中。我国的大数据征信体系将基于大数据技术扩大征信覆盖面，开发新市场，不断完善社会征信体系建设，使得金融发展惠及更多的人民群众。

2. 大数据征信实时性更强

我国大数据征信体系的未来发展趋势之一是要充分利用大数据技术，构建海量数据的实时数据库，实现多维度的用户行为数据分析。数据库中的数据不仅涵盖客户基本资料、历史交易记录等静态数据，也要囊括实时搜索信息、社交行为信息等动态数据，以及采用购买、租用等形式获得第三方的数据，真正做到扩大数据来源，全方位和实时地了解客户信用行为，以更好地促进我国征信体系的发展。

3. 大数据征信应用领域更丰富

我国大数据征信体系的应用目前主要集中在金融领域，其他领域对征信信息的应用较少。随着互联网、智能电子产品的不断普及，大数据征信的应用领域慢慢拓展。比如，行政、商业等领域都在以不同的形式建设征信体系，并发挥其作用。在我国整体征信体系中，金融征信体系、行政管理体系和商业征信体系相辅相成、互为补充，各个体系各有侧重，共同促进整个社会经济的正常运行。

四、大数据金融生态系统建设

大数据生态系统涵盖从数据产生到数据输出等产业链全过程，基于整个产业链的上下游配合和资源整合。良好的大数据生态系统是推进大数据金融产业持续发展的重要一环。大数据生态系统的建设以互联网的发展为技术基础，大数据思维是核心理念，客户是主要导向，突出产品差异化是核心。2019年在天津举行的第三届世界智能大会上，多位与会嘉宾指出，满足更大存储需求的大数据基础设施"数据湖"可以助力大数据产业生态系统建设，发挥出更大的迭代效能。

（一）大数据金融生态系统的构成

典型的大数据金融生态系统涵盖广泛的、与大数据相关的、相互交互作用的各类要素，涉及数据提供、数据处理等。大数据金融生态系统构成如图4-11所示，左边是共享数据，中间是数据挖掘分析，右边是大数据在金融领域的应用。

大数据金融生态系统的数据提供方有个人、公共部门以及私人部门。不同的数据提供方有着不同的数据形式、动力和要求，具体如表4-2所示。数据挖掘分析主要是对大数据进行存储、处理、分析等。此外，大数据在金融领域的应用正在不断深入。

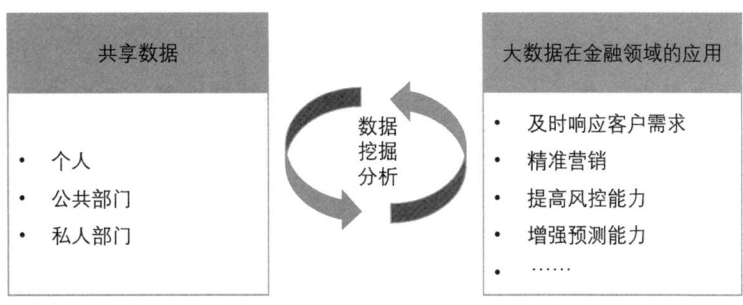

图 4-11 大数据金融生态系统构成

表 4-2 不同数据提供方的数据形式、动力和要求

类别	个人	公共部门	私人部门
数据形式	群体源数据、被吸收数据	统计、保健、税收、经费信息、设备数据	交易数据、消费和用户信息
动力	价格、改进服务	改进服务保障、提升经费效率	改进客户知识、预测趋势
要求	隐私权标准、选择权	隐私权标准、选择权	商业模式、保护敏感信息

(二) 大数据金融生态系统构建的原则

1. 多样性

多样性原则要求互联网金融企业、大数据金融企业注重同上下游相关企业和有关机构进行合作,即通过点动成线促进不同金融企业、制造业和金融企业以及企业和政府部门之间的合作。顺畅的合作关系有利于进一步实现生态产业链上企业的共同繁荣。

2. 开放性

开放性原则是指金融机构应通过开放的策略扩展市场,整合内外部资源,加强产业链上下游企业之间的合作,推进开放平台的建设,做大产业规模,创建良好的生态环境,提高自身行业竞争力。

3. 系统性

系统性是指大数据金融生态系统需要一个完整的实施体系,采用平台发展规划、平台开放标准、市场战略以及合作模式等策略,开展投资者、网络运营商、配套服务商、电商平台、互联网公司、金融机构、监管机构等诸多主体之间的合作。体系中的各个要素协调一致,是实现高效生态系统的有力保障。

4. 和谐性

和谐性是指产业链上的企业和谐发展。加强合作、推动大数据金融生态体系建设已是企业界的共识。没有企业之间的和谐合作,不仅消费者权益会受影响,企业自身的利益也会受损。

5. 利益共享

提升大数据金融生态体系凝聚力的关键是利益共享。大数据金融机构通过积极的利益共享原则，增强产业链各个参与方的合作的意愿，进而充分激发各自的资源优势。此外，风险共担机制有利于真正实现以利益为纽带的产业共同体。

整体而言，大数据金融生态系统的建设不仅需要遵循以上原则，还需要加强生态系统建设的过程管理，通过制定规章制度、整体规划、评估体系等措施，提高产业链企业合作管理水平，推进大数据生态系统建设。

(三) 大数据金融生态环境构建面临的挑战

国内较多的金融机构已经掌握了生产、交换、管理以及应用的数据资源。大数据金融生态系统的构建，将会对金融机构数据采集、管理、隐藏价值挖掘等方面产生巨大的影响。

1. 大数据处理技术和企业的 IT 架构融合

在新的大数据金融应用环境中，金融机构需要重新规划和设计已有的应用架构和数据架构。为了更好地适应大数据的应用，金融机构有必要完善硬件、软件等大数据基础设施，以实现获取、存储、分析、利用原来未纳入的大数据。

2. 海量数据的系统集成和有效整合

金融机构采集的数据类型多样，不仅包括交易系统结构化的业务数据，而且还含有外部社交网站图片、音频等非结构化的数据。只有有效整合不同来源和不同类型的数据，才能够充分利用金融机构所掌握的数据资源，构建完整的大数据信息视图。

3. 技术更新需求

技术需要不断更新以适应大数据需求的增加。基于非共享分布式架构处理数据的大数据存储技术拥有上万个机器节点，但是该技术的成熟度和稳定性还值得考量，在运用过程中会在系统搭建、检测、维护等方面对商业银行提出更高的要求。

构建大数据金融生态体系是未来大数据金融稳定发展的重要保证。首先，我国处于大数据金融蓬勃发展的时期，经济、政策、技术等外部环境有利于金融业的发展。我国金融机构应该抓住机遇。其次，大数据金融的发展离不开有效的监管。最后，金融机构应充分了解大数据金融未来发展趋势中的机遇和挑战，更好地推进大数据产业的稳健发展。

专栏 4-4

瀚德信用大数据征信平台助力中小微企业融资

2019 年，在联合国第三个中小微企业日，深圳瀚德企业信用服务有限公司（瀚德信用）携手中国中小企业协会自主研发的大数据征信平台成功升级上线，实现了功能上的代际跃升，为解决中小微企业融资难题提供了金融科技支持。

一直以来，中小企业都面临融资难、融资贵的问题。瀚德科技董事长曹彤认为，大数据征信平台有助于企业了解其自身信用状况，为银行等金融机构提供客观、多维度的信息及专业分析结果,最大限度地减少因信息不对称而产生的风险,为信贷双方提供决策依据,缓解中小企业融资难题。此外,平台还可以多种形式为各类企事业单位服务,当前已实现登陆大数据征信平台网站在线实时查询企业征信报告和信用评分。

升级之后的大数据征信平台坚持互惠及信息全面共享原则,接入了工商、税务、发票、司法等多个数据源单位。系统将采集企业银行信贷信息、企业运营信息、政府监管信息等多维度数据,并对数据进行校准、整合等预处理后,通过计算框架,对数据进行全面的统计挖掘分析,最终形成全面完整的可视化信用报告。

信用作为中小微企业发展的基石,企业的信用评分在一定程度上直接关系到企业的生产经营。为直观展示中小企业的整体信用水平,该平台输出的报告涵盖企业基本工商信息、税务申报征收信息、采购及销售信息、财务信息、税务稽查、违章和行政处罚信息、法律诉讼信息、知识产权信息及信用评分评级等内容模块,各项模块会对相关数据再次进行智能分析,最终形成企业信用评分。

截至2019年7月,瀚德信用大数据征信平台已在全国六省多市成功运行,且与地方综合金融服务平台或各类公共服务平台系统对接,通过特定渠道获取更多维度、多元化数据,通过清洗及量化分析实现更精准、更立体的企业画像展示。同时,在积累大量区域、行业及企业信用数据后,针对不同应用场景,瀚德信用的信用打分模型也已完善,可以针对金融机构要求推出定制化产品。

瀚德信用在金融科技的实践中实现了跨越式的发展,向"金融科技赋能城市,助力中小企业创新发展"的目标又迈出了重要一步。

第五章

物联网发展与金融应用

近年来,物联网以其全新的架构体系让实体世界实现有组织、主动的感知互动。物联网的产生和发展建立在实体世界已有的智能化、网络化基础之上,它让虚拟经济从时间、空间两个维度上全面感知实体经济行为,让虚拟经济的服务和控制融合在实体经济的每一个环节中,从而诞生了推动金融模式的新革命——物联网金融。物联网金融扩大了物联网技术的应用范围,并在信贷、租赁和保险等多个领域创造出金融业务的新生价值。

第一节 物联网概述

一、物联网的概念与发展

(一) 什么是物联网

顾名思义,物联网是指万物相连的互联网,即各种信息传感设备与互联网结合而形成一个巨型网络,以实现在任何时间、地点,人、机、物的互联互通。

物联网是新一代信息技术的重要组成部分,IT行业又将其称为泛互联,即物物相连、万物万联。首先,物联网的核心和基础是互联网,它是在互联网基础上的延伸和扩展的网络;其次,其用户端延伸和扩展到任何物品与物品之间,以实现信息交换和通信。具体而言,物联网是通过射频识别、红外感应器、全球定位系统、激光扫描器等信息传感设备,按约定的协议把物品与互联网连接,通过信息交换和通信,实现对物品的智能化识别、定位、跟踪、监控和管理。

物联网技术产品的核心包括智能终端、网络载体、智能识别和管理。智能终端即信息传感设备,如数字传感器、全球定位系统、无线中继器等;网络载体是接收智能终端数据传输的端点,包括互联网、电信网络、有线电视网络、电网等多种形态;智能化识别和管理即数据传输方式。

(二) 物联网的发展沿革

物联网的概念最早是由美国麻省理工学院 Auto-ID 中心的 Ashton 教授及团队在研究 RFID 射频识别技术时提出。他们认为,物联网是一个结合了物品编码、RFID 技术和互联网技术的解决方案。研究人员基于互联网、EPC 标准、RFID 等信息技术,构造一个实现全球物品信息实时共享的实物互联网(internet of things),即物联网。

2005年11月,在突尼斯举行的信息社会世界峰会上,国际电信联盟发布《ITU互联网报告2005:物联网》,引用了物联网的概念。报告指出,我们正站在一个新通信时代的边缘,信息与通信技术的目标已经从满足人与人之间的沟通发展到实现人与物、物与物之间的连接,无所不在的物联网通信时代即将来临。物联网使我们在信息与通信技术的世界里获得一个新的沟通维度,万物的连接形成了物联网。

2009年1月,时任美国总统奥巴马与美国工商业领袖举行了一次圆桌会议。IBM首席执行官彭明盛首次提出"智慧地球"这一概念,建议政府投资新一代的智慧型基础设施建设。当年,美国将新能源和物联网产业作为振兴经济的两大重点领域。

2009年6月,欧盟执委会发表了 *Internet of things: an action plan for Europe*,该文描绘了物联网的发展前景,在世界范围内首次系统地提出了物联网发展和管理设想,并提出了12项行动计划,以保障物联网加速发展。

2009年10月,韩国通信委员会通过了《物联网基础设施构建基本规划》,将物联网市场确定为新增长动力,提出通过构建世界最先进的物联网基础设施,打造未来广播通信融合领域超一流信息通信技术强国的目标。该规划确定了构建物联网基础设施、发展物联网服务、研发物联网技术、营造物联网扩散环境4大领域和12项详细课题。

2009年8月,时任总理温家宝视察无锡时提出"感知中国"理念,推动了物联网在我国的发展,使其成为继计算机、互联网和移动通信之后引发新一轮信息产业浪潮的核心领域。2010年3月,温家宝在《政府工作报告》中将加快物联网的研发应用明确纳入重点产业振兴计划。国务院、发展和改革委员会、工业和信息化部、科学技术部等都在研究制定促进物联网产业发展的扶持政策,推动了我国物联网建设从概念推广、政策制定、配套建设到技术研发的快速发展。

2016年10月,李克强总理在世界物联网无锡峰会上指出,物联网将给人类生产生活带来更加广泛而深刻的影响,并倡议建立营造促进物联网发展的良好生态系统。

经过近年来的发展,物联网已经逐渐成为多学科和交叉技术的融合产物。2018年11月,在西班牙巴塞罗那举行的Gartner研讨会上,研究人员指出,未来几年全球十大最具影响力的物联网发展方向为:人工智能;社会、法律和道德;经济学和数据经纪;智能网格;物联网治理;传感器创新;可靠的硬件和操作系统;新物联网用户体验;芯片创新;新无线网络技术。

目前,国内外物联网设备数量正在迅猛增长。根据IDC的一项预测,到2025年,全世界将拥有416亿台物联网设备,可产生79.4 ZB的海量数据。物联网是信息领域一次重大的发展和变革机遇。

二、物联网的关键技术与层次结构

(一)物联网的关键技术

1. 射频识别技术

射频识别技术(radio frequency identification,RFID)是通过射频无线信号自动识别目标对象并实现获取相关数据的一种非接触式的自动识别系统。该系统主要包括电子标签、读写器和计算机网络。电子标签由芯片及天线组成,通过附着在物体上标识目标对象。电子标签具有独一无二的电子标码,可存储目标对象的相关信息。如果在存货质押融资模式中的质押物上嵌入电子标签,则可存储该质押物的相关信息。读写器是通过射频无线信号来读取电子标签中的信息。通过发送一个特定的询问信号,电子标签到达这个信号范围内就会感应到信号并给出应答信号,该信号中带有电子标签中所存储的信息。读写器收到应答信息信号后做出相应处理,并将其传送到计算机网络中的主机,主机完成数据处理、传输和通信的功能。

2. 全球卫星定位系统

全球卫星定位系统(global positioning system,GPS)是一种利用导航卫星进行测时和测距的中距离圆型轨道卫星导航系统。GPS能够快速、准确,不受天气和时间限制地获取目标对象的三维位置、速度和时间信息,具有高精度、高效益、自动化等特点。在存货质押融资模式中,RFID与GPS结合应用能够很好的解决针对质押物流动性的有效控制问题。对于安装了GPS接收装置的运输车辆,经过卫星定位,人们可以准确的获得其位置,保障运输安全性。

3. 数据分析处理技术

在物联网的架构层级中,由感知层传送到应用层的信息种类及数量都逐级递增,需要被处理分析的数据量更是成倍扩增。对海量的信息进行有效的挖掘、整理和应用是物联网数据处理功能的重要应用。云计算强调对信息的聚集、优化和动态处理,在降低信息处理成本的同时大大提高了运行效率。云计算可以在数秒内处理千万级甚至亿级的信息量,为处理物联网系统中收集到的海量信息提供了强大的技术支撑。

(二)物联网信息安全与层次结构

在实际发展过程中,结合业务需求内容,物联网和其他信息技术的融合需要考虑在结合相关技术时所产生的物通信安全问题。本质上,当因特网和其他子网集成在一起时,目前网络结构复杂,传统技术不能完全解决网络安全问题。物联网系统可根据具体需求细分多个应用子集,如工业物联网、汽车物联网等,收集数据并且考虑数据传输处理。针对物联网的相关安全需求,我们需要考虑信息的完整以及是否有机密信息存在。

如图5-1所示,在物联网整体结构中,关于安全保护的层次结构主要分为三层:应用层、网络层和感知层。感知层负责数据的发送以及收集处理,通过图像及视频捕获装置等收集外部数据,再使用RFID、二维码、蓝牙等技术进行传输。对于RFID系统来说,可能面临非法拷贝和跟踪等安全问题。传输层负责感知层和应用层的相互作用,以促进数据无障碍可靠传输。目前,传输层庞大数据的隐私性和完整性保障问题已得到重视。应用层处理的信息量大,需要较高可靠性,如果受到网络攻击等情况,可能导致隐私方面的泄露和数据的丢失。物联网具有信息安全技术中心化的特征,为提高物联网耐攻击能力,可结合区块链技术,采用共识机制,进行节点有效性验证。

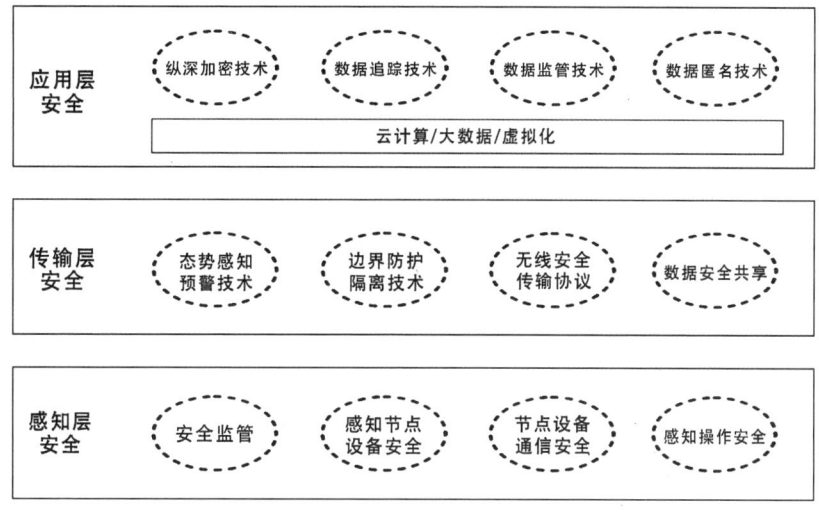

图 5-1 物联网安全防护

第二节 物联网金融

一、物联网金融概述

(一) 物联网金融的概念

互联网金融实现了信息流和资金流的二流合一,是虚拟世界和虚拟经济的融合,却依然存在金融机构对实体企业有效掌控有限的问题。而物联网金融以互联网金融与实体金融为基础,是一种以物联网为纽带与载体的全新金融模式。例如,商业银行等金融机构通过对物联网技术的运用,有机整合信息流、资金流和实体流,全面掌握实体经济动态,提高金融风险防范水平,并为用户提供金融服务的新型金融业态。物联网金融可以实现所有实际物品的网络化与信息化,并形成可供金融使用与加载的信息流,它通过金融服务与资金流的数字化实现物联网中物质属性与金融属性的融合,是智慧金融的突出代表。

物联网金融将全面降低虚拟经济的风险,深刻而深远地变革银行、证券、保险、租赁、投资等众多金融领域的原有模式,如图 5-2。如果说互联网金融是平面的,物联网金融则是立体的;如果说互联网金融是普适性的,物联网金融则是差异化的。

(二) 物联网金融的特征

物联网的发展,特别是智能设备的普及,打破了传统金融模式的路径依赖,对传统金融制度产生了创新与变革,促使已有的金融体系走上了一条高效、良性循环的制度变迁之路。物联网金融的主要特征与优势如图 5-3 所示。

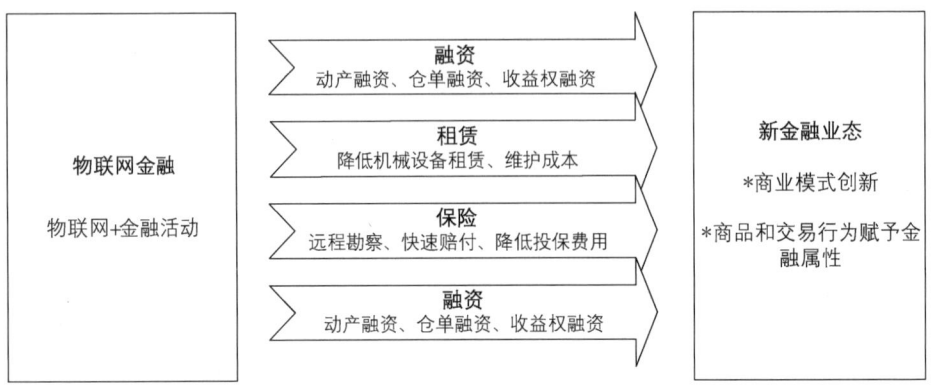

图 5-2 物联网金融新业态

资料来源：陈璐溦.物联网金融都在哪些场景开花落地？[J].物联网技术，2019(11)：9-10.

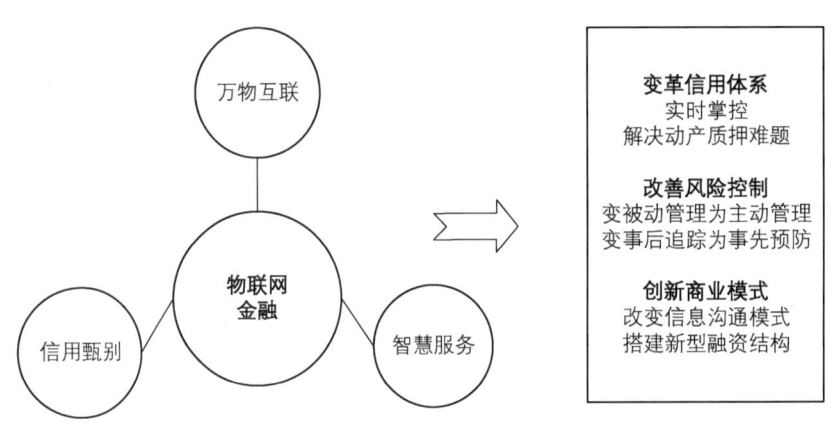

图 5-3 物联网金融的特征与优势

1. 万物互联

物联网金融通过 NFC、RFID、GPS 等多种技术实现物与人的统一与联网，有机地结合商业网络、服务网络、金融网络，使其形成合力，实现金融服务对象由单独的人向与人相关联的一切物质世界的延伸。物联网金融场景体系下，各行各业通过物联网技术手段搭建各种可以实现纵横领域内互联互通的场景，各个关键节点的信息和数据互联互通，物联网金融应用层平台及时收集到经感知层采集、网络层传输的各种交易信息，通过云计算平台对企业融资需求进行分析，满足企业资金需求。

2. 信用甄别

在普惠金融大力发展的时代背景下，物联网金融技术可协助商业银行等金融机构解决中小企业信息不对称问题，降低商业银行等金融机构为中小企业提供贷款服务的融资风险；通过准确掌握企业过往交易情况和日常行为、甄别风险来源等信息，对中小企业的金融需求和风险等级进行预判，在给中小企业提供金融服务的全过程中做到趋于完美的适配，缓解中小企业信贷约束。

3. 智慧服务

物联网金融是一种智能化、自动化、实时化的智慧金融体系。在物联网金融场景下,企业不仅可以利用物联网技术手段实时掌控自身的生产运营,还可以将感知层采集的实时数据与历史数据结合,通过云计算平台进行分析,帮助企业进行生产规划,及时预判金融需求,有利于商业银行等金融机构为企业提供更加及时、精准化、个性化的一站式金融服务。传统商业银行等金融机构的金融服务对企业数据和信息的采集属于主观验证,且受到地域和时间的限制,效率较低,而物联网金融具有智能服务特征,将为提高金融服务的效率、破解中小企业的融资困境提高重大支持。

(三) 物联网金融的作用

1. 降低交易成本

交易成本一直是制约金融业发展的关键性瓶颈,根据科斯在《社会成本问题》一文中所述,当企业间的交易成本为零时,无论产权制度如何,最终的谈判结果都会达到财富最大化的均衡点。但是长期以来,交易成本为零的假设一直都是一种理想化的经济学真理,因为在交易过程中无论是谈判、搜寻、订立契约、合同执行都需要花费大量的成本。因为交易过程需要投入大量的时间与金钱,需要专业化的金融服务,而"科斯瓶颈"的存在使得大量的潜在交易无法达成,或者要达成交易就需要支付高昂的交易费用。物联网的发展可以有效地缓解此类问题,物联网将人与物、人与网、人与人之间联系起来,采用分布式运算系统,通过云计算化解运算成本,让客户的需求与金融机构的资源有效匹配,通过共享与评价,实现服务的标准化,并通过分布式协同有效降低金融交易成本。未来,随着金融体系去中心化的不断完善,人人都有可能享受金融服务,因其拓展模式的边际成本接近为零,最终社会成本也近乎为零。

2. 缓解信息不对称

在传统金融业当中,信息不对称问题是其所要面对的重要问题之一。由于信息不对称问题的存在,金融业就可能产生道德风险,出现逆向选择,极端情形下甚至会产生格雷欣法则所描述的劣币驱逐良币的现象,最终将导致市场的恶性循环与萎缩。在物联网环境下,这一问题可以得到有效解决,信息的需求者可以随时随地地了解所需物品的位置、种类、形状、品质等关键信息,即信息可以通过网络有效地进行共享,解决信息孤岛金融创新的难题。对于传统金融业的抵押贷款,金融授信有着决定性影响,物联网金融通过大数据长时段的收集,能更加有效地解决保险过程中的信息阻碍,让骗保无处遁形。物联网金融的快速发展,甚至可能达到一定程度的完全信息,实现对传统金融革命性的颠覆。

3. 完善风险控制与征信体系

传统金融业的发展被认为是一种对冲风险对冲的发展,在传统金融业的资本资产定价模型当中,金融资产的成本等于无风险利率加上风险溢价。物联网让金融从时间和空间两个方面同时对信息进行搜集与处理。物联网金融可以有效地对服务对象的历史状态、现在情况、交易习惯、风险偏好进行合理的评估与预计,建立行之有效的金融风险管控体系。

对传统的商业银行而言,抵押贷款的估值问题一直是银行风险控制的难点,物联网的发展可以有效地监督抵押物的性质与属性变化,从流通的每个环节监控抵押物,降低风险。而基于大数据和物联网技术的风控体系则可以建立起更加完备的征信体系,更好地为金融业服务。

基于物联网的动产质押融资

物联网动产监管技术将物联网技术引入动产质押贷款业务,建成运用物联网技术的感知仓库,使客户、监管方、银行等各方参与者从时间维度、空间维度、物理状态量维度全面感知监管质押动产的存续状态和变化。与行业内智能仓库、数码仓等信息化改造后的仓库相比,物联网感知仓库在监管技术手段、监管颗粒度精细化程度、监管要素、监管强度以及质押风险管理等方面具备明显优势。行业内传统的基于 RFID、条码、二维码的物流信息化管理需要用终端扫描或读取 RFID 信息,是一种被动模式,监管的要素只是货物身份标识这一单一要素,缺乏更多和货物物理量相关的感知功能。基于物联网的系统可主动获取、生成、传输和加工信息,并对每个库位的货物数量、质量、形状、外围人员等多维信息进行实时反馈。

近年来,平安银行联合感知科技集团,研发推出物联网动产监管技术与服务系统,包括感知仓位监管系统和感知仓单管理平台,实现对质押动产重量、仓库位置、存放库位、货物形状轮廓等关键信息的实时、无缝、智能监管。该措施有效降低了动产质押监管风险,构筑了质押动产无死角监管平台,以技术创新推进动产质押融资革新。平安银行贸易金融部负责人表示,物联网动产监管技术与服务构筑了质押动产无死角智能保护罩,推动传统的实物监管融资向更加规范、便捷、高效和安全的单证化融资演变,有望给动产质押融资带来颠覆式革新。目前,平安银行系统内已完成物联网验收以及正在进行排队改造的仓库和港口达 30 多个,遍布华东和华南地区。平安银行通过仓储融资,为下一步向钢铁、有色金属、矿产品等大宗商品领域拓展物联网金融积累了经验。

除此之外,江苏银行将物联网技术与银行金融实践相结合,创新物联网金融新业态,探索搭建"物流、信息流、资金流"三流合一的客观信用体系,推出全流程线上化的物联网动产融资产品,切中实体经济动产融资费时费力高成本、金融业信息不对称高风险的痛点。江苏银行通过物联网实时获取企业质押物信息,帮助企业凭借生产、流通中的动产实物获取授信资金,提供灵活多样的贷款方案。企业可以全线上办理信贷业务,实现随借随还,解决生产经营的资金周转问题,降低融资成本。通过该系统,客户可以在线上一站式完成借款、提款、还款、质押、解押等全部流程,实现 7×24 小时随借随还,全流程最快仅需 2 分钟。物联网动产融资的推出,极大提升了业务办理效率,未来采用物联网技术的产品将渗透到企业的整个生产流程,为企业提供全方位的金融服务。

除此之外,物联网亦助力汽车行业动产质押融资业务。我国汽车金融公司行业总体继续保持稳健增长、协调发展的良好态势。据《2019年度中国汽车金融公司行业发展报告》数据分析显示,截至2019年年末,全国共有25家汽车金融公司,股东涉及10家国际著名汽车金融公司、13家国内外主要汽车生产厂商、6家国内外商业银行、4家非银行金融机构及1家钢铁企业,总资产规模由最初的60亿元增长至3 403.33亿元,增长近57倍,业务覆盖我国绝大部分省市。从汽车金融公司主要业务来看,经销商库存批发贷款余额为798.91亿元,比上年年末增加242.60亿元,同比增长43.6%;个人零售贷款余额为2 371.18亿元,比上年年末增加552.68亿元,同比增长30.4%。随着我国汽车产销量和保有量的持续攀升,市场领域也在逐步拓展和细化,汽车金融市场规模逐步扩大,金融渗透率不断提高。据央行统计,2014年,汽车金融市场规模达到了3 920亿元,年增长速度超过30%。2019年,汽车金融市场规模已超过7 000亿元,汽车金融渗透率已超过20%。随着汽车销量及汽车金融渗透率的不断提高,汽车金融市场存在着巨大的发展空间。

当前,汽车质押物监管具有迫切的需求。目前4S店多半通过贷款购买汽车,在车辆售出还款前,汽车属于银行质押的资产。银行需要派专人到店里盘点,并查验车架号。现实中,因为库存数量大,盘点起来费时费力,操作难度较大。平安银行联合感知科技集团推出的物联网动产监管技术与服务系统,在监管方面发挥了作用。通过智能终端和平台,车辆质押监管系统给汽车构筑一个虚拟围栏,质押车辆在不在和监管终端有没有强拆,都一目了然。车辆非法移动出虚拟围栏,系统将实时报警,GPS坐标就会上传到云端管理平台,然后以轨迹的形式显现出来,这样监管员就可以掌握车辆的状态。目前,这套系统技术验收通过,标准操作规程发布,大量设备先后在多个汽车4S店投入使用。物联网车辆质押物监管系统主要由车押卫士监管终端、质押车辆状态综合监管平台以及Android/IOS手机客户端App综合构成。车押卫士监管终端内置多传感器,支持感知协同算法、信息融合、智能能源管理、全时全域服务、多网动态融合,采用小型化设计,安装便捷可靠,且支撑灵活的移动服务,具备智能防拆管理功能。质押车辆状态综合监管平台提供汽车的全方位物联网监管服务,如对车辆与终端违规行为或异常现象判定与报警,对车辆驾驶行为与业务全程跟踪。它支持灵活设置报警与提示管理策略、设备强制拆除报警、车辆移动报警、虚拟电子围栏报警、车辆恢复静止提示、GPS定位异常提示、设备电量低提示、通过地图模式查看车辆位置信息、车辆位置实时跟踪、车辆移动历史轨迹查询等服务。通过手机客户端App,监管平台可为经销商或监管员现场移动业务提供相关业务启动服务,实现服务的加载与撤销,并在车辆现场自动匹配确认终端和车架号,实现车辆图片与影像同步采集,实现移动业务状态监管,提供监管业务O2O服务等。车辆质押监管可为银行提供更加安全、可控、透明的风险管理工具,降低风险及总体业务成本,优化客户体验,提高客户忠诚度,扩展业务渠道,大幅提升业务规模、收益及市场占有率。汽车经销机构可利用物联网技术,逐步替代监管员驻场的全人工监管方式,降低客户的监管费用,并提升客户在销售过程中的便捷性。

实践证明,使用基于物联网技术的动产质押业务,可降低融资成本、提高融资效率、开拓融资空间、扩大融资规模。监管企业采用物联网监管技术,可在监管力度提升的同时,降低区域内监管员的数量,以达到降低成本及压缩风险的双重收益。同时,物联网技术的导入可以提高监管企业的监管能力及效率,提升银行及客户的满意度,提高市场占有率。

二、商业银行物联网金融实践

在过去十年里,由于消费者偏好的不断变化,与许多其他行业一样,金融机构也在关注、投资和开发数字化战略,以适应不断加快的创新步伐。如今,客户可以使用笔记本电脑、平板电脑、智能手机或智能手表与银行取得联系,而银行业务与物联网技术的融合发展大大增强了这种联系的优势,使银行能够收集更多关于客户偏好、行为和需求的信息。

(一)物联网支持的国内银行业务典型案例

1. 移动支付

2017年7月,建行上海市分行与华米科技、上海交通卡公司共同推出首款集金融支付、交通出行与健康运动于一体的智能可穿戴设备——龙支付米动手环。手环将蓝牙通信技术应用于金融支付,适用于大多数智能手机,不受手机型号和NFC功能的影响。用户在建行客户端配对后添加建行云闪付龙卡,手环便可和带有银联云闪付标识的硬件设备进行互动,便捷地在POS机上刷手环消费、在ATM机上刷手环取款。另外,手环还是一张公交卡,用户佩戴手环后就能在上海地铁、公交、轮渡等所有公共交通工具上用手环支付。

2019年年初,建行深圳分行联手深圳交警推出智慧交通出行计划,在深圳交警星级用户服务平台上线无感支付功能,将银行卡与建行无感支付绑定,车牌就相当于银行卡。通过该项目,建行用户在出入深圳1 500多个与建行签约的智慧停车场时无需停车,系统会识别车牌自动扣费;在深圳中石化科技园南、普滨服务区等加油站加油时,加满即走,全过程自动扣款;在参与活动的洗车场里洗车时,可自动识别车牌自动扣款。

2. 质押监管

2017年6月,工商银行自主研发的工银物联网金融服务平台上线。四川分行某企业原酒融资业务风险管理中,使用物联网技术,通过部署抵押物RFID封签报警、押物变化报警、抵押物周边区域出入监控报警,实现报警信息自动收集和风险监测预警。信贷管理员通过电脑端、手机实现对融资押品的远程、实时、直接监控。在四川分行某电子产品制造生产企业的融资业务中,物联网技术通过采集企业开工情况、车间人员密度、企业水电表信息,准确掌握中小微企业授信"三表"和"三流"信息,为信贷准入、尽职调查、贷后监测预警提供支持。在江苏分行金库智能化建设中,在金库中综合运用RFID等电子标签、容器货架等智能设备,使用身份认证、定位物联网技术,引入新型货架,支持实物查找、盘点、交接、流转全过程智能管理,提高库房存储能力和工作效率。

2018年9月,兴业银行与某科技公司合作,将物联网高科技手段应用于供应链金融业务,实现对平行进口汽车控货融资业务的物联网监管。传统控货融资监管需要手工登记台账、人工现场巡库,存在易出错漏、效率低下、人力成本高、信用风险大、预警不及时等问题,业内甚至出现过多次重复质押等风险事件。物联网监管技术可将监管设备与指定车辆绑定,并在指定区域设置电子围栏,即可通过电脑或手机 App 实时监测绑定车辆的位置信息及移动轨迹,配合 7×24 小时报警功能及数据整理功能,提升控货融资业务的效能。

3. 其他应用领域

2017 年年初,兴业银行推出全国首个家庭银行,借助智能电视为用户提供各类在线银行专属服务,结合大屏交互技术和 O2O 场景创新零售银行渠道和服务模式。2018 年 1 月 18 日,兴业银行与科大讯飞、京东金融在京举行战略合作签约仪式,宣布联合成立 AI 家庭智慧银行联合实验室,建立金融智能语音硬件产业联盟,并推出合作的阶段性成果——兴业银行智能金融叮咚音箱,为零售客户提供账务查询、信用卡在线分期、客服等服务。

2018 年 7 月,招商银行与 360 公司联合推出了一款专门给儿童设计的智能储蓄罐——小招喵智能储蓄罐。孩子可以通过储蓄罐上的小屏幕看到家长发送的零花钱,通过与孩子约定奖励计划,从小培养财商,家长们可以增强与孩子的亲自互动与感情。小招喵智能存钱罐是招行首次"试水"智能硬件,用 IP 化运作,可连接招行 App、招行储蓄卡等银行常用介质。

(二)物联网助力移动支付发展的全球应用探索

2015 年 6 月,巴克莱银行推出了可穿戴支付三件套:手机背面的 NFC 贴纸(也可以把它贴在任何地方)、钥匙挂坠和可穿戴手环,支持非接触式支付方式。同时,该银行还推出了支持多张银行卡的移动端钱包,用户可以在手机 App 上进行转账、查看消费记录、管理多个支付设备和多张银行卡,其移动支付配件不仅可用于巴克莱银行,也适用于英国发行的 Visa 和万事达借记卡、信用卡等。

2015 年 10 月,万事达卡公司推出了一个 Commerce for Every Device 计划,致力于让所有的消费电子产品变成一台有支付功能的设备。2016 年,万事达卡公司宣布携手位于旧金山的 Coin 公司将支付功能引入可穿戴设备。同年,万事达卡公司还宣布与 Fit Pay 合作,将万事达卡数位支援服务与 Fit Pay 平台整合,结盟 Wear 等创新设备制造商,使万事达卡感应式支付的服务可更完善的建置于穿戴型或其他物联网设备。

2015 年,Capital One 与 AWS 合作探索 AWS Alexa 的金融应用。2017 年,双方开发了 Capital One 基于 Alexa 的智能语音银行助手,该产品第一阶段功能包括储蓄账户余额查询、近期消费记录查询、信用卡余额查询、信用卡账单支付、查询信用卡可用额度、查询信用卡账单到期日、账户信息概况总览等,后期会扩展到包括信用卡还款和支票账户使用等。2017 年,美国银行与 Fit pay 合作推出可穿戴支付设备和数字钱包计划,在该计划的指引下,物联网和可穿戴设备制造商为其产品增加了非接触式支付功能,帮助消费者快速支付或通过美国银行 ATM 办理业务。

罗马尼亚的 Idea 银行推出移动式汽车自动取款机,即在每辆汽车上配备一个安全保险箱和一个 ATM 机,以便随时上门为客户提供服务。该银行数据显示,一台移动式汽车自动取款机的平均存款量比分行高出三倍。

(三) 物联网金融业态下商业银行风险管理

优化运行体制与银行续贷流程一直是银行业的工作目标。传统贷款制度为了降低风险,规定企业只有偿还了全部贷款本金才可以申请续贷,不仅续贷的周期十分漫长,而且企业的现金也会被大量的占用。为了解决这一问题,商业银行可提前对其经营状况及财务风险进行审查。这有助于缓解经营企业的现金流压力,提高银行贷款资金的使用效率。在这一过程中,如何进行风险控制是重要问题。目前,基于物联网技术应用视角的商业银行风险管理主要包括以下三方面:物联网金融业态下的供应链融资风险控制、动产质押融资体系构建以及商业银行风险管理体系重构。

1. 物联网金融业态下的供应链融资风险控制

供应链融资风险控制针对传统供应链融资运营阶段和操作过程,提炼出信用风险和操作风险指标,并以此构建物联网金融模式下供应链融资新模式,有效降低供应链融资风险。但与此同时,物联网金融作为新生业态可能带来新生风险——感知层风险、网络层风险和应用层风险。对于新生风险的控制,有关方面可从物联网金融相关技术标准与规范的落实等方面去思考。

2. 动产质押融资体系构建

平安银行创建的物联网动产融资体系通过进一步有效降低动产质押融资风险来破解传统动产融资难问题,利用物联网金融自身客观验证的优势将动产不动产化,推动行业信用体系向客观信用体系变革。平安银行基于物联网金融业态创建的动产融资体系具体可以分为三个层次:仓储物联网金融、物联网智能网络和物联网仓单。

3. 商业银行风险管理体系重构

目前,商业银行传统风险管理存在风险管理成本高、风险管理效率低的缺陷。随着物联网金融这一新生业态的兴起,商业银行将通过物联网金融实现风控思维客观化、风控手段技术化、风控流程数据化以及风控决策精准化,实现商业银行风险管理重构。

三、物联网赋能保险业发展

(一) 大数据与物联网保险

随着 IT 企业和互联网公司大数据获取、采集、加工等方面创造商业奇迹,各行各业利用大数据改善传统经营模式和创造商业价值的热情迅速上升。截至目前,全世界已有超过 500 亿台设备接入互联网并实现互联,产生巨大的数据和价值。物联网已成为各行各业占领数据高地的重要领域和途径。保险业作为以数据为基础的行业,从更高层次上将物联网作为企业战略发展方向。

欧洲金融管理协会(European Financial Management Association,EFMA)在《物联网:

颠覆保险模式》(*The Internet of Things：disrupting insurance modes*)中指出：物联网技术与保险行业实现全方位、全流程的结合与运用，无论是产品横向维度，还是流程纵向维度，可充分挖掘运用节点，利用物联网技术创造价值。麦肯锡全球研究院和麦肯锡商业技术办公室联合编写的《麦肯锡大数据指南》指出：物联网衍生于大数据，同时本身带来的海量数据也成为大数据行业发展的驱动力。保险公司作为以数据为基础的金融业态，利用物联网技术获取客户、保险标的、保险业务流程等海量数据将是未来转型升级的方向。麦肯锡公司将物联网技术价值创造模式与改进客户细分、提供深度洞察、创造新的商业模式等5种保险公司业务需求交叉分析发现，在12项物联网技术价值创造模式中，有11项能用于保险公司深入洞察客户和改善保险服务，有7项可用于保险公司客户细分和创造新的商业模式。

在保险行业中，物联网和保险结合的重点是在保险产品中嵌入两个数据传输终端并构造传输路径，具体架构如图5-4所示。保险标的物的数据信息流动通过保险服务云和物联网中间件分别向数据访问端和数据产生端传递。在大数据技术的支持下，这些智能终端通过各个险种建立保险服务云，利用数据挖掘能力采集、分析、存储大量被保险人的日常活动对健康状况所产生影响因素的相关数据，为保险公司开发个性化保险产品，并通过数据分析器产出分析报告预防风险，提供增值服务。

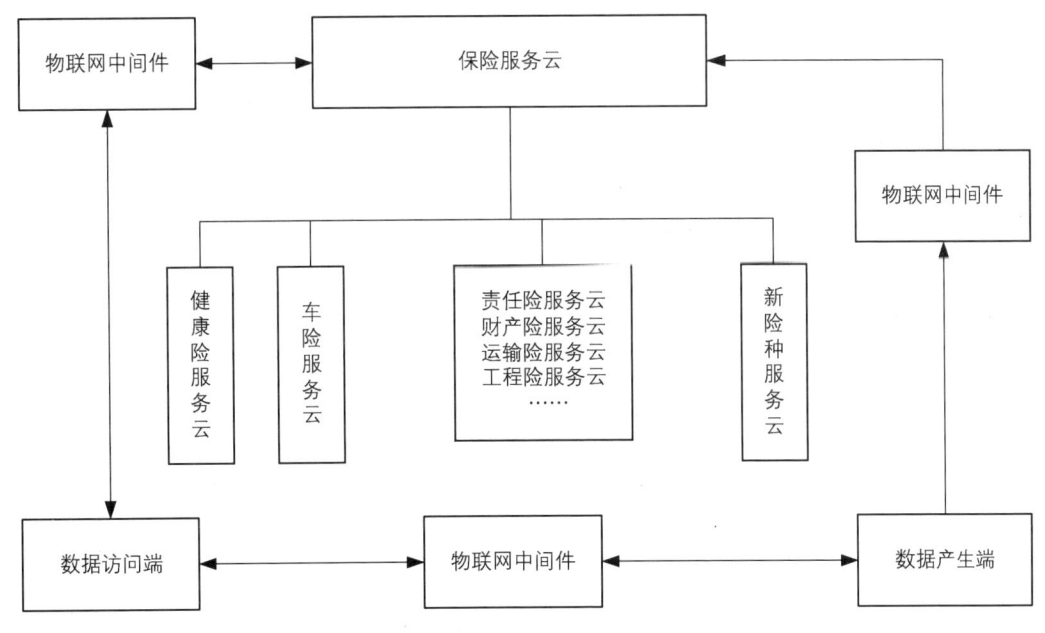

图 5-4 基于物联网技术的保险产品系统架构

物联网在保险业可以发挥差异化个性化定价、促进商业模式创新等作用。例如，目前的健康险费率主要是根据固定因子测算的，不会随时变动。其风险控制能力较弱，承保范围也较小。这是由于传统的健康险费率厘定模式没有系统地考虑到被保险人的日常行为和生活习惯因素，进而影响到风险等级和费率高低。保险公司借助物联网技术能够精准获得被保险人的行为习惯、生活习惯、生活环境等相关数据,从而对被保险人生活行为的风险等级进行快速判定。这进一步促进差别定价模式的发展和成熟。另外,物联网技术有助于商业模式创新,在新风险池和产业全链条上各个节点寻找更多的盈利方式和商业化模式。例如在健康监测和安全预警方面,物联网技术可以实时监测被保险人的健康状况,并及时提醒被保险人及早进行就诊和检查。

(二)物联网助力国内保险业发展案例

伴随经济社会的全面转型、新兴技术的快速发展、监管体系的持续健全,我国保险业延续了良好发展态势。中国银保监会公布的信息显示,2016年保险行业保险保费收入3.1万亿元,同比增长27.50%,增速创2008年以来新高;保险业资产总值达15.12万亿元,较年初增长22.31%。虽然我国保费总规模已经一举超过英国和日本,位居世界第二,但是从衡量保险业发展水平的保险密度、保险深度两个指标来看,我国保险业发展水平仍然处在世界平均值水平以下。在上述背景下,物联网技术凭借着高效获客、精准定价、事前预防、主动出险等诸多优势成为国内保险公司关注的焦点。

1. 物联网车险

通过大数据技术的支持和车载OBD终端技术的应用,车险定价模型已经从单一的从车定价模式向从人定价和从地定价三方综合定价模式发展。起初的从车定价模式仅仅是从一些简单的维度根据静态的因素对风险进行等级划分,如车辆的性质、类型、车龄、购买价格等,没有考虑到驾驶员个人因素。但物联网和大数据技术可以支持更多动态因子的数据采集,如驾驶员本身的风险因子、是否经常疲劳驾驶、是否是高风险爱好者、急加速等风险较高因素出现频率是否较多,以及更多车辆行驶环境数据,包括交通环境、自然环境特征等因素,如经常处于开长途或者高速状态的被保险人风险等级更高。保险公司也可以利用收集到的这些车辆运行参数、驾驶人行为数据、驾驶道路环境等有效信息,优化定价模式、控制经营风险、简化理赔流程。

部分保险企业已经将物联网技术与自身业务融合作为公司未来一段时间内的战略规划。2014年,中国人民财产保险股份有限公司(简称人保财险)开启了车联网保险的探索。2014年5月,人保财险宣布与腾讯成立i车生活平台,为用户提供导航出行、车况诊断、油耗分析等服务,并兼具社交功能。人保财险还将掌上人保的一键报案和一键救援功能移植到腾讯路宝软件中,并将人保财险4万家认证4S店和维修店信息整合到平台,为用户提供更加方便快捷的保险和救援服务,实现线上与线下的融合。2014年6月,人保财险完成了基于北京地区的内部车联网初步测试,并面向客户推出更大范围和规模的测试。人保财险正在全国范围内建立一个保险业车联网平台,并通过这一平台开展基于国内车辆和驾驶行为的建校和校验工作。其核心任务是解决驾驶行为与风险关联、车险定价因子的关系,积极探索保险服务空白区,利用物联网技术挖掘市场潜在需求。近年来,平安、太保、阳光、太平等大中型保险公司均在进行UBI保险的探索与尝试。

值得注意的是，物联网技术一旦在保险行业广泛运用，保险企业需要处理的数据盘将从以往的GB级别上升到PB甚至EB级别，企业的数据搜集、存储、计算能力将是核心竞争力的重要组成部分。基于此，平安集团于2013年就与互联网巨头百度正式签署联合发展计划和战略合作协议，双方将在物联网数据研究、消费者洞察、品牌建设、产品创新、营销模式等领域进行合作，致力于将传统硬件结构转换成分布式架构，将物联网基因植入平安财险业务全流程。另外，为加强物联网保险基础设施建设，经国务院批准成立的中国保险信息技术管理有限责任公司于2013年7月正式亮相，统一建设运营和管理保险信息共享平台，通过技术手段采集保险经营管理数据，建立标准化系统化的数据体系，为物联网保险的发展奠定了数据基础。

2. 物联网健康险

与驾驶行为习惯对出险概率的重要影响因素一样，被保险人的日常行为习惯对健康险亦有显著影响。因此，将物联网和大数据技术应用到健康险种中也会对健康险的费率发展产生新的影响。目前，智能可穿戴设备已经覆盖越来越多人群，小米手环、苹果手表逐渐融入人们的生活，随着规模扩大其成本也快速降低。因此，保险公司如与可穿戴设备供应商合作，采集分析用户的健康数据库对其进行画像和标签化，则可做到精准化定价和营销。

互联网技术、物联网技术与大数据技术的应用，可以对不同的风险等级划分，实现差异化定价，同时提高保险的售前和售后服务质量，包括理赔程序的简化、增值服务形式的丰富，促进健康险的发展。目前国内已经初步研发出了一些互联网大数据结合的健康险。例如，百年人寿保险公司与妙健康公司合作推出的M健康保，利用移动互联、App移动应用和大数据技术赋能评定个人健康行为。

（三）物联网技术在国际保险业的应用探索

《物联网：颠覆保险模式》认为：与物联网相关的保险业务是近年来个人险业务中增长势头最为迅猛的领域。世界各地的保险公司纷纷推出以物联网为基础的互联产品和互联服务。45%的保险公司认为，物联网是未来推动保险客户增长的主要驱动力。在对300家产险公司以及综合保险公司调查中，有近半数的公司已经推出或正在开发物联网解决方案；在100家接受调查的寿险公司中，有超过1/3的公司已经或准备利用可携带式设备为客户提供服务。法国巴黎银行卡迪夫分行、欧洲援助集团和加拿大保险集团等均正尝试在家财险、健康险和车险领域利用物联网技术让保险公司获得更多的客户数据。美国USAA保险公司将智能虚拟客服嵌入物联网设备中，从而能够随时随地回复客户的疑问。法国保险公司Credit Agricole Assurances运用地理定位技术，在客户发生车祸的时候迅速为其提供帮助。安联集团法国分公司已经在利用无人机来快速安全地侦测大型建筑物的受损情况。

保险业不断利用物联网技术创新产品，以实现精细化、专业化发展。以美国最大意外天气保险公司——气候保险公司为例，其推出的全天候、全季节的保险产品就在全流程广泛运用物联网技术。气候保险公司利用各种传感器设施获取包含2 500万个地点的气候、温度、湿度、土壤酸碱度等多维度指标信息,将过去30多年的区域气候、土壤数据全部整合应用于公司的气候保险定价和分析系统当中。客户可以通过公司产品网站中的农作物风险优化器进行保险产品的选择。在输入农作物品种、种植地区域、期望产量、投入产出比等信息后,公司气候保险定价和分析系统会根据输入的信息,基于公司的大数据储备,推荐合适的保险组合。在投保后,公司根据传感器感知系统搜集到的土壤数据,根据不同作物生长时期的不同和天气因素的多维度交叉分析,得出实时耕种方案;同时,公司也可以根据平台系统数据,给客户推送过去24小时种植地的降雨信息、土壤数据以及作物生长信息。客户可以通过大数据平台进行农作物种植规划,实时追踪农作物生长情况。另外,当灾害气候发生后,客户无须进行理赔请求,公司的物联网系统会根据保险合同自动生成保险理赔报告。综上可知,气候保险公司打造的物联网技术系统既能够优化客户体验,还能够帮客户减少由于意外天气和操作不当带来的损失,真正促进了保险业的精细化、专业化发展。从当前的实践来看,国外保险业正在积极探索以新兴物联网理念和技术促进保险业更为多元化、科技化、数据化的发展,特别是对传统的大型保险企业而言,这一保险创新方式的商业价值更为显著。

另外,车联网保险产品也如雨后春笋般发展起来。1986年,诺贝尔经济学奖获得者维特瑞·威廉指出,在传统的车险经营中,费率与行驶里程、驾驶质量无关,不会激励驾驶人降低驾驶频率和改正不良驾驶习惯。这样的汽车保险费率制定模式既没有体现出事故的外部成本,也违反了保险精算的公平性原则。理论界普遍认为,汽车的行驶里程是汽车保险精算定价中的重要定价因子,但由于现实生活中信息不对称,汽车行驶里程统计缺乏准确性和可靠性,这很可能导致车险费率测算系统出现风险错配。20世纪80年代,车联网技术在汽车行业的广泛应用为上述问题的解决提供了新思路,通过在车身内部使用传感器,发动机运转、变速箱使用、车内各种油液的消耗、汽车里程表、速度、位置等各项指标都可以准确客观地被记录并储存。基于车联网技术的UBI产品,在借助全批数据分析的基础上,依照汽车行驶里程和驾驶员安全驾驶方式厘定车险费率,可以使车险产品定价变得更为准确。

目前,全球已经有百余个车联网保险项目投入商业运营,涉及约900万保险用户。欧美发达国家的车联网保险已经处于成熟阶段,美国、英国、法国、意大利是车联网保险普及度较高的几个国家。其中,美国市场中75%以上的保险公司都正在实施或者积极推进UBI项目,在个人车险市场中,前十大保险公司中已经有九家推出了UBI产品。

在健康险方面,南非多线保险集团Discovery将Vitality活力健康保险计划推向全球。该项目通过可穿戴设备和智能手机收集和追踪用户的健康行为数据,鼓励人们持续改善健康。

除此之外,Flathead Farm Mutual和Roost合作,通过Roost智能传感器系列(智能漏水探测仪、结冰检测器、智能电池、车库门传感器)的技术支持,为消费者提供恶劣天气警报和家庭专业服务。这不仅提高了客户参与度,还降低了索赔成本。英国的智能语音公司Intelligent Voice和反欺诈技术商Strenuus使用人工智能技术进行核保和理赔作业,解读保险索赔人的情感和语言模式中的迹象,确定索赔人的可信度,防范保险欺诈事件的发生。区块链保险联盟 Risk Block Alliance 建立了工业级分布式账簿技术平台,并将其第一个财险用例投入生产,同时正在开发再保险、寿险、年金和退休保险的用例。目的是通过消除对账、自动化交互、减少欺诈和缩短周期时间,在显著降低行业和消费成本的同时,创造更好的客户体验。

综上所述,在数字化时代,保险公司都在尽力打造新的产品、服务和体验,将"投保+理赔"的交易关系转变为可持续的定制关系。如今,一系列传感器、可穿戴设备、远程信息设备和物联网技术设施为保险公司提供了大量关于消费者和商业客户线下行为的数据。这有助于保险公司对消费者和企业的日常风险、需求和行为进行更深入的了解。

四、物联网助力证券业发展

目前,物联网技术在证券业的应用还处于可行性分析阶段,研究人员们主要从身份识别、投行业务和智能投顾三个方面分析物联网技术在证券业的应用前景。

(一)身份识别

传统身份识别技术主要是基于密码技术的各种电子身份识别技术。以证券公司对投资者的身份识别为例,其网上交易系统主要采用账户名、密码及校验码方式登录,随着互联网技术的发展,各种木马病毒及钓鱼网站的出现导致基于电子ID身份识别技术的数字证书和密码存在被人盗窃、复制及监听获取的可能性,其所引发的盗买、盗卖等恶性事件极易导致投资者及证券公司利益受到损害。证券公司的业务系统模块较多、数据交互复杂,各业务模块相对独立,投资者在不同系统模块中均需输入不同密码以完成身份验证,而常用的"静态用户名+密码"身份验证方式的安全性往往与密码的复杂程度成正比,因此操作便捷性不高,投资者极易忘记或混淆账号密码。以物物联结为基础的物联网技术或能为降低身份识别风险提供有效的解决对策。生物特征识别具有不易复制和被窃取的优点,因此可将特殊的物理载体如指纹、虹膜等物理载体运用于身份识别环节。其主要包括指纹识别技术、手写签名识别技术、语音识别技术、虹膜图样识别技术、视网膜图样识别技术、脸型识别技术等。此外,生物特征识别技术还具有操作便捷的特点,投资者无需记忆结构复杂的密码,只需出示指纹、虹膜等生物特征即可验证个人身份信息。目前,全球生物识别技术市场规模如图5-5所示。

以物联网技术为基础的身份验证还可应用于证券公司内部。当前,证券公司对于操作业务系统的管理还存在疏漏,离职人员登入系统或员工将个人账户密码借由他人使用等情况都有可能导致投资者利益及证券公司利益受损。因此,以生物特征为基础的识别方式能有效减少该种操作风险。

(二)投行业务

证券公司投行业务的风险主要在于发行人、保荐人等的信用问题,即由信息披露问题所引发的投资人及证券公司利益受损的可能性。当前,我国有关发行人信息披露方面的法律政

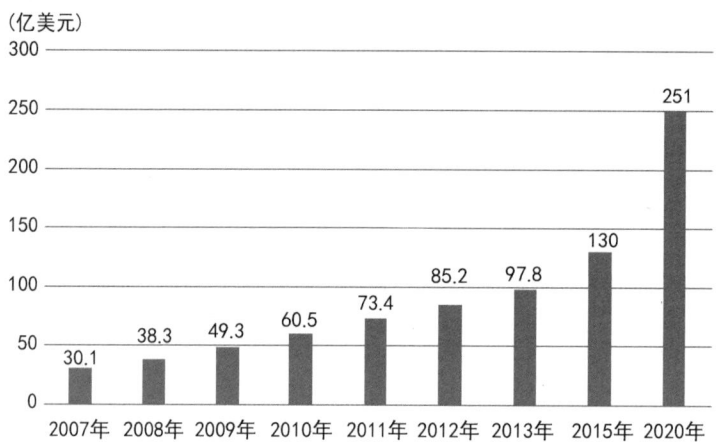

图 5-5 全球生物识别技术市场规模

策已相对完善,证监会也对信息披露失当现象做出严厉惩罚,因此 IPO 业务的外部监管条件已相对健全,但监管仍存在技术漏洞。

物联网通过 RFID 射频识别、红外感应器、全球定位系统、激光扫描器等信息传感设备将物品与互联网连接,进行信息交换与通信,以实现智能化识别、定位、跟踪、监控与管理。因此,对于证券行业 IPO 业务中信息披露不充分的问题,物联网能为其提供有效的监管技术,从而实现对企业实体资产的实时监控与管理,降低 IPO 欺诈风险。其主要技术有以下三种。第一,自动识别技术。自动识别技术是以计算机技术和通信技术为基础的综合性科学技术,是数据编码、数据标识、数据采集、数据管理、数据传输的标准化手段,包括条码识别技术、射频识别技术语音识别技术、生物特征识别技术、图像识别技术、光学字符识别(optical character recognition,OCR)技术、词识别技术等。这是物联网技术的重要组成部分,彻底颠覆了传统信息采集输入方式,有效地提高了信息采集效率并降低了采集成本。该种技术通过对每件物品进行标识与识别,可实现数据实时更新,使管理者及时掌握有效信息。第二,传感技术。传感器将物理世界中的物理、化学、生物信息转化成供处理的数字信号,从而感知温度、压力、流址、位移、速度等信息。信息处理包括信号的预处理、后置处理、特征提取与选择等,主要任务是对经过处理的信息进行辨识与分类。第三,定位技术。物联网的定位技术包括卫星定位、无线电波定位、传感定位等。总而言之,通过对包括自动识别技术、传感技术、定位技术等在内的物联网技术的应用,上市企业的实体资产状况处于实时可把控的状态,其数量质量位置等信息透明度较高。

在 IPO 过程中,企业的各项经营数据均可由物联网进行传输与共享,保荐机构、证券服务机构及监管部门将获得前所未有的海量实体行为数据。基于该类有关企业经济行为、经营活动等方面的数据,企业的财务状况、经营现状等信息可得性得到提升,企业信息披露的深度将大大加强,信息的客观性也得到了技术保障。此外,物联网技术可在 IPO 审计过程中起到提高审计效率的作用。由于IPO审计的特殊性,负责审计的会计师事务所需出具最近三年的审计报告,审计工作量大、内容复杂。在物联网技术的支持之下,企业运营数据相对透明,数据可得性高,因此物联网技术的运用可以规避操作失误,并在保障工作质量的前提下提高审计效率。

商业贿赂也是IPO欺诈的一大表现,相关业务人员在利益驱使下利用业务漏洞而实施不法行为,但物联网技术则能有效弥补业务漏洞。在企业信息透明化程度较高的情况下,上市企业及保荐人等相关机构人员难以利用信息不对称条件进行非法操作;同时,以物联网技术为基础的可穿戴测谎设备或可为保荐人信用提供技术保障,以信用鉴别的方式管理保荐人员具有相当的优越性,可以使保荐人在IPO业务中将发挥更为积极的作用。因此,物联网技术在证券公司投行业务方面具有广阔的应用前景,它可以加强信息披露的准确性及有效性能,从而显著降低IPO欺诈风险,进而维护投资者利益,促进行业健康发展。

(三) 智能投顾

由于人工投顾受到投资顾问自身的专业技能以及非理性情绪的影响,可能会存在主观性和片面性,并不能支撑证券公司投资顾问业务的创新发展。随着物联网技术的发展,智能投顾逐步成为证券公司用于摆脱当前发展困境的重要战略选择。智能投顾也称机器人投顾,是一种在线财富管理服务,它根据现代资产组合理论,结合个人投资者的风险偏好和理财目标,利用算法和友好的互联网界面为客户提供资产管理和在线投资建议服务。智能投顾作为人工投顾的替代品,通过获取用户的风险偏好水平以及大致预期收益等指标,运用智能算法以及组合投后的自动化管理技术,帮助用户实现主动投资策略与被动投资策略相结合的定制化投顾服务,其服务过程能够有效实现全部或绝大部分自动化操作管理。

智能投顾的服务流程主要包括客户分析、大类资产配置、投资组合选择、交易执行、投资组合再平衡、税收规则和投资组合分析。在为客户分析过程中,证券公司必须先了解投资者的风险偏好,但受个人及市场因素的影响,投资者的风险偏好极易发生变化。因此,在传统投资顾问模式下,证券公司往往难以建立一个统一的标准用以衡量投资者风险偏好。以物联网为基础的智能投顾则能有效利用大数据优势建立一个动态的、覆盖多影响因子模型,以测试客户的风险偏好。智能投顾以现代资产组合理论为基础,通过客户分析得出其风险偏好参数,继而为其做出适当的资产配置选择。在投资组合再平衡环节中,随着市值的变化,资产投资配置可能会偏离目标资产配置,投资组合再平衡则可以实施动态资产配置向静态资产配置的重新调整。而税收规划的作用则体现在智能投顾分析税收的特征和结构、优化资产配置、使客户获得最多的税后投资收益上。

以物联网为基础的智能投顾运用云计算、大数据、人工智能等技术将资产组合理论等其他金融投资理论应用到模型中,再将投资者风险偏好、财务状况及理财规划等变量输入模型,为用户生成自动化、智能化、个性化的资产配置建议,并对组合实现跟踪和自动调整。

传统投资顾问业务中,投顾人员的数量不能满足市场需求,因此,证券公司往往将高净值客户作为主要服务对象,忽略了长尾市场的潜在价值。截至2020年,中国中产阶级规模达七亿人,该类群体在资产配置方面的需求庞大,而智能投顾则能有效解决当前证券公司所面临的供需矛盾。其通过互联网优势,根据客户以问卷等形式反馈的信息进行风险偏好判别,计算机后台再利用算法自动计算满足条件的投资组合,在全球范围内实现资产配置,将目标客户延伸至中产及长尾客户,使其享受到专业化、定制化的投资咨询服务,并有效降低投资顾问业务的人力成本,从而使该项业务更加便捷化、高效化。

目前,我国证券行业在智能投顾方面已做出探索与创新,但普遍还未实现数据处理与应用流程的全智能化,智能机器仅在数据存储、数据计算与数据传递环节发挥作用,而数据生产、数据采集与数据应用环节则采用人工模式进行分析,因而现有模式存在一定的局限性,但证券投顾的全智能化已成为行业发展趋势。

五、物联网推动融资租赁发展

(一)物联网与中小企业贷款

以往由于信息不对称,金融需求与金融供给严重不平衡。金融机构出于风险考虑只能被迫放弃多数小微企业授信,从而丢失了大量业务机会,而小微企业求助其他融资渠道成本较高。截至2017年年底,我国中小企业数量占企业总量高达98%,但其放贷比重却仅为1%;而中小企业贷款覆盖率仅为18.7%,较发达国家的80%的贷款覆盖率差距较大,市场存在近12万亿元的融资缺口。

2019年3月,国家电网联合建行通过电力物联网手段掌握智能终端传输的海量用户电力数据,借助用电数据感知企业经营状况,对接金融机构从而服务于小微企业融资业务,借此创造出一种新型征信手段,满足了许多小微企业的融资需求。物联网金融应用进一步完善了银行等金融机构对小微企业信用评价的指标体系。目前,超过1 000家中小微企业已经完成了线上认证申请,预计2023年全年国内银行可向中小企业授信200亿元。

(二)物联网与智慧农业信贷

物联网金融可应用于智慧农业,加速发展智慧农业信贷业务。2015—2020年,智慧农业潜在市场规模已从137亿美元增长至268亿美元,年复合增长率达14.3%。根据国际研究预测,2025年全球智慧农业市场规模将达到700亿美元。

目前,智慧农业通过数据采集、远程监控等方式,打破了数据流通交互问题,实现了农业种植与养殖的可感知性,使得农业逐步从人工、机械化走向智能化发展的道路。金融机构往往注重担保抵押资产的充足度,但农业贷款抵押物品范围较为狭窄,导致农业科技贷款余额占涉农贷款的比重较低。而对于智慧农业产业上游企业来说,农业科技的知识产权无疑是最具价值的资产。因此,金融机构增设创新的金融产品加速智慧农业发展,使企业通过知识产权质押贷款、互联网订单质押、仓单质押贷款改善现状。随着智慧农业市场发展前景愈发明朗,腾讯、阿里、京东等互联网巨头也纷纷于2018年先后跨入智慧农业领域,助力智慧农业的科技创新。

(三) 物联网与汽车融资

汽车库存融资是指汽车经销商、代理商、汽贸公司、4S 店等因经营周转需要,以库存车辆作为质押物,向金融机构申请的融资服务的模式。由于传统业务模式存在权属不清、信息不对称、信息失真三大痛点,经销商资金链断裂、携款跑路、人去车空等事件时有发生。

2019 年 4 月,苏宁金融基于物联网仓储车辆监管建立了汽车库融平台,通过手机程序满足车辆的远程监控需求,实现了贷款流向与贸易对手、质押清单与库存实物、贷款额度与质押价值的对应,增强了信息的透明度和信贷风险管控能力。

此外,汽车保险领域也面临道德风险和恶意骗保的问题,未来随着物联网金融的发展,更多的投保车辆上将会安装物联网终端,从而对驾驶行为进行综合评判。金融机构还可通过嵌入式设备获取基础数据、分析信用等级及保费金额。出险时,物联网终端可实时判断责任方,避免不必要的纠纷,提高解决效率。

(四) 物联网与供应链金融

在供应链金融方面,物联网不仅可以追踪损坏物品的来源,避免物流盲点,还可以通过 RFID 和 EPC 等技术优化库存,根据运输状况改变路线,减少延误,有效改善供应链产业中各环节风险。例如,中信银行与海尔集团合作的物联网供应链项目,其供应链金融平台交易量达到 101 亿元,用户规模已经超过 200 万人。民生银行在物联网金融领域发展同样迅猛,该银行在汽车金融、大宗商品金融等动产质押业务资产余额已超过 200 亿元。此外,江苏银行于 2017 年 12 月利用物联网和区块链技术推出全线上化物联网动产质押融资业务,通过实时收集仓库和客流情况、采集生产能源消耗、获取企业质押物信息,掌握经营能力及偿债能力,实现质物与贷款对应,大大节省了金融服务的时间及资金成本、及时解决了生产经营资金周转需求。江苏银行在物联网金融的支持下,2018 年销售额已经同比增长 20%,1 年间为 60 多家客户提供了 5 亿元融资额,累计投放超千笔近 15 亿元。

专栏 5-2

物联网技术支持的保险业务新发展

近年来,物联网应用场景不断增多,很多行业应用物联网技术来破解行业"老大难"问题。在保险业,物联网多数用于监测被保险标的整个发展状态,以实现精准定价,有效防范保险欺诈等功能。

2019 年 7 月,浙江义乌市也印发《"保险+物联网+服务"模式应用实施方案》,要求加快推进义乌市电梯安全监管体制创新改革,综合提高电梯生产使用(维保)单位管理水平,提升全市电梯安全风险防控和综合治理能力。2020 年 5 月,为积极探索更加及时有效的电梯维保维修保障机制,降低电梯安全风险,成都市全面推动建立"保险+服务+物联网"电梯维保维修新模式,保障用户乘用安全和出行便利。电梯"保险+物联网+服务"模式是一种在传统电梯责任保险基础上,综合利用物联网技术优势的新应用模式。一方面,该模式通过给电梯配置物联网安全监测终端,对电梯日常使用及维保情况进行有效监控,引导电梯维保由传统的"按次维保"向"按需维保"升级;另一方面,在不增加电梯综合使用费用(包括维保费、保险费、配件费、物联网接入费等)的前提下,引入保险机构对电梯维保质量进行第三方监督,并将电梯零部件更换、电梯大修改造纳入保险服务范围,以破解老旧电梯大修、改造、更新经费难题。

在车辆保险领域,物联网应用场景更加丰富。比如,平安产险旗下的车险服务平台"平安好车主"主打前置风险管理功能,通过 App 可监控驾驶行为、提示风险实现促进用户行为改善的作用,为客户提供驾驶行为改进方案。同时,平安产险也将所收集的数据作为车主风险概率的判断依据,指导其车险定价。与普通车辆相比,对于信息化和标准化程度较低的大货车保险,物联网技术的应用有助于主动风险干预。中交兴路推出大货车保险"4+1"模式,该模式由保前风险测评、保中风险预警、理赔反诈防骗、多方位增值服务、联合展业精准营销五部分构成,通过运营、道路、驾驶、业务四大类上百项动态风控因子,为投保车辆的风险测评提供多维度指标,从源头主动控制风险,提前介入优化业务结构。

在装备险领域,物联网技术应用更加广泛。久隆保险由中国装备制造业领军企业三一集团和珠海当地资本巨头珠海大横琴投资有限公司、珠海铧创投资管理有限公司等十五家股东共同发起设立。依托股东在物联网领域十余年的探索积累和万亿级的海量装备工况及风险数据资源,久隆保险能全方位掌握装备风险状况以及客户的风险偏好和行为特征,清晰刻画客户的风险图谱。一方面,通过产品创新,久隆保险为装备使用者及装备制造业转型升级提供一系列专属风险解决方案,创新研发出设备工时指数保险、风力发电指数保险、UBI 保险等创新产品,填补高端制造业保险空白;另一方面,凭借实时传输的装备工况信息及环境信息,久隆保险远程识别潜在风险,为客户提供实时风险指导,凸显防灾减损价值,变"风险转移"为"风险消除"。其控股股东是装备制造业特别是建筑装备领域的翘楚,拥有 30 万台互联设备,积累了 40 TB 的海量数据,这样既为企业进入物联网提供方便,也给竞争对手设置了壁垒。

在建筑保险方面,平安集团于 2017 年在业内首推高层建筑的风险防控"物联网+保险"模式,基于平安产险独有的鹰眼智能风控系统(DRS),建立针对高层建筑的全新防灾防损体系,为高层建筑火灾风险防控添加高科技利器。该模式的部分技术已分别应用在我国多个超高层建筑的风险防控工作中,包括中国第一高楼上海中心大厦、深圳平安金融中心及北京的"中国樽"等。这套鹰眼系统集成了中国 64 年的历史自然灾害数据,数据总量超 140 亿 GB,通过建模可判别中国大陆境内 11.8 亿个物理空间单元的量化风险,支持台风、暴雨等 9 种气象灾害预警与防控。针对高层建筑,DRS 计划打造高层建筑专属风险管理图层,集成物联网、3D 实景重现、雷达卫星遥感等创新技术和实时监测监控数据,一图掌控承保的高层建筑标的全生命周期的风险情况,并依托平安产险风控队伍提供专业优质、定制化的高层建筑风险控制服务。

此外,城镇危旧住房倒塌事故时有发生,对广大群众生命财产安全造成很大威胁。城镇危旧住房往往年代久远且大多无物业单位,一旦发生倒塌事故,损失巨大且社会影响恶劣,并且由于难以确定责任主体,最终只能由政府兜底,政府也为此承担了很大的责任和风险。为有效解决这一问题,中国人保公司推出基于物联网的城镇危旧住房"保险+服务"模式。保险部分提供城镇住房保险产品保障,由政府以公共服务的形式购买,为辖区内无明确责任主体的危旧住房投保。服务部分提供房屋安全动态监测服务,在危旧住房上安装物联网芯片,实时动态监测房屋状况,同时委托专业第三方机构对投保房屋实施巡检,并建立城房安全动态监测系统,监测巡检工作过程,确保巡检质量,有效降低房屋倒塌风险,保障群众生命财产安全。

工厂安全生产基于厂房租赁模式的"厂中厂"企业一直是安全生产管理的难点,由于主体众多、责任不明、隐蔽性强,其管理难度很大,安全生产隐患很多。针对这一问题,相关部门开展安全工厂模式探索和试点,利用物联网技术,搭建了一套高度自动化、可视化和智能化的安全工厂监测系统。一方面,通过在工厂重点部位安装烟雾探测器、温湿度探测器等物联监控设备,实现关键风险点有效监测;另一方面,通过集成工厂既有摄像头,利用视频监控与智能识别,有效覆盖车间、仓库等重点区域。系统以点面结合的方式与预警平台联动,实现了风险的可视化监控、实时预警以及图形化展示,极大地降低了安全风险。

在健康保险领域,物联网同样能通过所属物来监测人体的活动轨迹和行为准确测量一个人的健康程度,以此来为保险产品定价作参考。比如,众安保险公司推出的健康险产品"步步保",通过可穿戴设备生成的运动大数据与保费相挂钩,鼓励用户运动,给予保费优惠,通过浮动定价方式引导用户由"被动抗病"向"主动防病"观念的转变,以实现既帮助用户形成健康的生活习惯,从而确保该产品产生效益。随着人均寿命增加和罹患慢病概率增大,健康险呈现明显的"保险+健康管理"的趋势。通过物联网的应用,险企对于健康管理模式从原先的被动理赔变为主动风险干预,"未病先防"凸显了健康险的本质。

保险作为风险管理和补偿的一种金融机制,物联网技术的应用,不仅有助于真实、全面地获取投保标的物及环境、投保人行为等数据,大大提升风险精算定价水平,更重要的是全面革新保险模式,推动保险由传统单一的损失赔付向个性化服务和全过程管理转变。以大数据和人工智能为代表的物联网技术正在对保险行业进行一场深刻变革:保险从依赖大数法则和过往经验的事后赔偿变成一种依赖数据智能的过程管理,保险开始向服务和主动风险管理的本质回归。

资料来源:苏洁.记者观察:保险与物联网擦出火花[EB/OL].(2020-05-13)[2021-09-04].http://chsh.sinoins.com/2020-05/13/content_343281.htm

第三节 物联网金融发展的瓶颈与展望

金融是经济发展的血液和重要支撑,物联网金融是推动经济增长的加速器。它不仅推动金融业创新发展,还将引领实体经济的发展。在经济增长存在诸多困境、全球出现资产荒的背景下,实体经济资金总体紧张,小微企业普遍存在融资难、融资贵等问题。物联网金融将动产变为不动产,释放万亿元资本支撑,利用物联网技术提高投资透明度,降低投资风险。物联网金融通过创新银行、证券、保险、金融租赁、信托、期货、基金、典当等行业,使这些金融抓手更好地服务实体经济,推动经济更快、更好发展。

物联网上的信息通过终端和系统感知形成对实体世界的镜像反映,是客观的,并形成客观的信用体系。物联网技术通过信用体系变革推动形成一个全新模式的金融业。然而,当前的物联网金融还有一系列问题亟待解决,只有在技术、政策监管和应用范围等方面取得突破,物联网金融才能持续快速发展。

一、推广技术和管理不足

由于物联网金融业务模式多为定制化项目,其经验复制有一定障碍。在核心技术方面,价格高、功能单一和安全风险高等问题一直存在,规模化应用亟待解决。低功耗短距离组网和低功耗广域组网具有功耗小、运维成本低等特点,是物联网金融领域重要的组网方式。但是目前标准化、规模化、低成本的组网技术产品供给不足。此外,终端管理也是物联网金融发展急需解决的问题。为了保障大量物联网终端设备的正常运转,监控、冲突检测、软件更新、固件更新等必不可少,设备管理技术也需要有突破性提升。

相较传统金融的成熟商业模式,物联网金融起初的运作开发成本较高。例如,企业与个人保险业务并不相同,针对不同的保险业务需要定制不同的监控设备,这造成了比传统保险业运营模式更高的运作成本。为解决这一问题,物联网保险行业可借助已有互联网平台,与供应商及大型企业合作,树立行业先发优势。

二、资源与数据共享路径有待加强

当前,金融机构间缺乏有效的资源和数据共享途径,银行机构、保险公司以及证券等金融机构分别掌握着不同的金融信息。但实际上,各种机构间的金融数据互联互通不仅有助于解决数据孤岛,减少信息搜寻成本,更能降低金融风险发生概率。例如,平安集团的数据信息与其他银行、保险公司的数据库是隔离状态,无法实现其他行业信息的整合,对于掌握个人或企业的完整信息存在一定的困难,各个公司或机构之间的信息无法打通。如何打通各个企业或机构的信息是物联网发展的一大瓶颈,相关金融部门应积极筹备数据平台的建设,为物联网金融的融合发展营造一个良好的信息环境。

三、数据处理能力有限

在海量数据面前,如何分析数据、挖掘数据、使数据价值最大化产出是企业竞争的关键因素之一。根据 Machina Research 的预测,全球物联网设备连接数将从 2015 年的 60 亿台增加到2025年的270亿台,复合年增长率达16%。海量的物联网设备意味着更加巨大的数据市场。实际上,我国数据利用率非常低,数据使用程度也非常有限。据相关调查显示,截至2017年,我国仍有大量数据没有被储存,而真正存储下来的数据仅为北美的7%,数据利用率却还不到0.4%;在银行系统中,90%以上的交易数据没有得到充分利用。大量数据未被发掘,更没有创造出其应有的价值。我国现阶段在数据处理能力方面与先进国家仍有一定差距。金融机构需要不断融合其他物联网技术提高数据分析能力,使数据变现不再成为物联网金融发展的短板。

四、网络安全问题仍需解决

当前,物联网安全性问题仍然是金融领域的一大痛点,弥补安全漏洞比以往任何时候都更加紧迫。相关调查显示,近半数的美国机构都曾受到过黑客袭击,但是由于许多设备在网络连接时不可视化,所以很难判别设备是否被入侵。同时,由于物联网设备一般只有较少的系统资源,多数不能容纳管理代理,这使得我们无法利用传统的安全管理系统手段进行防御。目前,只有不到10%的企业物联网新设备采用传统管理方法。

随着未来物联网设备的批量使用,管理数量将更为庞大,管理方式也会更为复杂。据相关调查指出,预计到2030年,全球将有290亿台物联网设备投入使用。平均每个CIO负责的端点将是2018年管理端点的3倍以上。例如,俄罗斯曾出现过能让ATM机自动吐钞的病毒。由于该病毒本身不是实体文件,杀毒软件根本无法识别,病毒程序可以无限期存在于被感染的ATM机器中。因此,如何管理物联网设备并制定合理的防御措施将是未来物联网金融面临的难点问题。

基于物联网技术的供应链金融风险管理

供应链金融是针对商品交易下应收应付、预收预付和存货融资而衍生出来的组合融资。它以核心企业为切入点,通过对信息流、物流、资金流的有效控制或对有实力方关联方责任捆绑,针对核心企业以及上下游长期合作的供应商、经销商提供整体融资服务。供应链金融解决了上下游企业融资难、担保难的问题,通过打通上下游融资瓶颈降低供应链条融资成本,提高核心企业及配套企业的竞争力。

当前供应链金融发展主要面临如下三个风险。第一,信用风险。核心企业因其竞争力较强和规模大,在上下游中小企业的议价谈判中处于强势地位,往往在交货、价格、账期等贸易条件方面对上下游中小企业要求苛刻,同时占用供应商大量的资金,导致供应链资金紧张,迫使供应商向银行融资以维持企业的基本生产运作。一旦企业获得银行贷款以后,供应链资金紧张状况获得缓解,核心企业有可能进一步丧失支付货款的积极性,从而使得供应链出现不稳定,带来系统性风险。中小企业存在管理不规范、资产规模小、缺乏对自身信用的管理和资信不足等问题,同时,中小企业生产经营行为的不确定性也大,风险较高。银行与企业以及企业与企业之间的信息不对称带来负面效应,这两方面的因素使得信用风险成为了供应链融资服务商的主要风险来源。第二,监管风险。由于供应链环境过于复杂,银行和核心企业难做到对流程进行监管和控制。例如,供应链中的运输和仓储环节的规范缺乏标准,流通中的物权很难得到相应保证,使得银行风险管理无法得到无缝连接。第三,信息传递风险。由于每个企业都是独立经营和管理的经济实体,当供应链规模日益扩大、结构日趋复杂时,供应链上发生错误信息的机会也随之增多。信息传递延迟将导致上下游企业之间沟通不充分,对产品的生产以及客户的需求在理解上出现分歧,不能真正满足市场的需求。这种情况将可能给商业银行传递一种不准确或一种信息偏差,从而影响商业银行的判断,并导致风险。供应链融资还存在市场风险、法律风险以及政策风险等。如果银行对这些风险不能识别并进行有效的防范,会对其融资过程造成损失和不利。

物联网技术的发展和运用可以有效控制供应链融资的传统风险,提高银行的监管水平,给物流企业发展带来诸多便利,促使企业更好融资,提升资金周转效率,降低运行成本,形成多方共赢。例如,中信银行与海尔集团开展的供应链金融在线融资项目中,海尔集团旗下日日顺平台将现有的销售网、物流网、信息网与中信银行的供应链网络金融业务紧密结合,搭建线上线下相融合的供应链网络平台,为日日顺平台上下游中小企业提供便捷融资和支付服务,并通过严密的管理流程和大数据分析技术有效控制风险。

其业务模式如下:首先,通过传感器、标签、生物识别、DLP、条形码、摄像头、GPS等手段收集信息,把握产品生产、运输到销售的每一个环节,提高产品的流通效率,并对产品的生产及运输进行监控,确保质量与安全。这样可以保证信息在供应链中的透明度,使信息对称化,有利于提高企业的信用度,加强上下游企业间的服务往来。其次,海尔集团成立自己的融资平台和第三方支付公司快捷通,以保证融资有真实贸易依据,把账款真实地打到规定账户,防止挪用,同时对贸易货物进行监控。通过物联网技术,海尔掌握着供应链上下游的资金、货物流通、经营等数据。海尔提供的经营数据与企业财务数据相结合,可以构建更为全面的信用评价模型,屏蔽信用较差企业,缓解信用风险。最后,中信银行通过物联网技术获得企业产品流、资金流等数据,及时了解企业的经营状况,对企业、资金流等进行高效的监管,解决以往银行监管难的问题。

资料来源:中信银行.银行发力供应链金融 欲借第三方解决接口问题[EB/OL].(2014-12-05)[2021-09-04]. http://www.citicbank.com/about/focus/201606/t20160628_108252.html

第六章

区块链技术与金融应用

第一节 区块链概述

一、区块链的起源

区块链技术是从比特币系统中总结提炼出来的,是比特币系统的副产物。了解比特币系统的起源及其设计理念对于打开区块链之门有重要帮助。

货币是人类文明史上的一个重要发明,货币的职能包括价值尺度、流通手段、贮藏手段等。很难想象,如果没有货币,现代商业社会将如何运转。货币的设计、发行、流通是关系到国计民生的大事。

随着人类社会的发展,货币经历了实物、金属、纸币等几种形式的演变,价值交换效率不断提升。人类进入数字时代以后,货币的数字化需求不断被提出。

货币的数字化有两种形式。一种是电子货币,也就是法币的数字化,它主要通过支付、清算等环节的电子化提高效率,不影响货币的发行、存储等环节,如支付宝、PayPal等支付工具都属于此类。另一种则是数字货币,数字货币与电子货币的最大区别在于,数字货币具有独立的发行机制。数字货币的发行、支付等环节全程数字化,可以与法币或其他数字货币兑换,如Q币、比特币、Libra都属于数字货币。

相对于电子货币,数字货币具有交易成本低、交易流程短、无需第三方支持、具有较好的匿名性等优势。安全和公信是任何货币被认可和接纳的前提,数字货币也不例外。由于网络的开放性、匿名性和数字信息的可复制性,数字货币的设计相对于以往任何货币的设计面临更多的挑战。

数字货币前后经历了几代演进,比较典型的有 e-Cash、HashCash、B-money 等,由于设计上的缺陷或技术上的限制,这几种数字货币都没有进入实用状态。2008年全球金融危机期间,中本聪(Satoshi Nakamoto)发表论文《比特币:一种点对点的数字货币系统》,提出对等网络中比特币系统的设计思路。2009年,中本聪公布了比特币系统最初实现代码。第一枚比特币于2009年1月3日生成。2017年上半年,比特币价格达到了2 000美元以上,比特币成为具有全球影响的数字货币。

为规避复制风险及其可能带来的"双花"问题(即利用数据拷贝,多次用同一货币支付),比特币系统中并没有设计代表货币的数据块甚至是编码,比特币仅仅是一个货币单位。比特币巧妙地通过分布式账本记录每个人已获得的和支出的货币的数量,记录一个人的财富。也就是说,比特币系统中不存在传统意义上的账户。同时,分布式账本存储也增强了数据的安全性。

为了保证分布式账本的安全,比特币系统引入了非对称加密技术和数字签名技术,保证了账本内容的完整性和不可否认性。同时,分布式账本的"链式"结构,完美实现了账本的可追溯性、可审计性。

另外,比特币采用工作量证明(proof of work,PoW)共识机制解决了记账权分配与确认,赋予比特币"民主"特质。同时,比特币固化的发行机制也避免了货币的滥发。

以上种种设计理念及技术选择,让比特币在较大的范围内被信任和接纳。从第一枚比特币的诞生到今天,比特币系统已平稳运行了十几年,事实证明比特币系统在技术上是可靠的。

比特币系统的最初设计目的是实现高效的、低成本的货币职能,时至今日,尽管炒币现象火爆,但比特币的货币职能并没有充分展现。相反,蕴藏于比特币系统中的区块链技术及其巨大的商业价值却被大家一再推崇。

二、区块链的概念

实际上在中本聪的论文中并没有提出区块链的概念或定义,甚至没有出现过"区块链"(blockchain)这个词,只是出现了"区块"(block)和"链"(chain)。同时,构建比特币所采用的技术,如对等网络、非对称加密、分布式账本、PoW共识机制等都不是中本聪发明的,但正是中本聪的巧妙设计,使比特币系统具有了分布式、可追溯、不可篡改、集体共识的优点。

2014年前后,部分金融机构开始意识到,区块链作为比特币系统的底层技术集众多"才华"于一身,是一种极其巧妙的分布式共享账本,它对金融及其他众多行业带来的潜在影响甚至不亚于复式记账法的发明。2014年10月,在大英图书馆的一次技术研讨会上,"区块链"的概念被初步提出,人们对区块链技术进行了深入探讨,并积极展望了区块链的未来。2015年,区块链受到了更广泛的关注,《华尔街日报》刊文称,区块链是复式记账法之后金融领域最重要的技术突破。《经济学人》杂志在《信任的机器》一文中指出区块链是创造信任的机器,区块链并非仅仅是一项加密技术或者数字货币,在信息不对称、不确定的环境下,它还可以建立满足经济活动赖以发生、发展的"信任"生态体系。作为比特币底层技术的"链",其价值远大于比特币本身。区块链可以让人们在没有中央权威机构监督的情况下对彼此协作建立起信心。区块链是一种共享账本技术,实现了在分布式商业网络里多方参与的双边交易中的去中介化。简单来说,它是一台创造信任的机器。

在比特币系统中,区块链仅仅被用来"记账"。为了拓展区块链技术的应用场景,2016年,著名的区块链平台以太坊(Ethereum)首先将智能合约(Smart Contract)技术嵌入区块链中,使区块链应用场景的想象空间得以迅速扩大。

从技术层面上看,区块链是数学、密码学、计算机网络、程序开发等多种科学技术的组合应用。从功能视角来看,区块链提供了一种分布式数据存储方法,具有不可抵赖、不可篡改、全程留痕、可追溯、集体维护等特点。这些特点保证了区块链的"诚实"与"透明",为区块链创造信任奠定了基础。

技术成熟度的一个重要衡量标准是开发工具,随着区块链技术的不断成熟,开发工具或平台开始涌现,以太坊和超级账本(Hyperledger)是其中最为典型的代表。工具的不断成熟,为区块链技术走向更广泛的应用做好了铺垫。

三、区块链技术

(一) 区块链技术本质

区块链本质上是一个由多方共同维护、内容实时同步分布式共享数据库,也称为分布式共享账本(distributed shared ledger)。区块链是一种与传统记账方式不同的记录技术。传统记账方式采用集中式记账,即由专人负责记录数据,数据的记录、修改、删除往往被某一节点(或用户)集中控制,节点(或用户)之间难以形成稳定的信任关系,如图6-1(a)所示。区块链模式下,数据由所有节点(或用户)共同维护,每个参与维护的节点都有记录新数据的机会,都能实时获得一份最新数据的完整拷贝,如图6-1(b)所示。与传统的记账技术相比,其特点包括共同维护、数据实时同步,这为节点之间建立信任关系奠定了组织基础。

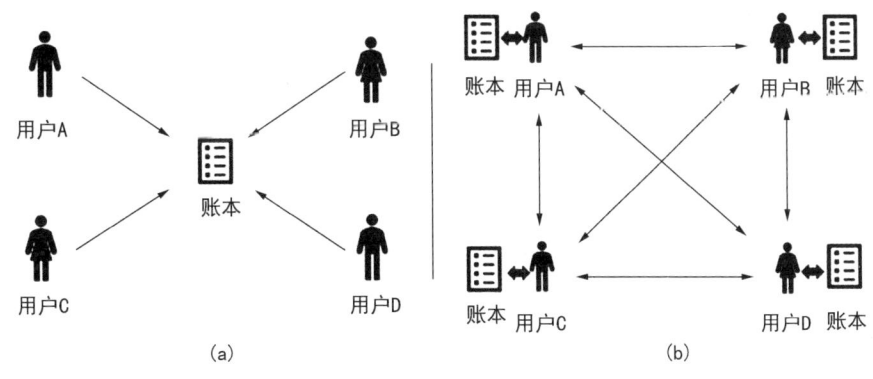

图 6-1　区块链本质

(二) 区块链账本结构

区块链这一概念有广义和狭义之分,广义的区块链是指实现分布式共享账本的技术体系;狭义的区块链则是指分布式账本当中的账本。作为账本的区块链,顾名思义,是指由区块组成的链条,如图6-2所示。区块链的每个链节都是一个区块,区块之间具有严格的顺序关系。随着时间的推移,一个个区块被不断记录到区块链上,区块链不断增长。区块被记录到链上的过程叫上链。区块在结构上分为区块头和区块体两部分。区块体里存放的是从上一个区块上链到当前区块上链这段时间内产生的所有的需要记录在区块链上的交易数据。在区块头中,一个最关键的内容是上个区块的报文摘要。报文摘要可以验证上一个区块内容是否被改动过,从而形成了环环相扣,可追溯、可验证的链式结构。

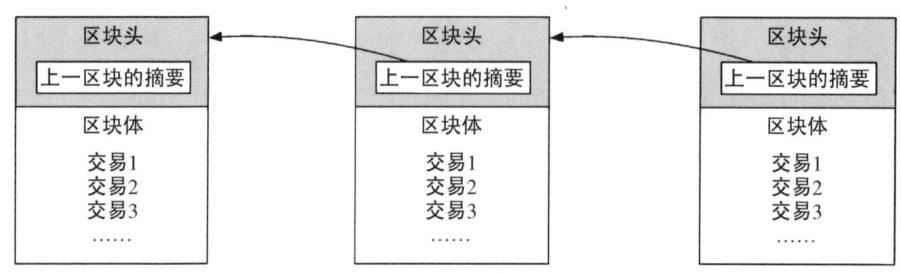

图6-2 区块链数据结构

(三) 报文摘要

报文摘要是数字报文摘要的简称。具体而言,通过数学中的一种函数——单向哈希函数,可以利用任意长度的、任意内容的输入文件计算得出一个固定长度的一段字符,这段字符,我们称之为报文摘要。不同的输入文件会产生不同的报文摘要,找出具有相同报文摘要的两个不同文件几乎是不可能的。报文摘要的作用是保证数据内容的完整性,即只要报文摘要一样,我们就可以认为数据内容被篡改过了。反过来,如果数据内容被篡改,由其得出的报文摘要一定会发生变化。当然,以上判断的前提是原始文件的报文摘要必须是安全的。目前,常用的报文摘要算法有MD5和SHA等。

在原始文件报文摘要安全性无法保证的情况下,单纯的报文摘要没有实际价值。因为文件篡改者完全可以在同时截获文件和摘要的情况下,同时篡改文件和生成新的报文摘要,然后将它们交给文件接收者,从而达到欺诈目的。报文摘要攻击过程如图6-3所示。

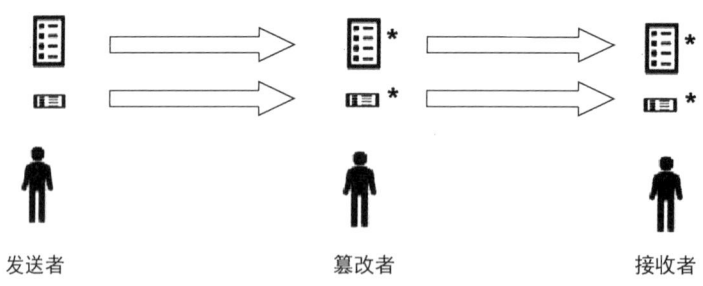

图6-3 报文摘要攻击过程

(四) 非对称加密

保密信息的传递需要加密和解密两个过程,在加密过程中,我们使用加密密钥把明文加工成密文。在解密过程中,我们使用解密密钥把密文加工成明文。根据加密密钥和解密密钥是否相同,我们把加密分为对称加密和非对称加密。在非对称加密中,加密密钥和解密密钥是不同的,它们分别被称为公钥和私钥。私钥一般需要通过随机数算法生成,公钥可以根据私钥生成,但技术上不能通过公钥生成私钥。公钥是公开的,可以交给任何人,而私钥需要自己保密存放。公钥加密的信息只有通过对应私钥才能够解密,同样,私钥加密的信息也只有通过对应公钥才能够解密。

(五)数字签名

非对称加密技术有两个重要用途。一是秘密传递信息。例如,小王利用小李的公钥加密信息后发给小李,小李可以用自己的私钥解密文件,获得真实信息。二是身份确认。对于特定加密信息,如果可以用你的公钥解密成明文,则可以认定该信息一定是用你的私钥加密的。这种私钥加密的不可否认性类似于现实生活中的签名,因此,我们也把私钥加密称为数字签名。数字签名的过程如图 6-4 所示。

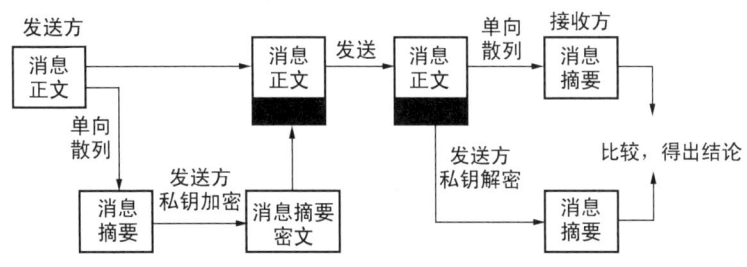

图 6-4　数字签名过程

实践中,人们通常将报文摘要与数字签名技术结合起来使用,即先获取文件的报文摘要,然后用自己的私钥进行加密,把报文摘要的密文交给接收者。这种技术不但保证了信息的完整性,同时也保证了信息发送者的可鉴别性和不可抵赖性。

(六)区块上链完整过程

新区块形成和上链过程如下:某节点发起一项交易,交易各方在交易数据上做数字签名,确认交易,并将交易数据广播到区块链网络中,区块链中各节点不断收集网络中的交易数据。区块链系统一般会设定一个时长(例如比特币网路为 10 分钟),该时间段内的所有交易数据打包在一起(包括上一区块的报文摘要),组成一个候选区块。时间一到,区块链根据共识机制确定记账节点,记账节点对新区块签名确认并将新区块广播到网络中。其他节点核查记账节点的记账权并验证签名,认可后用自身私钥签名确认。当确认节点达到一定数量后,新区块被整个网络接纳,作为区块链中的新区块。

(七)共识机制

由区块链上链过程可见,共识机制是区块链的核心技术,因为这决定了到底由谁来记账,而记账方式将会影响整个系统的安全性和可靠性。目前已经出现了十余种共识机制算法,其中较为知名的有 PoW(Proof of Work,工作量证明)机制、PoS(Proof of Stake,权益证明)机制和 DPoS(Delegate Proof of Stake,股份授权证明)机制以及拜占庭将军容错共识等。

当然,没有一种共识机制是完美无缺的,同时这也意味着没有一种共识机制是适合所有应用场景的。

PoW机制是基于挖矿的共识机制,主要依赖机器进行数学运算来获取记账权,即通过与或运算计算出一个满足规则的随机数,获得本次记账权,发出本轮需要记录的数据,全网其他节点验证后一起存储。其优点是完全去中心化,节点自由进出;缺点是资源消耗相比其他共识机制高、可监管性弱,同时每次达成共识需要全网共同参与运算,性能效率比较低,达成共识的周期较长,因此不适合商业应用。

PoS机制由Quantum Mechanic于2011年首先提出,它是基于PoW的一种升级共识机制,在Peercoin、NXT和以太坊第四个阶段等应用。它根据每个节点所占代币的比例和时间,等比例地降低挖矿难度,从而加快寻找随机数的速度,因此节点记账权的获得难度与节点持有的权益成反比,但它依然是基于哈希运算竞争获取记账权的方式。其优点是在一定程度减少了数学运算带来的资源消耗,性能也得到了相应的提升;缺点是还需要挖矿,本质上没有解决商业应用的痛点,可监管性也比较弱。

DPoS机制与PoW和PoS不同,DPoS不需要再挖矿了,而是类似于董事会投票,持币者投出一定数量的节点,代理他们进行验证和记账,持股人拥有所持股份对应的表决权。其优点是大幅缩小参与验证和记账节点的数量,可以达到秒级的共识验证,降低运行网络的成本和维护网络安全的费用,增强网络效能;缺点是整个共识机制还是依赖于代币的,然而很多商业应用是不需要代币存在的。

在区块链技术出现之前,互联网上的信息拷贝是零成本的,数字资产具有无限可复制性,如果没有可信赖的第三方监督,我们根本无法确认一笔数字现金是否被花掉,因此可能出现重复支付的问题。

为了解决这个问题,区块链参照了拜占庭将军问题(Byzantine failures)的算法。该问题是一个协议问题,指拜占庭帝国军队的将军们必须全体一致决定是否攻击某一支敌军。问题是这些将军在地理上是分隔开来的,并且将军中存在叛徒,而将军们只能依靠信使来传递信息。如何才能防止因受到叛徒欺骗而做出错误决策呢?数学家设计的算法是让将军在接到上一位将军标有进攻时间的信件之后,写上"同意"或"反对"并盖上自己的图章,然后把信转发给其他所有的将军,在这样的信息周转之后,最后会出现一个盖有超过半数将军图章的信息链,以保证将军们在互不信任的情况下达成共识。

莱斯利·兰伯特把拜占庭将军问题引入到点对点通信中。拜占庭假设是对现实世界的模型化,由于硬件错误、网络拥塞或断开以及遭到恶意攻击,计算机和网络可能出现不可预料的行为。拜占庭容错协议必须处理这些失效,并且这些协议还要满足所要解决问题要求的规范。

区块链的技术原理参考了拜占庭将军问题的算法,通过数字签名的形式来进行公证。网络上的每一个参与者的计算机里都会有一份总账的备份,也都能在这本总账里记上一笔,并且所有的备份都是在实时地、持续地进行更新、对账,并同步拷贝,以实现全网记账。这使得一个不可信网络变成了一个可信的网络,从而使所有参与者可以在某些事情上达成一致。

(八) 区块链层次模型

区块链是分布式共享账本,也是一种计算机网络。跟国际互联网一样,它是一个复杂系统,可以通过层次模型分层认识。区块链技术模型自下而上可分为数据层、网络层、共识层、激励层、合约层和应用层,共 6 个层次。

数据层、网络层、共识层是区块链的必要元素。

数据层封装了底层数据区块的链式结构,以及相关的非对称公私钥数据加密技术和时间戳等技术。

网络层包括 P2P 组网机制、数据传播机制和数据验证机制等。

共识层封装了网络节点的各类共识机制和算法。

激励层、合约层和应用层不是区块链的必要元素,一些区块链应用并不完全包含这 3 层结构。

激励层将经济因素集成到区块链技术体系中来,包括经济激励的发行机制和分配机制等,主要出现在公有链当中,如比特币中的激励机制。

合约层封装各类脚本、算法和智能合约。

应用层封装区块链的各种应用场景和案例,未来的可编程金融和可编程社会也将搭建在应用层中。

(九) 广义区块链

区块链技术来自比特币系统,人们对区块链的认识必然受到比特币系统的影响。比特币系统建立在去中心化的对等网络中,可以发行数字货币,系统对所有人开放,可以随时加入或者退出。

如果用"去中心化""发币""开放"去描述和限定区块链,将极大地缩小区块链的概念范畴。事实上,从最近几年区块链技术和应用的发展我们可以看到,大量的"非典型"区块链不断涌现。例如,联盟链大行其道,但其并非开放的。绝大多数区块链项目也不需要数字货币的支持。

理想化的区块链系统是由许许多多节点组成的点与点的网络结构,似乎既不需要中心化的硬件设备,也不需要任何管理它的机构。很多文献都提出区块链是去中心化的,即整个网络没有中心化的硬件或者管理机构,任意节点之间的权利和义务都是均等的,且任一节点的损坏或者失去都会不影响整个系统的运作。需要指出的是,区块链并不一定是去中心化的。实际上,软件系统的网络架构一般有 3 种模式:单中心、多中心和分布式,去中心化只表明网络架构不是单中心模式的,它可能是多中心或弱中心,也可能是分布式的。完全去中心化至少在现阶段是不可行的。2016 年起,众多区块链研究机构开始放弃用"去中心化"描述区块链。同时,过度强调"去中心化"也可能会被误读为不愿意接受监管,不利于区块链技术的发展和推广。

在共识机制上,区块链也可以做出一些让步。例如,在联盟链中,节点之间可能存在地位、作用或者计算机性能差距较大的情况,这种情况下,出于经济原因、效率原因或者存在公认节点等原因,部分节点可以委托或转让其记账权。

因此,我们必须以开放的态度对待快速发展的区块链,用其最本质的特征界定区块链。区块链最显著的特征是"基于密码学的分布式共享账本",其最大的作用是"在多方之间建立信任"。因此,最广义的区块链应定义为"基于分布式共享账本的信任机制"。

四、区块链的发展

Melanie Swan 所著的《区块链:新经济蓝图及导读》一书在业界引起了巨大的反响。她在书中提出了对区块链版本划分的方法,即按照区块链已经完成的以及将要完成的功能划分成区块链 1.0、2.0 和 3.0 三个阶段。这种版本划分方式基本上反映了区块链技术成熟发展的大脉络,目前也得到了业界广泛的认可。

在区块链 1.0 阶段,我们可以把比特币理解为区块链技术的一个应用场景,并不能达到今天的火爆程度,可以说比特币是当今区块链的"杀手级"应用,但是区块链的应用远不止比特币,完全有可能产生其他"杀手级"应用。

从应用上来看,区块链 2.0 阶段的重要标志是经济、市场和金融领域的区块链应用,如股票、债券、期货、贷款、抵押、产权、智能财产和智能合约。从技术上来看,区块链 2.0 阶段的重要标志是智能合约。智能合约是运行于区块链上的程序,目的是自动执行先前约定好的合同,与价值交换、承诺、条件、商业规则相关。智能合约极大丰富了区块链的应用空间,提高了商业逻辑的自动执行效率。

在区块链 3.0 阶段,区块链的应用范围被拓展到各行各业,支持广义的资产交互和登记,进入万物互联、设备民主的"区块链+"时代。

按照区块链的可接入性或涵盖范围,区块链可以分为公有链、联盟链和私有链三种类型。

公有链(Public Block Chains):世界上任何个体或者团体都可以接入网络,发送交易,且交易能够获得该区块链的有效确认,任何人都可以参与其共识过程。公有链是最早的区块链,也是应用最广泛的区块链,比特币系统就是最典型的公有链。

联盟链(Consortium Block Chains):由某个群体内部指定多个预选的节点为记账人,每个块的生成由所有的预选节点共同决定(预选节点参与共识过程),其他接入节点可以参与交易,但不过问记账过程(本质上还是托管记账,只是变成分布式记账,预选节点的多少,如何决定每个块的记账者成为该区块链的主要风险点),其他任何人可以通过该区块链开放的 API 进行限定查询。

私有链(Private Block Chains):仅仅使用区块链的总账技术进行记账,可以是一个公司,也可以是个人,独享该区块链的写入权限,本链与其他的分布式存储方案没有太大区别。

五、区块链面临的问题与挑战

区块链涉及的技术比较丰富,有分布式系统、存储、密码学、经济学、博弈论、控制论、计算机网络等等。区块链从概念到实践都在不断探索中,加之相关技术特别是信息技术也在不断变革中,因此,区块链必将面临众多问题与挑战。

(一) 抵赖和隐私保护

如前所述,密码学的发展为解决这类问题提供了不少手段,如报文摘要、非对称加密、数字签名等。然而以上技术的安全性是针对目前的计算能力而言的,量子计算等新技术的出现将突破算力约束,例如,目前正在大量使用的 MD5、SHA 等密码学基础算法将可能不堪一击。新一代加密技术需要尽快研发。

(二) 分布式共识

共识机制一直是区块链领域的研究热点。不管是 PoW 机制、PoS 机制还是 DPoS 机制都有自己的特点和局限。不同应用场景下共识需求会存在较大差异。

比特币运行于开放环境下,通过引入 PoW 机制来规避少数人作恶,算法的核心思想是基于经济利益的博弈,让恶意参与者受到经济损失。然而这种共识机制依赖的"挖矿"效率低下,环境不友好。

共识机制的技术指标包括节点容错能力、决策速度、恢复能力。例如,PoW 机制运行不多于一半的作恶节点,PBFT 机制允许不超过 1/3 的作恶节点。

(三) 交易性能

由于区块链系统的复杂性,多数区块链平台运行效率仍偏低。比特币系统只能支持每秒约 7 笔的交易量。据最新的报道,目前最快的区块链系统可以支持的吞吐量已突破每秒千笔。即便如此,目前的区块链系统相对于证券市场、商业支付等高频交易应用场景的要求差距巨大。

为提升区块链性能,一方面可以提升节点的性能,优化策略算法;另一方面可以将记账以外的业务放到区块链之外,保持区块链记账功能的单纯性。最近讨论热烈的"闪电网络""侧链""影子链"等设计方案都是基于这种思想的,即只在区块链中记录交易的最终状态。

在联盟链、私有链等相对安全环境下,可以通过简化共识机制、数字签名等环节提升系统性能。

(四) 扩展与集成

常见的计算机系统可以通过增加节点来扩展系统的处理能力,但是区块链系统可能完全相反。因为区块链中强调共同维护,数据要同步,共识要达成,所以增加节点特别是性能较低的节点可能会拖整个系统的后腿。解决这一问题的思路是不要求所有节点参与共识过程,在系统中设置核心节点,由其代理弱节点的职能。

区块链的集成也是一种潜在需求。区块链目前的发展状态类似互联网的发展的初期，众多公司都在研发自己的网络，网络之间缺少联系，区块链技术期待自己的"TCP/IP"。

（五）数据存储

区块链又被称为分布式共享数据库，但这种数据库与传统的分布式数据库存在众多不同，包括组织结构、数据结构、数据表示、处理需求等。

为提升区块链性能，区块链上产生的交易数据需要采用链上与链下相结合的方式存储，链上存储交易最终状态，链下存储过程与细节数据。这样的设计有利于减轻区块链的记账压力，提升性能，同时链下数据更有利于数据的检索和使用。但是，链上和链下数据必须保持一致性和可验证性。

关于区块链技术发展趋势的探讨和争论，从其诞生之时就从未停息。从科技史来看，技术领域也存在着周期性。技术需要经历诞生期、爆发期、泡沫期、爬升期和产出期，这个周期可能需要七八年，甚至更长。能够坚持过泡沫期迎来爬升期是考验技术自身价值的关键。

第二节 区块链技术平台

技术是否成熟的一个重要标志是开发工具的发展程度，随着区块链技术的不断发展，区块链开发工具和平台不断涌现。目前，全球有数个区块链技术平台，其中比特币、以太坊和Linux基金会的开源项目超级账本比较有代表性。

此外，还有比特股（Bitshare）、恒星（Stellar）、R3 Corda 等国外区块链技术以及国内一些公司研发的区块链应用平台。

一、比特币

（一）概述

作为区块链思想的源头，比特币项目值得区块链学习者仔细研究。比特币网络是首个得到大规模部署的区块链技术应用，并且是首个得到检验的数字货币，无论在信息技术领域还是在金融学领域都具有十分重要的意义。

虽说交易脚本赋予了比特币系统一定的可扩展性，但其实用价值极其有限。因此，严格来说，比特币系统仅仅是一个区块链应用，不具备区块链平台的应用开发功能，但探索区块链项目的发展过程和设计理念，对于深刻理解区块链技术有重要价值。

比特币系统具有如下三个特点。

1. 去中心化

去中心化意味着没有任何独立个体可以对网络中的交易进行破坏，以及任何交易请求都需要大多数参与者的共识。

2. 匿名性

比特币中的用户是匿名的,无法从交易信息关联到现实中的个人,这也意味着很难进行审计。

3. 通胀预防

比特币的发行需要通过挖矿计算来进行。发行量每四年减半,总量上限为 2 100 万枚,无法超发。

(二) 交易

比特币是一个数字货币系统,但是系统中并不存在代表比特币的数据块或者编码,比特币仅仅是一个货币单位。每个人拥有的比特币总数记作"未使用的交易输出"(unspent transaction output,UTXO),即此人还没有花出去的收入。不用数据块或编码表示比特币是为了防止"双花"(即利用数据拷贝,多次用同一货币支付)。

在交易过程中,付款方需要把自己的 UTXO 转给收款方,付款方的转出被记录未付款方的"使用过的交易输出"(spent transaction output,STO),这笔价值付款方无权再使用。收款方收到的 UTXO,成为自己的 UTXO,以后可以被自己所用。但付款方付出的 UTXO 往往大于收款方收到的 UTXO,多出的部分被记账

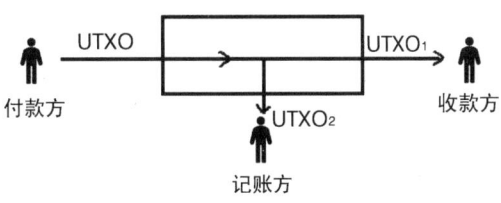

图 6-5 比特币系统交易

节点作为交易费收下了。也就是说,UTXO = UTXO$_1$ + UTXO$_2$,且系统规定,UTXO$_2 \geqslant$ 0.000 1 BTC。交易费越高记账者往往优先记录。比特币系统中,每笔交易需要设定两个参数:输入和输出。输入是付款人的付出,即图 6-5 中的 UTXO,输出即收款人的收入,即图 6-5 中的 UTXO$_1$。交易需要付款人签名确认,然后广播到网络中。交易示例如表 6-1 所示。

表 6-1 交易示例

交易	目的	输入	输出	签名	差额
T0	A 付款给 B 例如 100	他人付给 A 的 UTXO,如 101	B 的应得,100	A 签名	1 (交易费)
T1	B 付款给 C,例如 50	A 付给 B 的 UTXO 例如 50.5	C 的应得 50	B 签名	0.5 (交易费)
……					

交易最小金额单位为"聪",即一亿分之一比特币。

交易广播到网络后,会被记录到区块上。

比特币区块主要包含区块头和区块体两个部分。区块头内的主要信息包括上一个区块

的报文摘要、时间戳、Nonce等。Nonce是一个关键数据,我们稍后介绍。区块体内包含区块的大小信息、交易数量、交易的具体内容。

(三) 共识机制

比特币共识机制是为了确定记账权,即由谁来把收集到的交易数据串联到区块链上。

运行于开放环境下的比特币选择了PoW共识机制,这不是一种绝对可靠的共识机制,但是从密码学、博弈论、概率论角度分析,该机制实现了事实上的高概率可靠。

挖矿是PoW共识机制的核心概念,矿机通过挖矿来竞争区块链的记账权,获得记账权后可以获得一定量的新增比特币作为记账报酬。

目前,系统每10分钟左右生成一个区块,该区块记录了这10分钟内发生的验证过的交易内容,并串联到区块链尾部。每个区块的成功记录者可以得到6.25个比特币奖励(该奖励作为区块内的第一交易),以及付款用户支付的交易服务费。

记账一个区块的最初奖励是50个比特币,每隔21万个区块自动减半,即在4年时间内,最终比特币总量稳定在2100万个。因此,比特币是一种通缩货币。

挖矿的具体过程为:挖矿节点综合上一个区块的报文摘要和上一个区块生成后新的经过验证的交易内容,再加上一个随机数X,一起打包成一个候选新区块,求取候选区块的哈希值,如果该哈希值满足比特币系统给定的条件C,则该挖矿者获得新区块记录权,串联区块并获得奖励。如果候选区块的哈希值不满足条件C,则尝试下一个X。比特币系统中所有的挖矿者都在使用该方法寻找符合条件的X,第一个找到者特获得记账权。最近几年,随着比特币价格的不断走高,逐利者不断加大投入,提高算力,希望能获得更多记账权,从而获得更多比特币奖励。目前,比特币系统算力已近每秒千亿亿次哈希计算。由于X是一个随机数,即使投入不大的挖矿者仍然有机会获得记账权,只是获得机会的机会少一些。

比特币系统每隔两周会自动调整条件C,以改变挖矿难度,从而把挖矿时间控制在一个合理范围内。

目前,比特币系统上的矿机总价值已超过千亿美金,按照控制1/3算力可破坏比特币系统计算,恶意破坏者需要花费几百亿美金,而被破坏的比特币将一文不值,因此,破坏者不会获得任何好处。这就是经济博弈论下的比特币安全理论。

二、以太坊

在区块链领域,以太坊是仅次于比特币的著名开源项目。作为公有区块链平台,以太坊将比特币针对数字货币交易的功能做了进一步拓展——引入智能合约,使之适应更为复杂和灵活的应用场景。

从此,区块链技术的应用场景从单一基于UTXO的数字货币交易,延伸到图灵完备的通用计算领域。用户不再受限于比特币脚本简单的逻辑支持,而是可以设计任意复杂的合约逻辑,为构建各种各样的上层应用开启了大门。

(一) 以太坊项目

以太坊项目的最初目标是打造一个智能合约平台,该平台支持图灵完备的应用,按照智能合约的约定逻辑自动执行,理想情况下无停机、欺诈以及第三方干预等问题。

以太坊的核心理念是对比特币系统的拓展。基于以太坊项目,以太坊团队目前运营了一个公开的区块链平台——以太坊网络。智能合约开发者使用官方提供的工具和以太坊专用应用开发语言 Solidity,可以很容易地开发出运行在以太坊网络上的分布式应用(Decentralized Application,DApp)。用户通过以太币(Ether)来购买燃料(Gas),维持应用运行。

(二) 以太坊发展简史

2013 年,以太坊早期发明者维塔利克·布特林(Vitalik Buterin)提出智能合约思想,发布以太坊白皮书。

2014 年 2 月,以太币预售,资金筹集,团队组建,以太坊项目开始研发。

2015 年 7 月,以太坊第一阶段 Frontier(前沿)正式发布,Frontier 采用类似比特币网络的 PoW 共识机制,支持智能合约。

2016 年 3 月,第二阶段 Homestead(家园)开始运行,相对于第一阶段的 Frontier,它改善了安全性,提供了可视化图形界面客户端。

2016 年 6 月,DAO 项目受到漏洞攻击,造成以太坊硬分叉。

2017 年 3 月,以太坊成立企业联盟,成员有摩根大通、微软、哥伦比亚大学等。

2017 年 10 月,以太坊开始推出第三个阶段 Metropolis(大都会),共识机制采用 PoW 和 PoS。

2018 年 2 月,以太币成为市值第二高的加密货币,仅次于比特币。

目前,以太坊正处于第四个阶段 Serenity(安静),共识机制将完全转换为 PoS。

以太坊发展到今天已经历了数次硬分叉,每次硬分叉后的版本对之前版本不再兼容。

(三) 分叉

区块链技术协议不会一成不变。当需要修复漏洞、扩展功能或者调整结构时,区块链需要在全网配合下进行升级。升级通常会涉及更改交易数据结构和区块的数据结构。

由于分布于全球的节点不可能同时完成升级来遵循新的技术协议(有赞成派和反对派),区块链升级时可能会发生分叉。对于一次升级,如果把升级节点称为新节点,把未升级节点称为旧节点,根据新旧节点的兼容性,分叉可以分为软分叉(soft fork)和硬分叉(hard fork)。

如果旧节点仍然能够验证和接受新节点产生的交易和区块,则称此次升级发生的分叉为软分叉。如果旧节点不能验证和接受新节点产生的交易和区块,则称此次升级发生的分叉为硬分叉。软分叉升级相对平稳,硬分叉会造成区块链的分裂。重大的技术革新往往需要面对硬分叉。

(四)以太坊的特点

以太坊底层也是一个类似比特币的 P2P 网络平台,智能合约运行于网络中的以太坊虚拟机里。以太坊是一个公链平台,任何人都可以接入。

与比特币相比,以太坊的技术特点主要包括以下内容

(1) 支持图灵完备的智能合约,设计了编程语言 Solidity 和虚拟机 EVM。

(2) 降低了区块产生时间间隔,由 10 分钟降至 15 秒左右。

(3) 采用账户系统和世界状态,而不是 UTXO,支持更复杂逻辑。

(4) 支持 POW 共识机制,并计划支持效率更高的 POS 共识机制。

(5) 通过 Gas 限制代码执行指令数,避免循环攻击。

(6) 更丰富的安全措施。

(五)核心概念

智能合约是以太坊中最重要的一个概念,即将合约编程以计算机程序的方式来执行各种合约。20 世纪 90 年代,Nick Szabo 等人曾提出类似概念,但因一直缺乏可靠执行智能合约的环境,而被当作一种理论设计。区块链的出现为智能合约提供了条件。

以太坊支持通过图灵完备的高级语言(主要指 Solidity)来开发智能合约。智能合约运行于以太坊虚拟机上,可以接受来自外部的请求和事件,能够查询外部状态与条件,通过触发运行提前编写好的代码逻辑处理交易和事件。

在智能合约执行过程中,新的交易数据可能会产生,并被记录在区块链上,这些数据一旦上链将无法伪造和篡改。

比特币系统中没有传统意义上的账户,而是采用 UTXO 记录整个系统的状态,任何人都可以通过交易历史推算出用户的余额信息。以太坊采用了不同的做法,即用账户来记录系统状态,如每个账户的存储余额信息、智能合约代码等,提高了价值转移的效率。

具体来看,以太坊账户分为两种类型:合约账户和外部账户。合约账户存储智能合约代码,只能被外部账户调用激活。外部账户是以太币拥有者账户,对应公钥,包括余额、存储等个人信息字段,由个人控制。当智能合约并调用被执行时,会消耗燃料,燃料可以通过账户中的以太币购买。

以太币是以太坊网络中的货币。以太币主要用于购买燃料和支付矿工工资,作为以太坊运行智能合约的报酬和矿工记账的报酬。矿工成功记账一个区块获得 5 个以太币,用户也可以通过交易市场购买以太币。目前,全球每年通过挖矿可以生成一千万个以太币。单个以太币价格在几百美元。

燃料是智能合约得以执行的消耗品,类似于汽车运行要消耗汽油。如果燃料不够,智能合约未能执行完整,交易状态会回到智能合约执行前的状态,即状态回滚。

以太坊交易是指一个账户到另一个账户的消息数据。消息是以太坊执行操作的最小单位。消息可以是转账,也可以是其他事务处理。以太坊目前每秒可执行几十笔交易,速率高

于比特币。

每个消息包含如下字段。

To：目标账户地址。

Value：转移的以太币数量。

Nonce：交易相关字符串。

GasPrice：燃料价格。

Startgas：交易消耗的最大燃料。

Signature：签名。

（六）以太坊客户端

以太坊客户端可用于接入以太坊网络，进行账户管理、转账、交易、挖矿、智能合约开发等各种操作。目前，Geth 是最为常用的以太坊客户端之一，用户可以通过安装 Geth 来接入以太坊并成为一个完整节点。

Geth 开发区块链和智能合约的流程如下：设置区块链—启动区块链—创建账户—智能合约编程—部署智能合约—调用智能合约。

三、超级账本

超级账本项目是首个面向企业级应用的开源区块链平台。

在 Linux 基金会的支持下，超级账本项目吸引了 IBM、Intel、Cisco、摩根大通、R3 等在内的众多科技和金融巨头的参与。

（一）超级账本项目简介

2015 年 12 月，开源界的鼻祖组织 Linux 基金会牵头，联合 30 多家科技和金融翘楚企业，共同宣布成立超级账本项目。项目宗旨是推动和发展透明、公开的企业级分布式账本技术，包括协议、规范、标准和示范代码。在超级账本项目成立之前，IBM、Intel、R3 等企业已在区块链领域有不少技术积淀。

作为一个联合项目，超级账本由面向不同目的和场景的子项目构成。目前包括 Fabric、Sawtooth、Iroha、Blockchain Explorer、Cello、Indy、Composer、Burrow 8 个顶级项目，所有项目遵循模块化设计、代码可读、持续演进等基本原则。超级账本社区目前拥有超过 140 家全球知名企业或机构，包括 30 多家来自中国的企业，如华为、三一重工等。

超级账本强调企业间特别是企业联盟间分布式账本的应用，为基于区块链技术打造高效商业网络打下了基础。超级账本提出和实现了许多创新的设计和理念，包括完备的权限和审查管理、细粒度的隐私保护，以及可插拔、可扩展的实现框架。

（二）社区组织结构

每一个成功的开源项目都离不开一个健康、繁荣的社区。超级账本社区目前主要是由

"三驾马车"领导的结构：技术委员会(TSC)负责技术相关工作，下设多个工作组，具体带动各项目或地区的发展；管理董事会(Governing Board)负责社区组织的整体决策，由超级账本会员推选产生；Linux 基金会(LF)负责项目基金的管理。

超级账本社区非常重视项目在中国的应用和落地情况，2016 年 12 月，超级账本大中华区工作组成立。

（三）顶级项目介绍

超级账本所有项目托管于 GitHub 上，主要顶级项目如下。

Fabric 是最早加入超级账本项目中的顶级项目，由 IBM、DAH 等企业于 2015 年年底提交到社区。项目定位于面向企业的分布式账本平台，创新地引入了权限管理，设计上支持可插拔、可扩展，是首个面向联盟链场景的开源项目，也是超级账本项目中应用最为广泛的顶级项目。Fabric 基于 Go 语言实现，核心代码 8 万行。Fabric 包含 Fabric CA、Fabric SDK 等多个子项目。

Sawtooth 是 Intel 等企业提交的项目，同样定位于分布式账本平台，由 Python 语言实现。

Iroha 是由 Soramitsu 等企业提交的分布式账本平台项目，由 C++语言实现，同时支持基于 C++语言的区块链开发。

Blockchain Explorer 是由 Intel 等企业提交，定位于区块链平台浏览器，基于 Node.js 实现，提供 web 操作界面，可以实时查看区块链运行状态，如区块个数、交易情况等。

Cello 由 IBM 提交，定位于区块链管理平台，同时提供区块链即服务。

Indy 是基于区块链的数字化身份全球管理平台。

Burrow 由 Monax、Intel 等企业提交，由 Go 语言实现，开发可运行于以太坊虚拟机的智能合约的工具，支持 POS 和权限管理。

（四）超级账本 Fabric

Fabric 是超级账本目前最成功的顶级项目，已成为目前企业区块链开发首选平台。Fabric 从 1.0 版本开始，在架构上进行了重新设计，对节点进行了分类，配以不同角色，同时，安全性、性能、可扩展和可插拔性方面都有不少改进。

Fabric 网络中存在 4 种主要的服务节点，彼此协作完成整个区块链系统的功能。节点角色是一个逻辑概念，不同类型的多个节点可以运行在同一个物理服务器上。

背书节点(Endorser)负责对交易的提案进行检查和背书，计算交易执行结果。

确认节点(Committer)又叫记账节点，负责在接受交易结果前再次检查合法性，接受合法交易对账本的修改，并写入区块链结构。

排序节点(Oderer)对所有发往网络中的交易进行排序，将排序后的交易按照配置中的约定打包成区块，提交给确认节点进行处理。

证书节点(CA)对网络中所有的证书进行管理，提供标准的 PKI 服务。

Fabric 使用通道技术管理网络和运行于其上的应用，即使用一条独立的系统通道管理网络中的各种配置信息,并完成对于其他应用通道的创建。

除了以上四种主要服务节点外,Fabric 网络还有负责组织间交互的锚节点(Anchor)和负责区块同步的主节点(Leader)。一个 Fabric 网络只能有一个锚节点和一个主节点。

Fabric 大致分为底层的网络层、权限管理模块、区块链应用模块,通过 SDK 和 API 向应用开发者提供服务,其架构如图 6-6 所示。

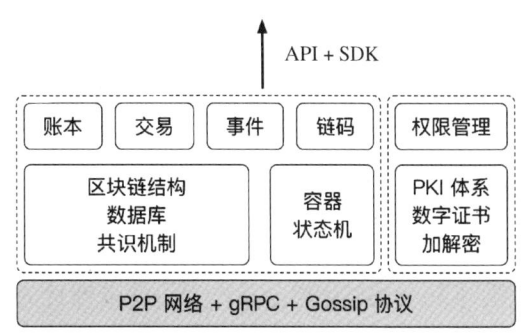

图 6-6　Fabric 架构

Fabric 账本包含两个组件:世界状态和交易日志。每一个参与者有一份他们参与的每个 Fabric 网络的账本的副本。世界状态组件描述了一个给定时间点的账本状态。它是账本的数据库,存储的是账本当前值。交易日志组件记录所有导致世界状态当前值的交易。它是世界状态的更新历史。这样,账本就是世界状态数据库和交易日志历史的组合体。容器技术使 Fabric 可以承载各种主流语言编写的智能合约。

(五) Fabric 区块链交易流程

Fabric 区块链建立后,为各节点颁发证书,启动节点,并加入已经创建好的通道,各节点根据配置分配角色。

从节点提交提案到最终结账的全过程如下:提交交易提案(客户节点)—背书、签名(背书节点)—排序、生成区块(排序节点)—验证、记账(确认节点)—数据同步(主节点)。

Fabric SDK 是用来开发、调试、发布链码(智能合约)的编程工具,并提供大量开发工具包,以支持和提高开发效率。

第三节　区块链金融应用

一项新生技术能够最终落地普及取决于很多影响因素,其中最关键的一点就是能够找到合适的应用场景。比特币网络的长时间自治运行,实现了传统金融系统都很难实现的全球范围、可靠交易,这让区块链技术的应用潜力引发了无限遐想。

区块链技术产生于金融领域,也最先在金融领域得到推广和实践。区块链技术与金融的结合可以产生大量的应用场景。

一、数字货币

毋庸置疑,比特币是区块链在数字货币领域最成功的应用案例,其他比较著名的数字货币还有 Libra 和 DCEP 等。

Libra 是 Facebook 新推出的虚拟加密货币。Libra 是一种不追求对美元汇率稳定,而追求实际购买力相对稳定的加密数字货币。最初由美元、英镑、欧元和日元这 4 种法币计价的一篮子低波动性资产作为抵押物。Libra 是由全球多家大型网络巨头发起的加密币,除了 Facebook,Visa、Mastercard、Paypal、Uber 等大机构都参与其中。Facebook 在全球拥有 24 亿人的社交网络基础,预计 Libra 的推广速度不亚于微信钱包的推广速度。Libra 与一篮子货币的存款或政府债券挂钩,与比特币等没有任何资产支撑的加密币相比更符合大众的思维习惯。Libra 的应用愿景是作为一款全球性的数字原生货币,集稳定性、低通胀、全球普遍接受和可互换性于一体,推行金融普惠,主打支付和跨境汇款。

作为一个符合互联网时代特点的超越主权范围的加密币,Libra 必然会对货币政策、金融监管、金融安全、世界货币格局和国际政治经济竞争格局带来不可估量的巨大影响。影响至少有两个方面:重塑支付行业,改造传统银行业;降低部分主权政府的资本管制能力,影响新兴市场国家的货币主权地位。

DCEP(digital currency electronic payment)是中国版数字货币项目,是由中国人民银行发行的法定数字货币。DCEP 的字面意思就是数字货币电子支付。严格来说,DCEP 并非构建在区块链技术平台上,而是仅仅吸收了一部分区块链技术思想。DCEP 采用双层运营体系,即人民银行先把 DCEP 兑换给银行或者是其他金融机构,再由这些机构兑换给公众。

2014 年,时任央行行长的周小川便提出构建数字货币的想法,央行也成立了全球最早从事法定数字货币研发的官方机构——央行数字货币研究所,开始研究法定数字货币。DCEP 的意义在于它不是现有货币的数字化,而是 M0 的替代。它使得交易环节对账户的依赖程度大为降低,有利于人民币的流通和国际化。同时,DCEP 可以实现货币创造、记账、流动等数据的实时采集,为货币的投放、货币政策的制定与实施提供有益的参考。

二、支付清算

现阶段,商业贸易的交易支付、清算都要借助银行体系。这种传统的通过银行进行的交易要经过开户行、对手行、清算组织、境外银行(代理行或本行境外分支机构)等多个组织及繁冗的处理流程。

在此过程中,每一个机构都有自己的账务系统,彼此之间需要建立代理关系,且每笔交易不仅需要在本银行记录,还要与交易对手进行清算和对账等,导致整个过程花费时间较长、使用成本较高。与传统支付体系相比,区块链支付可以使交易双方直接进行端到端支付,不涉及中间机构,在提高速度和降低成本方面作用明显。尤其是在跨境支付方面,如果基于区块链技术构建一套通用的分布式银行间金融交易系统,可为用户提供全球范围的跨境、任意币种的实时支付清算服务,跨境支付将会变得便捷和低廉。

瑞波(Ripple)是开放源码的点到点支付网络,它可以轻松、廉价、安全、跨国界地进行转账。转账对象可以是互联网上的任何一个人,无论他在世界的哪个地方;被转账的资产可以是清算货币、虚拟货币、数字资产或任意一种有价值的资产。

瑞波使用的共识机制是 RPCA，它可以通过特殊节点的投票，在短时间内对交易进行验证和确认。瑞波客户端不需要下载区块链，它在普通节点上舍弃掉经过验证的总账本链，只保留最近已验证的总账本和一个指向历史总账本的链接，因而同步和下载总账本的工作量很小。

作为世界上第一个开放的支付网络，瑞波于 2015 年下半年对外公布了其 InterLedger 协议项目，该项目的目标就是打造全球统一的支付标准，创建统一的网络金融传输协议。人们通过瑞波支付网络可以转账任意一种货币，包括美元、欧元、人民币、日元或者比特币，简便、易行、快捷，交易确认在几秒内完成，交易费用几乎是零，没有所谓的跨行异地费用以及跨国支付费用。而且由于瑞波是 P2P 软件，所以没有任何个人、公司或政府操控，任何人都可以创建一个账户。

2017 年，瑞波网络号称实现了每秒超万笔的交易吞吐量。瑞波公司为其瑞波共识账本（RCL）和互联账本协议（ILP）引入了新的功能（托管和支付通道），从而提高了瑞波币（XRP）的交易吞吐量。这些改进使得瑞波网络的可扩展性达到了 Visa 的级别，也就是其交易吞吐量将可与 Visa 抗衡。

三、数字票据

目前，国际区块链联盟 R3CEV 联合以太坊、微软共同研发了一套基于区块链技术的商业票据交易系统，高盛、摩根大通、瑞士联合银行、巴克莱银行等著名国际金融机构加入了试用，并对票据交易、票据签发、票据赎回等功能进行了公开测试。与现有电子票据体系的技术支撑架构完全不同，该种类数字票据可在具备目前电子票据的所有功能和优点的基础上，进一步融合区块链技术的优势，是一种更安全、更智能、更便捷的票据形态。

数字票据主要具有以下核心优势：一是可实现票据价值传递的去中心化。在传统票据交易中，票据交易中心负责交易信息的转发和管理；而区块链技术则可实现点对点交易，有效去除票据交易中心角色。二是能够有效防范票据市场风险。区块链由于具有不可篡改的时间戳和全网公开的特性，一旦交易完成，将不会存在赖账现象，从而避免了纸票"一票多卖"、电票打款背书不同步等问题。三是可以降低系统的搭建、维护及数据存储的成本。区块链技术框架不需要中心服务器，可以节省系统开发、接入及后期维护的成本，并且大大减少了系统中心化带来的运营风险和操作风险。

四、银行征信

目前，商业银行信贷业务的开展，无论是针对企业还是个人，最基础的考虑因素都是借款主体本身所具备的金融信用。商业银行将每个借款主体的信用信息及还款情况上传至央行的征信中心，需要查询时，在客户授权的前提下，再从央行征信中心下载信息以供参考。但目前银行征信方面存在信息不完整、数据更新不及时、查询效率较低等问题。

在征信领域,区块链的优势在于可依靠程序算法自动记录信用相关信息,并存储在区块链网络的每一台计算机上,信息透明、不可篡改、使用成本低。商业银行可以用加密的形式存储并共享客户在本机构的信用信息,客户申请贷款时,贷款机构在获得授权后可通过直接调取区块链的相应信息数据直接完成征信查询,而不必再到央行申请征信信息查询。

五、权益证明

在区块链系统中,交易信息具有不可篡改性和不可抵赖性。该属性可充分应用于对权益的所有者进行确权。对于需要永久性存储的交易记录,区块链是理想的解决方案,可适用于房产所有权、车辆所有权、股权交易等场景。其中,股权证明是目前尝试应用最多的领域;股权所有者凭借私钥,可证明对该股权的所有权,股权转让时通过区块链系统转让给下家,产权明晰、记录明确,整个过程也无需第三方的参与。

目前,欧美各大金融机构和交易所纷纷开展区块链技术在证券交易方面的应用研究,探索利用区块链技术提升交易和结算效率,以区块链为蓝本打造下一代金融资产交易平台。在所有交易所中,纳斯达克证券交易所表现最为激进。目前纳斯达克证券交易所已正式上线了FLinq区块链私募证券交易平台,可以为使用者提供管理估值的仪表盘、权益变化时间轴示意图、投资者个人股权证明等功能,使发行公司和投资者能更好地跟踪和管理证券信息。

六、保险管理

随着区块链技术的发展,未来个人的健康状况、发生事故记录等信息可以上传至区块链中,保险公司在客户投保时可以更加及时、准确地获得风险信息,从而降低核保成本、提升效率。区块链的共享透明特点降低了信息不对称和逆向选择风险;而其历史可追踪的特点,则有利于减少道德风险,进而降低保险的管理难度和管理成本。

目前,英国的区块链初创公司Edgelogic正与Aviva保险公司进行合作,共同探索对珍贵宝石提供基于区块链技术的保险服务。中国的阳光保险公司于2016年3月8日采用区块链技术作为底层技术架构,推出了"阳光贝"积分,成为国内第一家开展区块链技术应用的金融企业。在"阳光贝"积分应用中,用户在享受普通积分功能的基础上,还可以通过"发红包"的形式将积分转赠给朋友,或与其他公司发行的区块链积分进行互换。

七、金融审计与监管

区块链技术能够保证所有数据的完整性、永久性和不可更改性,因而它可有效解决审计行业在交易取证、追踪、关联、回溯等方面的难点和痛点。

德勤公司从2014年起成立了专门的团队对区块链技术在审计方面的应用进行研究,目前已与部分商业银行、企业合作,成功创建了区块链应用实验性解决方案。其开发的 Rubix 平台,允许客户基于区块链的基础设施创建各种审计应用。普华永道会计师事务所自 2016 年宣布大举进军区块链领域研究后,已经招募了几百个技术专家探索和研究区块链技术,并与专门研发区块链应用的 Blockstream、Eris 科技公司合作,寻求为全球企业提供区块链技术的公共服务。此外,区块链技术在 P2P 网络借贷平台、去中心化的众筹平台等方面也具有巨大的应用潜力,从而吸引了众多投资人在这些领域的应用探索。

第七章

5G 技术与金融应用

第一节 国内外环境变化与 5G 技术的研究现状

随着智能手机和物联网等新技术的飞速发展,移动通信技术领域也正在经历着前所未有的巨大变化。短短几十年,从 1G 时代仅能收发消息,到 4G 时代网络全面渗入生活,通信技术改变了我们日常的生活。2019 年 6 月 6 日,工业和信息化部发放 5G 商用牌照,标志着我国正式跨入 5G 时代:从移动互联网扩展到移动物联网领域,服务对象从人与人通信拓展到人与物、物与物通信,与经济社会各领域深度融合,使生产生活方式发生深刻变革。

一、国内 5G 技术研究与发展现状

(一) 中国 5G 技术研究现状

2013 年 2 月,工信部、发改委、科技部联合成立 IMT-2020(5G)推进组。在推进组的积极推动之下,2017 年 11 月出台了中国 5G 中频段内的频率使用规划方案。另外,国内外企业共同参与了 5G 技术研发试验和产品研发试验,并于 2018 年年底基本完成了 5G 技术研发试验的 3 个阶段测试验证工作,包括关键技术、技术方案以及系统组网等。目前,5G 系统设备已具备商用条件,终端产品也日益丰富。

2018 年年底,全世界已经有 56 个国家开始布局 5G 网络建设,其中有 25 个国家选择与华为合作,华为凭借强大的专利技术和优质的服务占据了全球近一半的市场。根据 Netscribes 的统计,2015 年后中国凭借华为和中兴的高频研发投入,在 5G 专利库中的专利占比一举成为全球首位,占比达到 32%。

专利表现了一个国家在新技术、新产品方面的主导权,IT 领域是全球专利竞争最激烈的领域。其中,标准化在信息领域十分重要,平均每 6 个标准就有 1 个来自信息领域。现在全球正在紧锣密鼓地制定 5G 标准,在牌照发放上,我国基本上会与发达国家在同一时点;在应用上,我国在标准制定和专利技术方面也将起到引领作用。

5G 的关键技术主要包括无线技术和网络技术两个方面。在无线技术领域,技术创新主要体现为大规模天线阵列(Massive MIMO)、超密集组网(UDN)、新型多址、全频谱接入等技

术,其中基于大规模天线阵列的无线传输技术将有可能使频谱效率和功率效率在4G的基础上再提升一个量级,而超密集组网将有利于实现5G容量大幅提升。在网络技术领域,技术的创新则主要体现在软件定义网络(SDN)、网络功能虚拟化(NFV)等方面。

1. 大规模天线阵列

大规模天线阵列技术能够十倍甚至百倍提升系统容量,其原理是基于多用户波束成形,通过在基站布置几百根天线,对几十个目标接收机调制各自的波束,再利用空间信号隔离在同一频率资源上同时传输几十条信号,从而实现几百个天线同时收发数据。实际上,天线阵列技术并不是5G独有的技术,它早在3G时代就被引入无线通信领域,同样也是4G的关键技术之一。不同于传统天线阵列,大规模天线阵列可以从两个方面进行理解:一是大规模天线阵列的通道数远大于传统TDD网络的天线数,可达到64、128或256个,而传统的天线基本是2、4或8个天线;二是大规模天线阵列基于波束成形原理,覆盖垂直维度的空域,信号辐射呈电磁波束,可有效减少基站发射功率损耗,而传统天线阵列在发射信号时,其信号只在一个平面上传播,因此也称为二维天线阵列。与传统的天线阵列技术相比,大规模天线阵列并不仅仅在于增加了天线数量,而是由量变实现了质变。大规模天线阵列相较于传统天线阵列,可以深度挖掘无线空间维度资源,显著提升频谱效率和功率效率。大规模天线阵列的基站端拥有几百根天线,可以自动调节各个天线发射信号的相位,使其在手机接收点形成电磁波的叠加,从而提高信号接收的强度。

2. 超密集组网

随着智能终端数量的迅速增长,移动数据业务也呈现出飞速发展的态势。当前网络急需解决的是用户数量的急剧增长带来的用户体验下降问题。由于低频段谱资源稀缺,单纯依靠提升频谱效率并不能有效地解决当前问题。超密集组网则是实现5G千倍容量增长需求的主要手段之一,即通过大规模部署低功率接入点,在局部地区达到百倍量级提升系统容量的效果。

超密集组网的典型应用场景包括办公室、密集住宅、密集街区、校园、大型集会、体育场、地铁、公寓等。

3. 全频谱接入

5G频谱同时涉及6 GHz以下低频段和6 G～100 GHz的高频段,其中低频段是5G的核心频段,用于实现网络的无缝覆盖;高频段作为辅助频段,在热点区域实现高速率数据传输。全频谱接入采用低频和高频混合组网,充分挖掘了低频和高频的优势,可以同时满足无缝覆盖、高速率、大容量等需求。

(二)中国5G产业发展现状

为了推动我国5G产业规模快速增长,当前业界正在开展5G商用试验,探索融合应用,为5G规模商用打下技术和产业基础。中国移动、中国联通和中国电信分别在多个城市进行5G规模商用试点,2018年9月,北京正式对外开放国内第一个5G自动驾驶示范区;11月

21日,重庆首个5G连续覆盖试验区建设完成,5G远程驾驶、5G无人机、虚拟现实等多项5G应用同时亮相。

1. 三大运营商抢先展开前期布局

国内三大运营商现阶段都在积极推进5G商用化进程,并已确定了详细的实施方案(表7-1)。中国移动未来三年内规划展开大规模网络测试,联合合作企业进行应用试验,2020年中国移动在不到1年的时间里在全国建成了近30万个5G基站,部署5G网络的城市超过300个。此外,中国移动正大力推进网络云化部署,已建成全球规模最大的NFV云化核心网,网络云规模超过6万台服务器,支撑18类业务上云,提供相当于约3千个传统网元的支撑能力,核心网云化比例已达75%,在2025年将实现100%云化。中国联通宣布将加快5G关键技术的研究,不断深化物联网方面的技术积累,通过站点共享实现建设进度翻倍、覆盖翻倍,2020年实现了全国所有地市的5G覆盖,5G网络规模大幅增长。在网元虚拟化方面,中国联通在2020年实现核心网元60%虚拟化和云化部署,2025年预计实现95%云化部署和全网SDN化,并实现网络运维的自动化、智能化和零接触。中国电信则提出转型3.0方案,计划未来十年内分三步进行5G部署并全面开展5G相关研究和测试验证,争取2025年在6 GHz以下首发5G应用。

表7-1 三大运营商5G部署进度及计划

公司	时间	计划
中国移动	2017年	・在MWC大会上发布5G系统样机及测试指导建议书 ・在北京怀柔进行外场组网测试 ・5月,确定首批5G试验网城市,包括广州(广州番禺7个站)、上海(上海浦东5个站)、苏州、宁波,并开展5G试验网建设,进行5G外场测试
中国移动	2018年	・多个城市试用,每个城市建设20个站点,实现预商用 ・完成5GSA(独立组网)环境下行速率超过1 Gpbs
中国移动	2019年	・扩大试验网规模和城市数量
中国移动	2020年	・5G基站达到上万规模,实现5G的规模商用
中国联通	2017年	・完成5G无线、网络、传输及安全关键技术研究,基于5G Open LabP完成5G实验环境建设
中国联通	2018年	・完成5G关键技术实验室验证,同时也完成联通5G建设方案;将在4~6个城市开展规模试验,验证5G商用
中国联通	2019—2020年	・在全国各重点城市完成1 000站以上的5G规模部署,2020年正式商用
中国电信	2017—2018年	・在上海、北京、广州分别设立5G实验室,深入开展5G网络演进构架与关键技术及技术概念验证;依据自身需求提出4G向5G演进技术方案;适时开展部分5G关键技术的实验室测试与外场试验
中国电信	2019—2020年	・2019年建成若干规模预商用网,2020年实现5G商用的目标
中国电信	2020—2025年	・按照CTNet2025网络发展目标,持续开展5G移动通信后续技术演进的研究、试验以及商用推进工作

2. 我国主设备商已具备领先优势

2017年华为发布了全球首个面向5G商用场景的5G核心网解决方案SOC(Service Oriented Core)2.0,随后又发布了业界首款5G承载分片路由器,可提供最高100GE基站接入能力。它基于其创新的FlexibleEthernet技术来实现端口通道化物理隔离,可为不同业务提供差异化的SLA保障。

中兴通讯发布了5G全系列高低频预商用基站产品,充分满足5G预商用部署的多样化的场景和需求,该产品工作带宽大,单站数据吞吐量可达10 Gbps。同时,中兴通迅与英特尔公司合作,发布了面向5G的下一代IT基带产品,是全球首个基于软件定义架构和网络功能虚拟化(SDN/NFV)的5G无线接入(RAN)解决方案。

3. 终端厂商加快技术研发步伐

在商用芯片领域,华为率先发布了符合3GPP标准的5G商用芯片和基于该芯片的首款3GPP标准5G商用终端。在智能手机领域,华为在2019年推出基于麒麟芯片的智能手机。OPPO高度重视5G标准的研究和制定,是国内5G标准的主要推动者之一。ViVo则在2019年推出5G预商用终端,并实现5G智慧手机正式商用。

4. 中国移动联合中国广电等发布《5G无线技术演进白皮书》

2021年2月23日,在上海世界移动通信大会期间举办的第23届GTI国际产业峰会上,中国移动联合中国广电、中国电信、中国联通、华为、中兴等近20家国内外主流运营商和厂商共同发布《5G无线技术演进白皮书》。这是业界第一次联合发布关于5G无线发展演进的重大文献,标志着产业各方5G无线演进的技术方向和路径达成共识,有利于聚集全产业的力量,共同定义面向2025年及以后的R18/19技术演进框架,共创5G可持续发展的未来。

该白皮书的发布具有重大意义。一是为5G向2025年发展演进定义了新的能力和新的性能目标。二是为5G发展明确了绿色、高效、智简的原则,让5G的发展既有极致的性能、全方位的能力,又可以基于场景、定制化部署,全面推进网络智能化,降低投资支出,以及网络和终端的功耗,持续优化业务体验。三是与全球分享中国的经验和智慧,促进5G在全球的规模化繁荣发展。

二、国外5G技术研究与发展现状

全球运营商5G建设规划基本集中在2019年年底至2020年,大多数国家都在2020年左右实现了5G服务的全面使用。其中,中国、美国、日本、英国、韩国等国家走在5G相关技术研发的最前端,有望最早实现5G技术的全面覆盖。

美国在2018年9月推出"5G加速发展计划",在频谱、基础设施政策和面向市场的网络监管方面为5G发展铺平道路。该计划主要内容如下:一是采取措施为5G服务提供更多频谱,向市场投放近5 000 MHz的5G高频频谱,并在中低频段以及免许可频段为5G技术进行有针对性的提升;二是加快对小型蜂窝设施的各级政府审查,鼓励私营部门投资5G网络;三是更新5G相关法规,鼓励投资和创新,并确保美国5G通信供应链的完整和安全。目前,继美国最大的电信运营商Verizon成为首个5G运营商之后,AT&T也于2019年4月9日宣布将其5G网络部署再扩展7个城市,加上之前的12个城市,其5G网络覆盖将达到19个城市。另外,T-Mobile和Sprint也将陆续推出5G商用服务。

韩国三家电信运营商于2019年正式推出5G商用服务。2019年4月8日,韩国政府举行"5G+战略"发布会,宣布推进国家层面的5G战略,打造世界一流的5G生态圈。

日本的网络运营商在2020年相继推出了5G商用服务,目前正在积极推动以eMBB为主的应用研究。日本总务省定义了13种5G应用,重点研究车联网、远程医疗、智能工厂、应急救灾等应用的新型商业模式。

瑞士电信在2019年4月11日举行的5G商用发布会上正式推出5G商用服务,其5G网络基于3.5 GHz频段,商用业务包括VR/AR、在线游戏以及固定无线接入等,目前已覆盖50个城市和村庄,在2019年年底已实现对瑞士所有城市和村庄的5G网络覆盖。

第二节　移动通信技术发展历程

一、第一代蜂窝移动通信技术

1986年第一代移动通信系统(1G)在美国芝加哥诞生,采用模拟信号传输。依赖于1G技术的成熟,由美国摩托罗拉公司生产推出的移动手提式电话,也就是我们俗称的"大哥大"开始风靡全球。这是人类第一次可以脱离电话线的限制,随时随地和相隔千里的亲人朋友通信。

1987年11月,广州开通了我国第一个蜂窝移动通信系统。随后,深圳、珠海、上海、北京等城市也相继建立蜂窝移动通信系统。珠江三角洲地区率先联网运行。但由于1G主要采用的是模拟技术和频分多址(FDMA)技术,其容量非常有限,一般只能传输语音信号,且存在语音品质低、信号不稳定、涵盖范围不够全面,以及安全性差和易受干扰等问题。

二、第二代蜂窝移动通信技术

1994年,中国开始进入第二代移动通信技术(2G)时代。和1G不同,2G技术分为两种:一是基于时分多址(TDMA)技术发展出来的2G技术,以全球移动通信系统(GSM)为代表;二是基于码分多址(CDMA)技术发展出来的2G技术。第二代移动通信系统的容量也在增加,随着系统容量的增加,2G时代的手机可以上网了,虽然数据传输的速度很慢(每秒9.6~14.4 kB),但文字信息的传输由此开始了,这成为当今移动互联网发展的基础。尽管2G相比1G有巨大的进步,但是2G仍存在传输速度较慢、频率资源已近枯竭、语音质量不高等缺点。

三、第三代蜂窝移动通信技术

第三代移动通信技术(3G)始于21世纪初。相比于2G,3G依然采用数字数据传输,但通过开辟新的电磁波频谱、制定新的通信标准,3G的传输速度可达每秒384 KB,在室内稳定环境下甚至可以达到每秒2 MB,是2G时代的140倍,同时数据传输的稳定性也大大提升。更快的移动网络速度也让智能手机行业进入了飞速发展的阶段,我们可以使用手机实现快捷地浏览网页、分享照片、视频通话等功能,移动多媒体时代正式开启。以3G为代表的新传播技术使人、社会、信息三方的关系逐渐改变。

3G不是完全抛弃了2G,而是充分借鉴了2G的网络运营经验,再根据IMT-2000确立目标。蜂窝移动通信技术涉及多址/双工等寻址手段、射频信息参数、小区复用及复用模式、纠错技术、帧结构和物理信道等诸多方面。3G系统网络具有灵活性和全覆盖能力,无线技术适用多业务环境,具有高频谱利用率和高业务质量的特点。

四、第四代蜂窝移动通信技术

第四代移动通信技术(4G)始于2007年。早在2010年,德国就在欧洲开始捆绑式拍卖4G牌照,其后4G开始在西欧、北美、日本和韩国等国家和地区陆续投入商用。很快,全球移动通信系统进入4G时代。

2013年12月,工信部在其官网上宣布向中国移动、中国电信、中国联通颁发"LTE/第四代数字蜂窝移动通信业务(TD-LTE)"经营许可,也就是4G牌照。至此,移动互联网进入4G时代。4G网络作为当时最新一代通信技术,在传输速度上有着非常大的提升,理论上网速度是3G的50倍,实际体验也基本都在10倍以上,上网速度可以媲美大部分的家庭宽带网络。也正是因为4G网络的普及,移动支付、视频直播、共享单车等新兴事物开始飞速地融入我们的日常生活,人类也由此跨入了移动互联网时代。如果说2G、3G通信对人类信息化的发展微乎其微的话,那么4G通信将会给人们带来真正的沟通自由,并彻底改变人们的生活方式甚至社会形态。4G与3G、2G相比有着以下几方面的优势。

1. 高速率

4G的信息传输速率要比3G高一个等级,从2 Mbit/s提高到10 Mbit/s。如果说从2G到3G是"手机不上网"到"手机随时随地上网"的质变,那么从3G到4G就是从慢到快、从差到好的量变。第一代模拟式移动通信仅仅提供语音服务;第二代数位式移动通信系统传输速率也只有9.6 kbps,最高也只有32 kbps;第三代移动通信传输速率可以达到2 Mbps;而第四代移动通信传输速率可以实现100 Mbps。由此可见4G通信速度有着巨大的优势,并且传输速率的提升使通信质量也得到质的提升。

2. 灵活性强

4G采用智能技术,可自适应地进行资源分配。例如,4G采用智能信号处理技术对信道条件不同的各种复杂环境进行信号的正常收发,有很强的智能性、适应性和灵活性。4G 通信使人们不仅可以随时随地通信,更可以实现双向自由下载传输数据、图像、音频、视频、文件等,从而使通信方式更加灵活,即使在高速行驶的火车上,人们依然可以利用 4G 看在线视频,轻松实现收发邮件发送信息,而这在以往是难以想象的。与此同时,4G 通信使得终端设备的设计和操作更加智能化,为人们提供更加人性化的功能服务。

3. 兼容性好

目前,被国际电信联盟(ITU)承认的、已有相当规模的移动通信标准有 GSM、CDMA 和 TDMA 相关部门主要通过 4G 标准的制定来解决兼容问题。4G 移动通信系统支持全球漫游并且接口开放,通过实现电路交换的形式,即单纯电路交换转为分组电路交换,最终形成全 IP 核心网,能够与多种网络实现互联的特点使得 4G 通信有着更好的兼容性能,这些优势有利于 4G 通信的广泛普及。与 3G、2G 通信相比,4G 通信在研制过程中使用和引入许多功能强大的突破性技术,如进一步提高无线因特网的主干带宽宽度,引入了交换层级技术等,使得无线频率的使用比 2G 和 3G 有效得多,而且在容量方面提升到 3G 的 10 倍。这种有效性和大容量可以让更多的人使用以前相同数量的无线频谱做更多的事情,因而大大提高了使用效率。

4. 用户共存性

4G 能根据网络的状况和信道条件进行自适应处理,使各种用户设备能够并存与互通,从而满足多类型用户的需求。

5. 业务多样性

未来通信所需的是多媒体通信,即将个人通信、信息系统、广播和娱乐等结合成一个整体。4G 能提供各种标准的通信业务,满足多种业务需求。

6. 技术基础较好

4G 以几项突破性技术为基础,如正交频分复用技术、无线接入技术、软件无线电技术等,能大幅提高频率使用效率和系统可实现性。

7. 随时随地地移动接入

4G 利用无线接入技术,提供话音、高速信息业务、广播及娱乐等多媒体业务接入方式,用户可随时随地接入系统。

8. 自治的网络结构

4G 网络是一个完全自治、自适应的网络,可自动管理、动态改变自己的结构,以满足系统变化和发展的要求。

五、第五代蜂窝移动通信技术

第五代移动通信技术(5G)也称第五代移动电话行动通信标准,是最新一代蜂窝移动通信技术。5G 的性能目标是高数据速率、减少延迟、节省能源、降低成本、提高系统容量和大规模设备连接。5G 路线建设如图 7-1 所示。

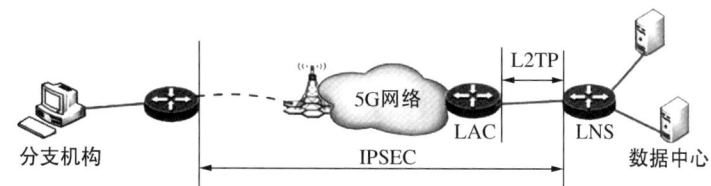

图 7-1　5G 线路建设

目前,5G 技术正在"落地"中,下载速度预计可达 1.25 GB/S。与 2G、3G、4G 不同的是,5G 是对现有无线接入技术(包括 2G、3G、4G 和 WiFi)的演进,以及一些新增的补充性无线接入技术集成后解决方案的总称。

如果说 4G 的出现迎来了移动互联网的巨大爆发,深深影响和改变着人们社交、购物、出行、沟通的方式,网络正式进驻了人们的生活,那么 5G 技术的出现不仅完善了 4G 时代的人和人之间的联网,也开启了万物互联的时代,智能家居、智慧交通、智慧医疗等会在不久的将来有更大程度的应用前景。5G 移动通信网络具有如下几项特征如下。

1. 高速度

相比于 4G 网络,5G 网络有着更高的速度,它对 5G 的基站峰值要求不低于 20 Gb/s。随着新技术使用,这个速度还有提升的空间。

2. 泛在网

泛在网有两个层面的含义。一是广泛覆盖,二是纵深覆盖。广泛是指我们社会生活的各个地方需要广覆盖。以前高山峡谷就不一定需要网络覆盖,因为生活的人很少,但是如果能覆盖 5G,可以大量部署传感器,进行环境、空气质量甚至地貌变化、地震的监测,这就非常有价值。纵深是指我们生活中虽然已经有网络部署,但是需要进入更高品质的深度覆盖。例如,我们家中已经有了 4G 网络,但是家中的卫生间可能网络质量不是太好,地下停车库基本没信号。5G 的到来可以实现以前网络品质不好的卫生间、地下停车库等空间的 5G 网络广泛覆盖。

3. 低功耗

5G 要支持大规模物联网应用,就必须要有功耗的要求。5G 能把功耗降下来,让大部分物联网产品一周充一次电,甚或一个月充一次电,从而大大改善用户体验,促进物联网产品的快速普及。

除了以上三个特点,5G 还有一个重要特征就是可以实现人与人、人与物、物与物之间的连接,形成万物互联,并融合在工作学习、休闲娱乐、社交互动、工业生产等各方面。而逐步丰富的消费形态将促进用户体验需求的重大变革,进一步激发出新的产业、新的业态和新的模式。

六、第六代蜂窝移动通信技术

预计 2030 年及以后的市场需求里,新的应用对通信系统会有更严格的要求,如高可靠性、巨大容量和低延迟等。这些要求可能会使采用传统技术的无线系统能力饱和,而第六代移动通信技术(6G)将有助于填补这一空白。具体而言,6G 的新技术主要包括以下特点。

1. 颠覆性通信技术

尽管 5G 网络已经在非常高的频率(毫米波频带)上运行,6G 网络仍然可以采用更高的频谱,太赫兹波和可见光波通信将得到应用。

2. 创新的网络架构

虽然 5G 网络已经努力达到更有效的网络设置,未来网络应用的异质性要求还是提出了更高的紧密协调的新架构要求。因此在不同的通信技术中,我们需要考虑网络设备的分解和虚拟化以及接入网和骨干网的集成。

3. 在网络中整合智能

我们期望 6G 网络中各个网元,无论是集中计算单元还是边缘的每个终端都能集成智能计算能力,通过共享用户之间或者运营商之间的信息,无监督的机器学习将通过预测促进实时网络决策。因此,本书基于 6G 业务需求框架提出新的通信中心元素——人,即根据人的需求分析潜在场景,并在此基础上通过多个维度讨论一些新兴技术。这些技术在今天的网络中也许还不可用,但对未来 6G 系统发展会有所帮助。

第三节 "5G+金融"的应用场景

金融业是和信息科技发展结合最为紧密的行业之一,每一次技术上的大突破,都会带来金融行业的大变革。而 5G 作为一种新的通用技术,对整个信息科技的发展和应用将产生重大影响(图 7-2),进而影响金融行业的发展并带来金融业态的革新。

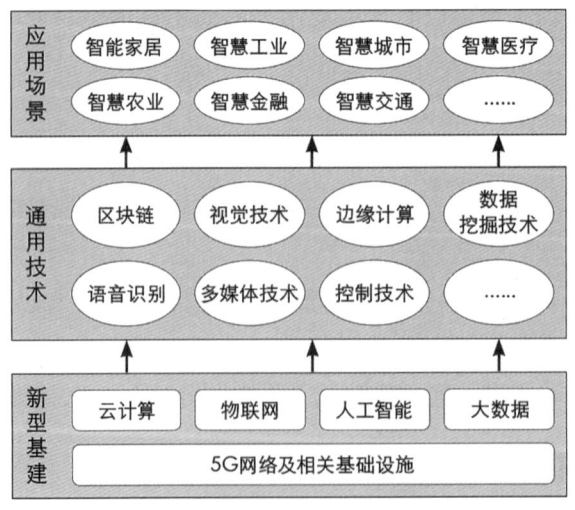

图 7-2 5G 应用场景结构图

一、"5G+银行"应用场景

当下,数字化转型已经成为金融业共识。5G 网络环境下,大数据、人工智能、VR/AR、多媒体等技术被灵活应用于银行业务之中,助力前台客户营销、普惠金融服务创新成效;中后台对多维度金融数据进行收集和计算分析,通过数据驱动智能决策,从而使金融行为全流程监测和风险管控更加精准、更加智能化。"5G+"叠加"大数据+""智能+"等派生应用,使得 5G 时代银行业转型必将是应用场景多元化、数据立体化、服务个性化的一个转化过程。随着智慧网点、远程虚拟交易、智能风控、普惠金融以及开放银行等诸多银行业务应用场景的相继面世,将极大限度地突破银行业现有的金融服务时空约束。

二、"5G+证券"应用场景

在 5G 技术的带动下,券商业务交互方式得以创新,极大地降低了券商获客的门槛,也改变着现有的交易投资格局。"5G+"实时视频等多种交互方式促使业务摆脱时空限制,实现中台证券业务前置,后台项目团队高效协作,进一步催生业务决策的数字化。5G 技术助力数据实时采集,使证券业务工作协同开展成为可能,从而支撑券商数字化转型。同样,5G 叠加生物识别、语音识别、数据挖掘、全息技术、机器人等技术,将使证券业务更加智能化,进而推动移动私人银行、AR 投资助手等新应用场景落地。

三、"5G+保险"应用场景

5G 技术应用落地必将推动实现人与物、物与物的互联,通过实时数据联通传导,保险业前台可以收集、沉淀更丰富的客户行为习惯数据和社交数据,同时,中后台承保风险管理和保险查勘定损、理赔处理也将更加快速、精准、智能,极大地改变甚至颠覆现有的保险产品、营销、承保、理赔发展模式。同样,5G 叠加生物识别、大数据分析、人工智能和机器学习等技术,将催生出新的保险需求,助力保险新产品研发和经营模式型升级,智慧营销、产品创新、远程核保、智慧风控、远程查勘等保险业务应用场景应运而生。

试想一下,当无人驾驶技术被广泛运用,物联网成为生活中不可缺少的一部分,远程诊疗成为现实,保险行业会是什么样子?

5G 引发的技术升级以及形成的高速信息网络,使得保险公司对用户的车辆使用状况的了解大大提升并实时掌握,随时可以为用户提供个性化的保险服务。如果不幸发生交通意外,车辆的自身系统将通过记录损坏情况,直接推送到保险公司的网络平台,保险公司可以据此计算损失情况,并给出相应的保险理赔方案,免去了传统的繁复的流程。

专栏 7-1

华西证券开启"5G+证券"合作新篇章

2019 年 10 月 28 日,华西证券和中国移动(成都)产业研究院举行战略合作签约仪式,开启"5G+证券"合作的新篇章,有助于为证券产业链的上下游企业带来新的机遇。

华西证券董事长蔡秋全表示,5G时代是万物互联时代,是智能时代,5G的机会才刚刚崭露头角,未来的蓝图正徐徐展开。本次签约将开启双方合作新征程,在5G技术应用的基础上大力发展智慧网点、智慧财富管理、智慧投研,探索和推进证券行业运营模式、服务模式的创新,助力华西证券"325"战略落地。其中,"325"战略中的"3"是打造财富管理、投资银行以及投资管理三大支柱业务,"2"是打造机构服务平台和券商资管平台两大业务平台,"5"是构建五大管理体系,具体包括以客户为中心、高效、协同、敏捷的组织管控体系、价值导向的绩效评价体系、健康活力、专业至上的人力资源体系、与业务协同发展的合规风控体系、全面赋能业务的信息科技体系。

中国移动(成都)产业研究院院长刘耕表示,双方将共同推进技术的融合与创新、市场的拓展与标准制定、5G技术在证券领域的深度应用与经验共享,创新证券行业运营模式,提升证券行业用户体验。

专栏7-2

5G智慧银行:营业厅里的科技感

近年来,5G、大数据、云计算、人工智能、区块链等新兴技术的迅猛发展,推动着传统商业银行经营模式加速转型升级。随着金融与科技的深度融合,以数据共享、融入场景、构建跨界生态为主要标志的开放银行新模式迅速升温,用科技重塑金融模式,为银行重获活客提升竞争力。

一、传统商业银行营业厅运营痛点

(1) 曾经遍布大街小巷的银行网点正在面对手机、电脑线上业务的冲击,现在人们一年到头也去不了几次银行。

(2) ATM现金存取业务份额逐步降低,但ATM的维护成本依旧高昂。

(3) 柜台人力成本高且不能满足高附加值的业务需求。传统银行网点的业务主要集中在柜台,依赖人工操作,因为业务量大,柜员的主要精力局限于柜面办理业务,不能及时了解客户深层次的需求,很难提供专业的理财咨询,服务质量不高。

二、5G智慧银行营业厅

得益于5G大带宽、低时延、广连接的特性,实现5G专网覆盖的智慧银行营业厅能够开展更高效、更精准的业务办理,节省人力成本,为金融业务转型升级赋能。

5G大带宽优势能够赋能基于边缘计算的高清视频图像预处理,帮助银行客户经理迅速识别VIP客户,利用实时大数据分析、了解用户的需求,从客户进入营业厅开始就快速制定精准的营销方案,提升客户满意度。

结合AR/VR技术,当客户提出专业度较高的需求时,以全息投影的方式远程连接理财顾问,画面信息将以混合现实的方式"真实"地展现在客户面前;同时,VR看车业务可实现汽车细节的查看并迅速完成信用审查、信贷分期;AR贵金属业务可实现贵金属的虚拟试戴、

360度鉴赏及扫码购买。

以运钞车押运为例,利用车载Tracker、传感器、GNSS定位等技术通过5G网络实时获取运钞车行驶轨迹及钞箱开合状态,可以实现对车和钞箱的精准定位、实时监控预警。

通过内置广和通5G模组,智慧营业厅中的智能硬件能够在5G专网环境下高速运行,结合AR/VR、AI、边缘计算等技术,突破时间、空间束缚,为金融客户带来科技感十足的沉浸式体验;为银行从提供标准化业务到高质量、个性化、多元化等升级服务提供无线联网服务,进一步提高客户满意度。

第四节 5G技术发展趋势及监管措施

5G作为新一代移动通信技术,与传统网络相比,具有更高速率、更低功耗、更短时延和更大连接等特性。此外,5G在大幅提升移动互联网业务能力的基础上,进一步拓展到物联网领域,服务对象从人与人通信拓展到人与物、物与物通信,开启万物互联的新时代。

5G网络的发展,尤其是5G新业务、新架构、新技术的发展,对安全和用户隐私保护都提出了新的挑战。

一、5G技术相关风险

随着万物互联、人工智能、大数据等新技术的发展,网络空间与现实空间的边界不断融合,5G的广泛应用将加速数字化经济转型,推动新兴产业的发展,给人类生产、生活带来深刻变革,同时,也将对国家与社会公共安全、网络与信息安全、安全监管等各方面都产生重大影响。

2019年,在第七届互联网安全大会上,中国工程院院士邬贺铨曾在演讲中指出,5G和4G相比,网速提升了,频谱效率提升了,它不仅更快,支持的应用范围也更广。但是,5G安全也是"双刃剑",5G的虚拟化、软件定义能力以及开放化等都会引发新的风险,网络有可能遭到更多的攻击,大家必须重视5G带来的安全挑战。5G网络安全总体架构如图7-3所示。

首先,网络和信息系统成为关键基础设施乃至整个经济社会的神经中枢,对5G网络及其承载的能源系统、工业互联网等经济生产、社会管理重要系统实施攻击、破坏,导致服务中断或

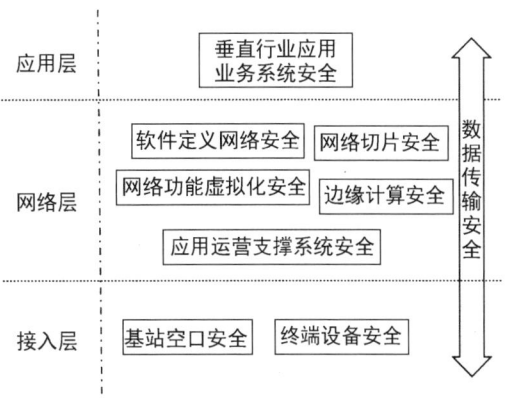

图7-3 5G网络安全总体架构图

资料来源:张远晶,王瑶,谢君,毕然.5G网络安全风险研究[J].信息通信技术与政策,2020(04):47-53.

瘫痪，可能造成重大经济损失和社会影响。运营商需要进一步升级安全维护，谨防攻击破坏关键基础设施，导致运行停滞或瘫痪。

其次，5G时代可能存在篡改监测数据，引发公共安全事件的风险。随着5G网络技术在工业及生活中普遍应用，人们利用各类传感器、摄像头等设备可实施大范围、大规模的监测，采集环境状况、能源使用、交通动态、农业生产、医疗健康、人员活动等信息，并及时发现环境污染、森林火警、自然灾害、疫情暴发、在逃嫌犯等。但是，上述监测数据若被恶意篡改，将使收集的基础数据失真，无法及时反映状态变化，导致监测、应急处理机制不能及时跟进，可能引发大规模安全事故，如水污染、疫情暴发等。

最后，超大流量大大提升了基于流量检测、内容识别、加解密等技术的安全防护难度。5G高速率、低延迟的特性本是其优势所在，但巨大的流量非常考验网络安全态势感知、恶意流量攻击防御、恶意程序监控、不良信息监测等能力，以及对传输数据加解密能力，这大大增加了安全防护难度。

二、5G技术未来发展趋势

迈入智能时代，除了手机电脑等上网设备需要使用网络以外，越来越多智能家电设备、可穿戴设备、共享汽车等更多不同类型的设备以及电灯等公共设施需要联网，以实现实时的管理和智能化的相关功能，而5G的互联性可以让这些设备成为智能设备。随着移动互联网的发展和物联网的兴起，一系列对网络传输速率、带宽、可靠性和时延性要求极高的产品和应用开始出现。比如，VR/AR的兴起要求网络低时延、高速率；车联网、物联网带来了庞大的终端接入和数据流量需求。这些种类繁多的应用体验提升需求推动了5G的发展。5G呈现出低时延、高可靠、大容量以及低能耗等特征。5G的诞生，将进一步改变我们的生活，甚至是我们的社会。

根据中国信息通信研究院《5G经济社会影响白皮书》预测，2030年，5G带动的直接产出和间接产出将分别达到6.3万亿和10.6万亿元。在直接产出方面，2020年5G正式商用，当年带动约4 840亿元的直接产出，预计到2025年、2030年将分别增长到3.3万亿、6.3万亿元，十年间的年均复合增长率为29%。

5G的应用几乎将对所有产业部门产生积极的影响。据IHS Markit预测，到2035年5G在全球创造的潜在销售活动将达到12.3万亿美元，约占2035年全球实际总产出的4.6%。其中，制造业占据5G创造的全部经济活动中的最大份额，约为3.4万亿美元产出，占5G总产出的28%。

未来，我国将调动产学研用多方力量形成合力，共同推进5G网络商用部署和业务应用推陈出新；加快5G网络建设，持续推动5G技术标准化工作，不断完善5G相关标准；进一步加强5G与云计算、大数据、人工智能等技术的融合创新，全面深化5G国际共识，推动国际合作；推动5G与垂直行业深度融合，探索新需求、新技术、新模式，构建开放共赢的5G全球产业生态。

可以预见,5G 技术带来的机遇和挑战将远超 3G 和 4G,将给汽车、工业制造、医疗、物联网等各行各业带来巨大的经济效益。目前,5G 正处于商用部署初期,移动宽带类的生活娱乐应用会最先得到普及,如高清视频、沉浸式内容、增强/虚拟现实、可穿戴设备、在线游戏等。不久的将来,5G 商用将会渗透到各行各业,如无人驾驶、无人机、远程医疗、智能机器人、智慧城市等。5G 的生命力在于万物互联的创新应用。随着 5G 商用网络的部署,将有更多超乎想象的潜在可能性有待挖掘。

三、5G 技术安全领域标准

当前,全球已进入 5G 技术商用部署的关键期,5G 技术安全管理已成为推动 5G 网络健康发展的关键所在,各国政府高度关注。虽然 5G 网络具备严格的安全机制,但随着 5G 技术应用的进一步深入,网络架构、IT 设施和业务演进等方面也产生了新的安全问题与挑战。

一方面,相比于传统 4G 网络,5G 网络打破了传统电信网络的封闭性,能够提供更泛在的接入支持、更灵活地控制和转发机制,以及更友好的能力开放方式,然而 5G 新技术的应用,特别是虚拟化、边缘计算、网络切片等技术的应用,会给网络带来新的挑战;另一方面,5G 网络与云化基础设施相结合,带来了网络架构的变革,使得网络能够灵活地支撑多种应用场景和多样业务形态,但是 5G 网络新技术新业务带来便利性的同时,也带来了新的安全风险。

2019 年 8 月 15 日,中国通信标准化协会(CCSA)无线通信技术工作委员会(TC5)第四十九次全会在青岛召开。由中国移动、中兴通讯和中国联通联合牵头并与全行业共同推进的我国第一个 5G 安全行业标准《5G 移动通信网安全技术要求》在本次会议上通过。该行业标准的制定正是基于对全球局势的清晰洞察,及时地响应了社会各行业的需求,对 5G 的安全性进行了全方位的考量:涵盖 5G 网络的安全架构、安全需求、安全功能要求以及相关安全流程等方面。相对于 4G 网络在统一的安全认证、隐私保护、基于业务架构的安全和运营商间的信令安全等方面实现了革命性的技术提升,针对垂直行业应用的 5G 切片技术安全也做了相应的规定。该标准的适时出台有助于向整个社会传递值得信赖的 5G 技术形象,助力构建安全可信的 5G 商业生态。

四、5G 技术安全监管风险与需求

5G 通信技术极大加快了信息的传输速率,丰富了信息的交换内容,提升了信息的传输质量。与此同时,5G 的安全需求也更加明显。整体看,异构接入网络将是下一代接入网络的主要技术特征之一。

5G 网络的异构特性一方面源自多种无线网络接入技术、安全技术等新技术本身的差异,另一方面来自组网时局部网络架构方面、安全架构方面的差异。因此,5G 网络需要建立一个操作简便、安全可靠的异构通用认证机制作为构建网络的基础。除了要重视 5G 网络技术安全外,我们还应从多视角审视 5G 的安全需求。

1. 移动互联网生命周期角度

传统互联网的生命周期并没有结束,其安全威胁仍不容忽视。传统网络技术安全问题仍然存在于 5G 网络中,会被 5G 网络传递与继承下来。

2. 移动通信网隔代兼容使用的角度

5G 与 4G 将有一段网络并行应用期,这一时期,5G 与 4G 网络之间将建立若干网络接口。因此,针对传统互联网的攻击有可能(甚至可以说不可避免)通过网络接口传到至 5G 网络,形成遗留的安全需求,安全风险将具有传染性和多米诺骨牌效应。

3. 移动通信网应用范围角度

5G 网络在各行业、各国家乃至世界范围的推广应用,不可避免地形成 5G 网络生态圈,从而在各个层面产生 5G 应用的生态圈安全需求,围绕 5G 应用领域中关键信息基础设施的安全保护、5G 的国家主导权问题以及 5G 引发的国家安全内涵变化问题将成为热点。

五、5G 技术安全监管标准体系

(一) 5G 技术安全监管通用标准框架

5G 技术与之前的无线通信技术相比,具有超高速、低时延和海量接入的特性,5G 不只是人与人、人与物之间的网络,也是万物互联的网络。这些海量接入的节点通过 5G 网络实时带来了大量的数据,只有快速处理这些数据,才不会浪费 5G 网络低时延的优势。与此同时,网络所连接的设备也会根据场景发生变化,以灵活应对不同的工作负载。

为了保障业务安全,5G 网络设计了一系列安全机制,但 5G 场景下仍存在各种风险,结合监管工作特有的监管需求,按照全面性、规范性、可扩展性的原则,在充分借鉴国内外标准组织有关网络与信息安全标准体系架构的基础上,以标准对象、标准范畴、标准内容三个维度为切入点,提出了 5G 安全监管通用标准框架及主要研究范畴(图 7-4)。

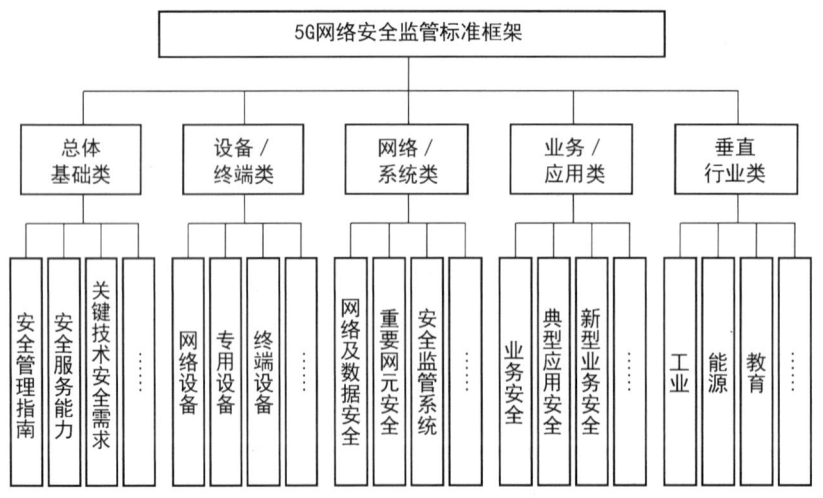

图 7-4 5G 安全监营标准框架及主要研究范畴

资料来源:王玉环.5G 安全监管标准体系研究[J].信息通信技术,2019,13(S1):22-26.

1. 标准研究对象

5G 安全监管标准研究对象维度遵循通信网络体系架构的一般层次划分方式,并结合了 5G 网络、终端、应用三大关键要素与安全监管工作实际,将相关标准细分为业务/应用安全标准、关键/重要系统安全标准、网络/技术安全标准、设备/终端安全标准。

2. 标准工作范畴

5G 网络安全监管标准工作范畴主要是从行业主管部门对网络安全监管工作实际出发,按照专业条块领域,将 5G 安全监管相关标准分为网络与通信类安全标准(如网络安全威胁监测预警相关标准)、信息类安全标准(如违法信息管理相关标准)、隐私与数据安全标准(如隐私保护相关标准)。

3. 标准主要内容

5G 网络安全监管标准内容结合网络安全管理和技术的分类方法,从安全监管标准性质、用途等方面将 5G 网络安全监管相关标准分为基础标准、技术标准、评测标准、管理标准、服务标准。

由此,以上三个维度共同构成了一个立体式的标准体系架构,基本涵盖 5G 安全监管标准的全部内容。

(二)5G 网络安全监管标准分类及主要研究范畴

1. 5G 安全监管基础类标准

基础类标准是 5G 安全监管标准化体系中所涉及的总体、通用、公共、基础性的标准和规范,包括安全管理和指南、安全服务与能力、安全技术体制、安全架构、关键技术及实现、安全基础设施和专用术语定义等。

2. 5G 安全监管设备终端类标准

设备终端类标准主要是各类通用网络设备、专用设备和终端设备(含软件、硬件)的技术标准、测试规范等。具体设备/终端类型涉及 5G 网络中各类网络设备、专用安全设备,以及通过各种方式接入 5G 网络的各类固定式无线终端、移动终端、轻量化终端、传感器等用户设备。

3. 5G 安全监管网络系统类标准

网络系统类标准指 5G 网络安全监管相关网络特性(如切片安全、NFV 安全、SDN 安全、边缘计算安全等关键技术)、重要网元和支撑平台(如网络运行、流量管理等)、专用安全监管系统(如态势分析、入侵检测等)的技术要求、检测要求等标准。

4. 5G 安全监管业务应用类标准

业务应用类标准指基于 5G 网络提供的各类具有通信属性的业务、应用有关安全评估、安全监测管理、安全事件处置等方面的标准、规范。

5. 5G 安全监管垂直领域类标准

垂直领域类 5G 网络安全监管标准主要是指 5G 网络在工业、能源、交通、医疗、教育等特定业务应用领域中的安全监管标准,特别是 5G 与工业互联网、车联网、物联网等融合应用方面的监管标准。

专栏 7-3

5G 时代网络安全更为严峻

2020 年 11 月 24 日,据外媒报道,沃达丰表示,其在德国的移动通信网络由于控制设备故障导致持续超过三个小时的大面积断网,超过 10 万的手机用户无法接入网络,断网区域包括柏林、汉堡、慕尼黑、科隆、法兰克福和其他城市,情况十分严重,好在目前已恢复正常。

当前,全球重大的安全事件频发,而且频率越来越密集。

2020 年 2 月,美国某天然气公司遭勒索软件攻击,IT 和 OT 资产均受到影响,设施被迫关闭,天然气供应被迫停止。

2020 年 5 月,中国台湾地区两个最大的炼油厂两天内相继遭到勒索软件攻击,导致计算机系统关闭,客户无法在加油站使用电子支付。

2020 年 7 月,全球领先的德国晶圆大厂 X-FAB 遭病毒攻击,IT 系统立即停止运行,旗下 6 座生产基地被迫关闭。

2020 年 9 月,以色列芯片巨头 TowerJazz 突然遭受网络攻击,部分系统服务器和制造部门暂停运转。

2020 年 10 月,印度新冠肺炎疫苗制造商遭受网络攻击,其位于全球的部分工厂被迫关闭。

频繁爆发的网络安全事故在给企业和社会带来重大损失的同时,也让网络安全问题越来越受到重视,而 5G 的兴起带来了新的网络安全挑战,尤其是在工业互联网应用中,一旦出现安全问题,其后果非常严重,甚至会给企业生产带来致命性的打击。

第八章

人工智能发展与金融应用

2020世界人工智能大会是一场极为特殊的相聚：马云、马化腾、马斯克、李彦宏等行业大咖以"云上见"的方式，跨越大洲、汇聚云端。这是一次提振信心的亮相：人工智能（Artificial Intelligence，AI）不仅是防控疫情的援兵，也是经济复苏的"后手"。

第一节 人工智能概述

一、人工智能的内涵

（一）人工智能的概念

人工智能是研究、开发用于模拟、延伸和扩展人的智能的理论、方法、技术及应用系统的一门新的技术科学。

作为计算机科学的一个分支，人工智能是通过了解智能的本质，发明能够以人类智能相似的方式做出反应的智能机器。研究领域包括机器人、语言识别、图像识别、自然语言处理和专家系统等。随着时代的发展，人工智能理论和技术逐步成熟，应用领域不断扩大。

人工智能的研发涉及计算机知识、心理学和哲学等多学科，相当具有挑战性。人工智能由机器学习、计算机视觉等不同领域组成。虽然，不同时代下的人对于"智能"理解有所不同，但整体而言，人工智能研究的一个主要目标是开发可以完成一些通常需要人类智能才能完成的复杂工作的智能机器。

2020年7月9—11日，以"智联世界共同家园"为主题的2020世界人工智能大会（WAIC2020）在上海举办。会议聚焦图像视频处理、机器学习、智慧金融、智慧医疗、智慧城市、5G、智能芯片等十余个人工智能及跨学科的重点领域，深入挖掘技术和产业相融合的奥秘。大会始终保持领域多元化、观点多样化和信息多维化的宗旨，有力地推进长三角地区人工智能产业领域的发展和前沿科技的不断迭代与更新。

（二）人工智能的创始人

人工智能的两个创始人分别是约翰·麦卡锡和艾伦·图灵。

1. 约翰·麦卡锡

约翰·麦卡锡(John McCarthy)在1956年的达特茅斯会议上提出了"人工智能"这个概念,被称为"人工智能之父"。并且,他因在人工智能领域的贡献,在1971年获得图灵奖。1927年麦卡锡生于美国波士顿,青少年时期就展现了聪慧过人的才能。初中时期,他基于一份加州理工大学的课程目录自学完成了大学低年级的微积分课程,随后在大学期间免修前两年的大学数学,之后深造于普林斯顿大学研究生院。

1948年9月,普林斯顿大学主办了行为的大脑机制西克森研讨会,计算机大师冯·诺依曼在会议上发布了一篇关于自复制自动机的论文。此次报告激发了当时作为普林斯顿大学数学博士生的麦卡锡的研究兴趣,因此他打算从事将机器智能和人的智能联系起来的研究。

1950年,麦卡锡与冯·诺依曼一起工作。在冯·诺依曼的鼓励和支持下,麦卡锡主要研究计算机下棋问题,并从机器模拟人的智能着手。之后,麦卡锡发明了著名的 $\alpha\text{-}\beta$ 搜索法,用于减少计算机需要考虑的棋步,有效减少了计算量。该方法目前仍然是解决人工智能问题中一种常用的高效方法。

1952年,麦卡锡认识了贝尔实验室的香农(信息论创始人),他们经过对人工智能方面的深入探讨,萌生了召开一次研究会的共识,并于1956年召开了达特茅斯会议。

麦卡锡还是LISP语言和分时概念的创始人。1958年,麦卡锡组建了世界上第一个人工智能实验室,随后发明了人工智能界第一个最广泛流行的语言LISP。LISP和之后由1973年实现的逻辑式语言PROLOG并称为人工智能的两大语言。

1960年左右,麦卡锡首次提出将计算机批处理方式改造成分时方式,这是另外一个十分卓越的贡献。使得计算法可以同时允许数十甚至上百用户使用,显著地推动了之后的人工智能研究。继而诞生了世界上最早的分时系统——基于IBM7094的CTSS和MULTCS。

2. 艾伦·图灵

艾伦·麦席森·图灵(Alan Mathison Turing)出生于1912年6月23日,是英国数学家、逻辑学家,被称为"计算机科学之父"和"人工智能之父"。1931年,图灵进入剑桥大学国王学院,毕业后到美国普林斯顿大学攻读博士学位。

1936年5月,图灵写出了表述他最重要的数学成果的论文《论可计算数及其在判定问题中的应用》并发表。这篇论文讨论了当时数学领域十分热门的话题——可计算问题。在论文中,图灵设想了一种拥有一个笔头,可以在一条无限长的纸带上左右移动,根据纸带上的信息进行操作的奇特机器。之后,人们把它称为"图灵机"。此概念在数学与计算机科学中有着巨大影响力。

1950年10月,图灵发表论文《机器能思考吗?》这一划时代的作品,奠定了他在人工智能领域的崇高地位。论文的开篇是一条明确的声明:"我准备探讨'机器能思考吗'这个问题。"图灵通过一个游戏来诠释这个问题的实证含义。他给出了人工智能的最初设想:如果一台机器输出的内容和人类大脑所思所想一样的话,那么我们就没有理由坚持认为这台机器不是在"思考"。这种设想让图灵获得了"人工智能之父"的称号。

1960年,美国计算机学会设立了被誉为计算机科学界诺贝尔奖的"图灵奖"。该奖项最早的赞助者是贝尔实验室,奖金仅有几千美金。之后Intel成为赞助者,奖金提高到25万美金。2014年谷歌的加入,使得奖金提高到100万美金。

(三) 人工智能的发展历程

人工智能的发展经历了很长时间的历史积淀,从早期的人工智能到机器学习,再到目前的深度学习。图8-1列出了人工智能发展史上的一些重要事件。

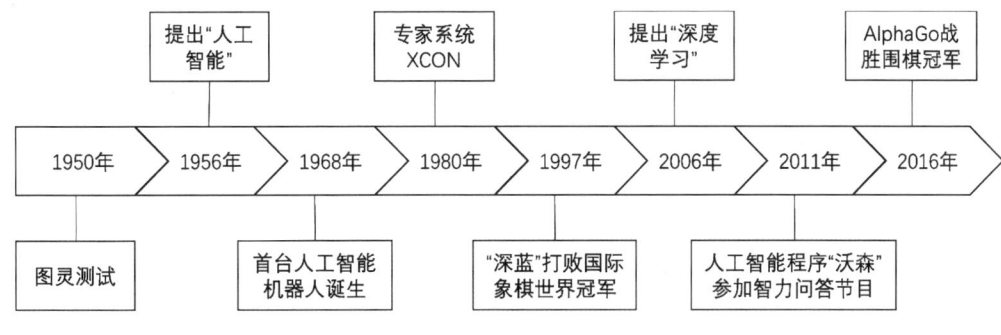

图 8-1 人工智能发展史

人工智能概念自1956年诞生以来,60余年的探索并非一帆风顺。我们将人工智能的发展历程划分为六个阶段。

1. 起步发展期(1956年到20世纪60年代初)

人工智能概念提出后,先后取得了如机器定理证明、跳棋程序等令人瞩目的研究成果,掀起人工智能发展的第一个高潮。

2. 反思发展期(20世纪60年代到70年代初)

人工智能发展初期的突破性进展极大地提升了人们对人工智能的期望,人们逐步尝试更具挑战性的任务,甚至提出一些不切实际的研发目标。然而,如无法用机器证明两个连续函数之和还是连续函数、机器翻译闹出笑话等,接连的失败和预期目标的落空,使得人工智能的发展走入低谷。

3. 应用发展期(20世纪70年代初到80年代中)

20世纪70年代,模拟人类专家的知识和经验解决特定领域问题的专家系统出现,实现了人工智能从理论研究走向实际应用、从一般推理策略探讨转向运用专门知识的重大突破。专家系统成功应用于医疗、化学、地质等领域,进而推动了人工智能走入应用发展的新高潮。

4. 低迷发展期(20世纪80年代中到90年代中)

随着人工智能的应用规模日益扩大,专家系统存在的诸多问题逐渐显现出来。例如,应用领域狭窄、缺乏常识性知识、知识获取困难、推理方法单一、缺乏分布式功能、难以与现有数据库兼容等。

5. 稳步发展期(20 世纪 90 年代中到 2010 年)

互联网技术等网络技术的快速发展,激发了人工智能的创新研究,促使人工智能技术进一步走向实用化。这一时期的标志性事件主要有 1997 年 IBM "深蓝"超级计算机战胜了国际象棋世界冠军卡斯帕罗夫,以及 2008 年 IBM 提出"智慧地球"的概念。

6. 蓬勃发展期(2011 年至今)

大数据、云计算、互联网、物联网等新兴信息技术的广泛应用,以及感知数据和图形处理器等计算平台的发展,推动了以深度神经网络为代表的人工智能技术的快速发展,科学与应用之间的"技术鸿沟"被有效解决。比如,图像分类、语音识别、知识问答、人机对弈、无人驾驶等人工智能技术从"不能用""不好用"转向"可以用",技术限制的突破使人工智能迎来了爆发式的增长。

二、人工智能技术基础

(一) 人工智能的研究领域及分层

谈起人工智能,我们经常听到机器学习、深度学习、自然语言处理等专业的术语。那么,人工智能相关的技术基础有哪些呢?人工智能研究的领域主要有五层,分别是基础设施、算法、技术方向、具体技术以及行业解决方案,如图 8-2 所示。

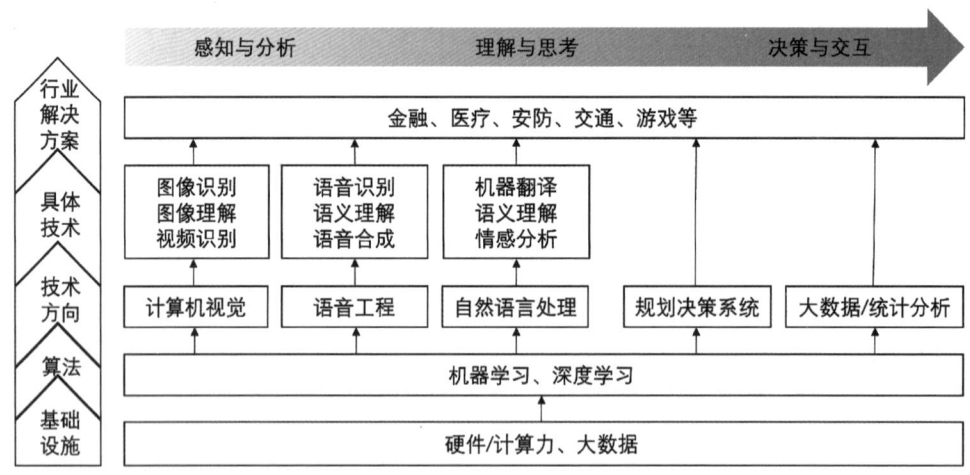

图 8-2 人工智能的研究领域及分层

(二) 人工智能的相关技术

1. 机器学习

机器学习(machine learning)是一门涉及统计学、系统辨识、逼近理论、神经网络、优化理论、计算机科学、脑科学等诸多领域的交叉学科。人工智能的核心是研究计算机怎样模拟或实现人类的学习行为,以获得新的知识或技能,并且根据已有的知识结构逐步改善自身的性能。作为现代智能技术的重要方法之一,基于数据的机器学习主要根据观测数据或样本发现规律,进而预测未来数据。基于不同的学习模式、学习方法、算法,机器学习有多种分类方法。

1) 根据学习模式将机器学习分类为监督学习、无监督学习和强化学习等

监督学习是利用已标记的有限训练数据集,通过某种学习策略或算法建立一个模型,实现对新数据/实例的标记(分类)或映射,最典型的监督学习算法包括回归和分类。

无监督学习是利用无标记的有限数据描述隐藏在未标记数据中的结构或规律,如单类密度估计、单类数据降维、聚类等是较为典型的非监督学习算法。非监督学习算法常被应用于经济预测、异常检测、数据挖掘、图像处理、模式识别等领域。

强化学习是智能系统从环境到行为映射的学习,目的是通过强化使信号函数值最大。外部环境提供的信息较少时,强化学习需要根据自身以往经历不断进行自我学习。目前,强化学习被较好地应用于机器人控制、无人驾驶、下棋、工业控制等领域。

2) 根据学习方法可以将机器学习分为传统机器学习和深度学习

传统机器学习基于较难从原理分析获悉规律的一些观测或训练样本,试图做到对未来数据行为或趋势的准确预测。其涉及的算法有逻辑回归、隐马尔科夫方法、支持向量机方法、Adaboost算法、K近邻方法、贝叶斯方法、三层人工神经网络方法以及决策树方法等。此外,统计学是传统机器学习方法的重要理论基础之一,在自然语言处理、语音识别、图像识别、信息检索和生物信息等许多计算机领域获得了广泛应用。

深度学习又称为深度神经网络(指层数超过3层的神经网络),是一种建立深层结构模型的学习方法,深度置信网络、卷积神经网络、受限玻尔兹曼机和循环神经网络等是典型的深度学习算法。深度学习是当前机器学习研究中的一个新兴领域。其源于多层神经网络,实质是给出了一种将特征表示和学习合二为一的方式。深度学习的特点是放弃了可解释性,单纯追求学习的有效性。

此外,机器学习的常见算法还包括迁移学习、主动学习和演化学习等。

2. 知识图谱

知识图谱本质上是结构化的语义知识库,是一种由节点和边组成的图数据结构。物理世界中的概念及其相互关系由符号形式表现,基本组成单位是"实体—关系—实体"三元组,以及实体及其相关"属性—值"对。不同实体之间通过关系相互联结,进而构成网状的知识结构。在知识图谱中,每个节点表示现实世界的"实体",每条边代表实体与实体之间的"关系"。也就是说,知识图谱用一个关系网络表示连接的所有不同种类信息,从"关系"的角度去分析问题。

知识图谱采用异常分析、静态分析、动态分析等数据挖掘方法,可用于反欺诈、不一致性验证、组团欺诈等公共安全保障领域问题。其中,知识图谱在搜索引擎、可视化展示和精准营销方面的应用具有明显优势,已成为业界的热门工具。但是,知识图谱的发展仍然面临如数据噪声问题等较大的挑战。只有一系列关键技术得到突破,才能更好地推动知识图谱发展。

随着知识图谱应用的不断深入,一系列关键技术亟需突破。

3. 自然语音处理

自然语言处理(natural language processing,NLP)主要研究实现人与计算机之间用自然语言进行有效通信的各种理论和方法。其最终目标是弥补人类交流(自然语言)和计算机理解(机器语言)之间的差距。

最早的 NLP 研究工作是机器翻译。1949 年,美国知名科学家韦恩·韦弗先生首先提出了机器翻译设计方案。到了 20 世纪 60 年代,由于理论和技术都不太成熟,尽管许多科学家针对机器翻译开展了大规模的研究工作,耗费了巨额费用,但进展不大。

90 年代开始,NLP 领域在对于系统的输入和输出方面发生了巨大的变化,强调"大规模"和"真实文本"。得益于与统计科学与计算机科学的融合,NLP 顺利度过"寒冬"。随着机器学习、数学挖掘等技术的快速发展,人类甚至机器都可以基于大量数据中发现的"特征"进行训练学习。

4. 人机交互

人机交互(human-computer interaction,HCI)主要研究人和计算机之间的信息交换,涵盖人和计算机双向的信息交换,是人工智能领域的重要的外围技术。人机交互技术不仅包括传统的基本交互和图形交互,而且涵盖语音交互、情感交互、体感交互及脑机交互等技术。

随着物联网技术的逐步升级和人工智能的不断发展,人工交互呈现出三个方面的发展趋势。一是以用户为中心。该交互方式不仅停留在时尚设计、操作方面,而且更加重视识别用户表达的细微情感,还能够快速理解和满足其潜在需求。二是个性化的生物识别,即基于指纹、视网膜、心率、甚至 DNA 等每个人独有的特征进行生物识别,可应用于生活中的多个领域。同时,个性化的生物识别人机交互方式也为打造安全智能生活提供了前提基础。三是全方位感知。未来,用户的需求可以被全方面地感知,进而个性化的潜在需求能够被更好地满足。

5. 计算机视觉

计算机视觉是使用计算机模仿人类视觉系统的科学,让计算机拥有类似人类提取、处理、理解和分析图像以及图像序列的能力。计算机视觉技术能够从视觉信号中提取并处理信息,被广泛应用于自动驾驶、机器人、智能医疗等领域。

1966 年,著名的人工智能学家马文·明斯基给学生布置了一个暑假作业,让学生在电脑前面连一个摄像头,写一个程序,让摄像头按照指令去工作。这个作业代表着初期的计算机视觉。从 2006 年开始,深度学习的出现和爆发,使得计算机视觉界发生了一个比较本质的变化。

计算机视觉主要研究三个方向。一是复制人眼,让计算机"去看"。在过去的几十年,科学家已经打造了传感器和图像处理器,其功能甚至已经超越人类的眼睛。二是复制视觉皮层,让计算机"去描述"。当前关于模仿类似大脑机能研究和应用呈现爆发性增长,模式识别的过程正在获得数量级的加速。三是复制大脑剩余部分，让计算机"去理解"。人类通过长短期记忆、感官输入、注意力、认知力等理解知识，计算机要复制它是十分复杂的。

计算机视觉根据解决的问题，可分为计算成像学、图像理解、三维视觉、动态视觉以及视频编解码。应用领域涉及对照片、视频资料（航空照片、卫星照片、视频片段等）的解释、工业机器人的手眼系统、移动机器人视觉导航、医学辅助诊断、精确制导、地图绘制、物体三维形状分析与识别及智能人机接口等。

6. 生物特征识别

生物特征识别技术是指通过个体生理特征或行为特征对个体身份进行识别认证的技术。目前生物特征识别作为重要的智能化身份认证技术，广泛应用于金融、公共安全、教育、交通等领域。

生物特征识别技术涉及指纹、掌纹、人脸、虹膜、指静脉、声纹、步态等多种生物特征，内容非常广泛。其识别过程涉及图像处理、计算机视觉、语音识别、机器学习等多项技术。常见的技术有指纹识别、人脸识别、虹膜识别、声纹识别、静脉识别以及步态识别。

1）指纹识别

指纹识别一般包括数据采集、数据处理、分析判别三个过程。数据采集通过物理传感器获取指纹图像，如光、电、力、热等；数据处理有预处理、畸变校正、特征提取三个过程；分析判别是对提取的特征开展分析判别。

2）人脸识别

人脸识别又称为人像识别、面部识别。该生物识别技术是根据人的脸部特征信息进行身份识别，即通过摄像机或摄像头采集含有人脸的图像或视频流，并自动在图像中检测和跟踪人脸，进而对检测到的人脸进行脸部识别。

3）虹膜识别

作为一种新型的生物识别技术，虹膜识别具有较高的准确性和独特性，"眼睛眨一眨"就能解锁。区别于"传统"的指纹识别，虹膜识别的验证机制最为"特殊"，安全性较高。虹膜识别是根据人眼睛中的虹膜进行身份识别，通常被应用于保密性需求较高的场所，比如门禁等安防设备。

4）声纹识别

声纹识别利用计算机识别从声信号转换成的电信号。该技术首先对说话人的声纹进行建模，也就是训练或是学习的过程，进而对说话人进行辨认和确认。根据任务和应用的不同，人们可采用不同的声纹识别技术。例如，辨认技术可用于缩小刑侦范围，确认技术可用于银行交易。

5）静脉识别

静脉识别指利用手指或手掌表皮下面的静脉分布图像进行身份识别。相比于指纹、声纹、虹膜等其他生物识别技术，静脉识别精度最高。据某研发公司表示，该技术错误率远比其他识别技术低,往往仅有百分之零点几。

6) 步态识别

作为一种新兴的生物特征识别技术,在智能视频监控领域,步态识别比人像识别更具优势。行走的视频图像序列是步态识别的输入,因此其数据采集与人像识别类似,具有非侵犯性和可接受性。

7. 虚拟现实/增强现实

虚拟现实(VR)/增强现实(AR)是以计算机为核心的新型视听技术。该技术结合相关科学技术,在一定范围内生成与真实环境在视觉、听觉、触感等方面高度近似的数字化环境;基于显示设备、跟踪定位设备、触力觉交互设备、数据获取设备、专用芯片等,借助必要的装备与数字化环境中的对象进行交互,相互影响,获得近似真实环境的感受和体验。

VR/AR 的应用场景主要有电子游戏、现场直播、影视娱乐、医疗健康、零售业、工程、房地产、教育以及军事等。VR/AR 面临的挑战主要是普适设备、智能获取、自由交互和感知融合四个方面。其未来的发展趋势为虚拟现实系统智能化、虚实环境对象无缝融合、自然交互全方位与舒适化。

专栏 8-1

新奥集团深化 AI 业务中台的能力

新奥集团起步于 1989 年,以"创建现代能源体系、提高人民生活品质,成为受人尊敬的创新型智慧企业"为使命愿景,形成了贯通下游分销、中游贸易储运、上游生产的清洁能源产业链和涵盖健康、文化、旅游、置业的生命健康产品链。

新奥集团选择的 IBM Watson 是全球商业人工智能市场的领导者。作为最具竞争力的对话交互式人工智能产品,Watson Assistant 是业界公认的最好的对话机器人大脑;Watson Discovery 同样屡获殊荣,是业界顶尖的人工智能搜索和洞察产品。Watson Assistant 与 Watson Discovery 进场后,对新奥集团四个业务场景进行了智慧大改造。

1. 员工自助服务

(1) IT 桌面服务机器人。新冠肺炎疫情期间,复工初期,某一个需求的处理峰值可达一两千次/天。通过训练 IT 桌面服务机器人,新奥集团计划减少三分之一到二分之一的人工桌面客服人员。

(2) 财务查询机器人。财务查询机器人大大缩短了沟通链条,减少了后台操作,让前端用户、一线员工在尽量不增加新学习成本的情况下直接获取所需要的财务数据。

2. 客户自助服务

新奥集团通过 Watson Assistant 对外输出人工智能中台服务,提供数字客服员工体验,包括业务客服、IT 客服、HR 客服等,实现人机交流的自然语言理解和业务流程自动化 RPA 联动,从而打通一条高质量自助服务通道,兼顾效率和成本。

3. 虚拟员工助理

通过 Watson 和 RPA 打造的虚拟员工助理,可以做到 1 对 5 万人,随时随地为客户提供服务,从而提升服务能力,加速服务流程,提供实时高质量服务,并有效缓解企业人员与成本的压力,使员工从重复性工作中解放出来投身高难度的复杂工作,进而创造新的价值。

4. 专家助手

新奥集团正规划使用 Watson Discovery 对内部的用户手册、开发文件、厂家指南等海量数字化文本数据进行处理,包括筛选、自动标注、内容理解和解析等,以此成为员工的有力支撑,帮助员工回答一些分散、混沌、无法由 Watson Assistant 或 RPA 通过训练来回答的长尾问题,提高效率并减少员工工作量。

数字化时代正在不断对企业的快速服务响应及高效运营提出更高的要求,新奥集团大胆拥抱新的智能工作方式,致力于实现端到端自动化,从人机协同到智能运维,积极打造人工智能中台,大步推进以客户为中心的数字化转型,增强企业的核心价值。

第二节　人工智能与金融应用

一、人工智能与金融的融合基础

(一) 大数据是关键

大数据是人工智能与金融领域相融合的关键点。随着互联网、物联网等技术的出现,数据呈现爆发式增长。金融行业在经营的过程中更是积累了大量的数据,包括客户、交易、资产等信息。麦肯锡研究报告指出,以银行业为例,每创收 100 万美元,平均产生 820G 的大数据。

金融数据是所有数据价值含量最高的数据之一。金融行业的诸多数据都来自日常处理的投资、业务、理财、信贷等服务,这些数据若采用人工整理和分析,工作量很大,处理效果也不尽如人意。在大数据和云计算的时代背景下,人工智能技术能够减少数据处理过程中的失误率,减少金融行业中的出险率,进而为金融行业的各参与主体、业务环节赋能,进行服务和产业的升级。

(二) 降低成本是驱动力

成本的降低是人工智能和金融领域融合的驱动力。金融业有着较多程序化的工作,只需要按照模型和分析软件处理即可。若仅凭借人工处理程序化的工作,处理效率不高,并且容易出现失误。金融行业与数据的天然联系使得人工智能可以发挥优势,不断为金融行业的革新提供力量。金融科技类公司主要采用人工智能和先进的分析技术,为资本市场带来价值收益。

(三) 政策支持是保障条件

政策的支持是人工智能与金融领域融合的保障条件。我国政府已将人工智能纳入国家战略发展规划,并出台了一系列支持政策。表8-1整理了我国出台的人工智能相关政策文件。

表8-1 我国人工智能相关政策文件

时间	发布机关	政策文件名称	主要内容
2015年5月	国务院	《中国制造2025》	发展智能装备、智能产品和生产过程智能化
2015年7月	国务院	《国务院关于积极推进"互联网+"行动的指导意见》	培育发展人工智能新兴产业,推进重点领域品创
2016年7月	国务院	《"十三五"国家技术创新规划》	重点发展大数据驱动的类人工智能技术
2017年3月	国务院	《"十三五"国家战略性新兴产业发展规划》	新增"人工智能2.0",人工智能进一步上升为国家战略,"人工智能"首次被写入全国政府工作报告
2017年5月	科技部	《"十三五"生物技术创新专项规划》	突破新一代生物检测技术、脑科学和类人工智能大数据若干
2017年7月	国务院	《新一代人工智能发展规划》	要求建立金融大数据系统,创新智能金融产品和服务,发展金融新业态,将智能金融发展提升到新高度
2018年4月	教育部	《教育信息化2.0行动计划》	大力推进智能教育,开展以学习者为中心的智能化教学支持环境建设,推动人工智能在教学、管理等方面的全流程应用
2019年3月	教育部	《教育部关于公布2018年度普通高等学校本科专业备案和审批结果的结果》	全国共有35所高校获得首批人工智能专业建设资格
2020年3月	科技部	《关于科技创新支撑复工复产和经济平稳运行的若干措施》	培育壮大新产业新业态新模式,明确提出要大力推动关键核心技术攻关,人工智能就是其中的一项

(四) 投资高涨是物质基础

投资的高涨是人工智能和金融领域融合的物质基础。任何行业的快速发展都不开资本的支持,人工智能和金融的融合将会给经济和金融领域带来翻天覆地的影响。因此,美好的前景吸引了众多投资者的关注。

根据亿欧智库发布的《2019中国人工智能投资市场研究报告》,我国人工智能学术、投资和舆论增长情况如图8-3所示,我国人工智能私募股权投资市场整体情况如图8-4所示。此外,2018年全球金融科技投资增长逾一倍,达到553亿美元。投资者的热情高涨和巨额投资都成为推动人工智能和金融业融合发展的重要物质基础。

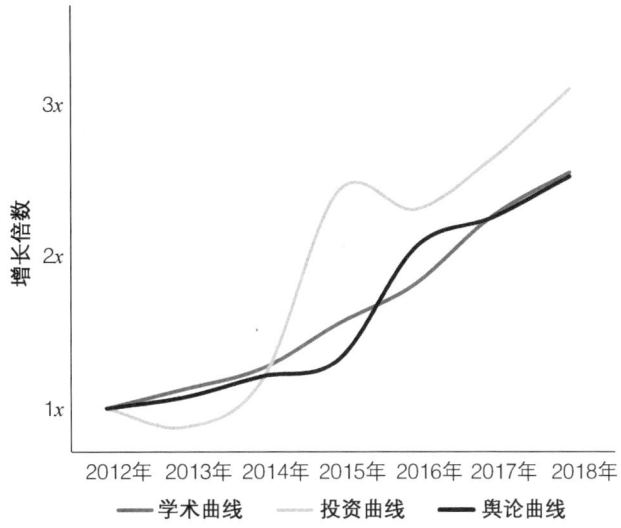

图8-3 我国人工智能学术、投资和舆论增长情况

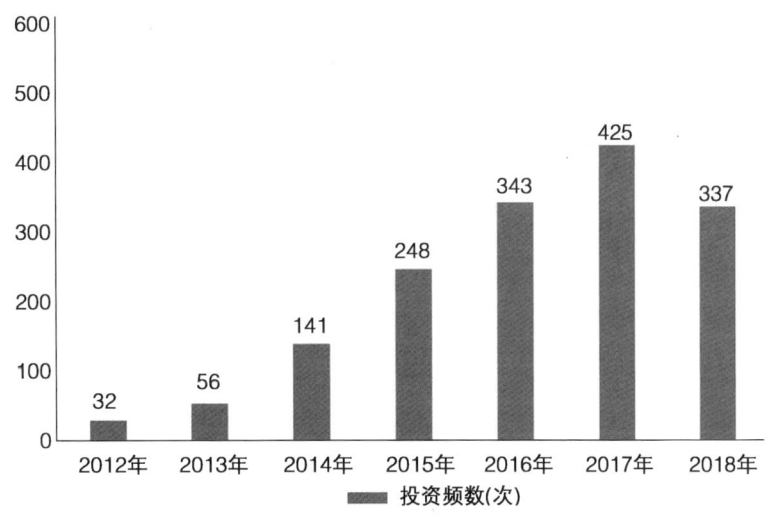

图8-4 我国人工智能私募股权投资市场整体情况

(五) 理念和需求转变是内因

理念和需求的转变是人工智能和金融领域融合的内在原因。在传统的消费信贷和银行信贷中,较大额度的贷款占比较大,日常消费比重较小。然而,随着电子商务和互联网的发展,越来越多的年轻客户产生消费信贷、财富管理、便捷支付、营销体验等需求,越来越多的电商企业产生小额贷款。传统的金融机构已无法满足他们的个性化需求。

客户理念和需求的转变促进金融机构进一步采用数据挖掘、语言和图像识别、机器学习等人工智能技术,全面构建客户画像,迎合客户思维,提升客户体验,实现精准营销,进而实现个人消费信贷以及企业小额信贷的全链条智能化,以及财富管理的偏好洞察和智能匹配。

二、人工智能在金融领域的应用

金融领域是人工智能技术应用非常广泛且深入的行业，其参与者不仅包括为金融机构提供人工智能服务的科技公司，也涉及应用技术的传统金融机构、新兴金融业态、金融监管部门。人工智能在金融领域的应用主要有智能投顾、智能投研、智能风控、智能营销、智能征信等。

（一）智能投顾

1. 定义

智能投顾也称机器人理财。它根据客户理财需求和资质信息、市场状况、投资品信息、资产配置经验等数据，基于大数据的产品模拟和模型预测分析等人工智能技术，输出符合客户风险偏好和收益预期的投资理财建议。

智能投顾的理论基础源于哈里·马科维茨（Harry M. Markowitz）的现代资产组合理论。马科维茨建立的均值方差模型通过强大的计算能力计算出有效边界，接着根据不同投资者的风险水平在有效边界上进行资产配置。智能投顾是一种被动投资，可以获得长期资产配置收益，谋求的是为客户博取与系统性风险相匹配的贝塔收益。

2. 流程

智能投顾业务的基本流程包括风险测试、资产配置、流程引导、资产管理和投后服务。具体内容如图8-5所示。

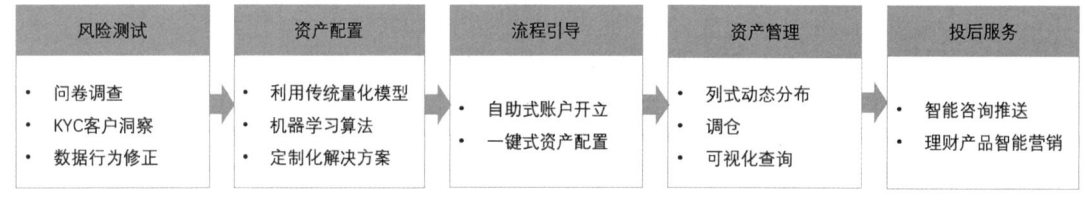

图8-5 智能投顾业务流程

3. 创新之处

智能投顾相比于传统的投资顾问，在以下三个方面具有优势。

1) 技术增效

智能投顾专业高效，理性客观。技术上，智能投顾采用分散化的标的降低风险，依托海量数据实时调整策略、提高效率，能够避免情绪化交易，使投资方案最优化，进而不断提升投资的专业性和有效性。

2) 门槛降低

智能投顾可以有效覆盖长尾客户，即凭借技术上的高效和便捷，有效降低投顾成本和资金门槛,进而有效实现覆盖中低端长尾客户。

3) 透明性增强

智能投顾有利于降低道德风险。传统的投顾服务往往收费项目繁多,并且透明度低。以美国为例,传统投顾机构收取咨询费、交易费、充值提现费、投资组合调整费等近十类费用,总费率多在1%以上。相比之下,智能投顾平台可以实时公开投资过程、费用交割等信息,采用单一费率模式,服务的透明度得到了有效的增强。

4. 应用实践

美国作为智能投顾的起源地,智能投顾管理资产规模最大,也趋于成熟。在美国,多家公司已具备成熟的智能投顾产品和稳定的盈利模式。比如,Betterment、Wealthfront等独立性公司,嘉信理财、先锋基金等大型券商,高盛、花旗、瑞银、摩根大通等知名投行。

虽然智能投顾进入中国市场仅有几年的时间,但它却在极短的时间内席卷了国内金融行业。现阶段,很多金融机构相继推出了基于智能投顾的产品和服务,比如招商银行的"魔蝎智投"、工商银行的"AI投顾"以及中国银行的"中银慧投"。不同智能投顾产品在投资标的、投资策略、风险揭示等方面不尽相同。

(二) 智能投研

1. 定义

智能投研作为人工智能在金融领域的重要应用场景,由于技术难度较高,目前其发展在全球范围内仍属于初期阶段。其定义也较为分散和宽泛,本书采用鲸准研究院的观点:"智能投研是在金融市场数据的基础支持上,通过深度学习、自动语言处理等人工智能方法,对于数据、事件、结果等信息进行自动化处理和分析,为金融机构的专业从业人员(如分析师、基金经理、投资人等)提供投研帮助,提高其工作效率和分析能力。"

2. 流程

智能投研业务的基本流程包括数据获取、数据处理、进一步数据处理和数据输出。具体内容如图8-6所示。

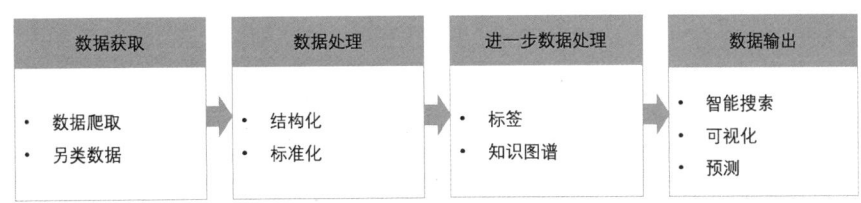

图8-6 智能投研业务流程

3. 功能定位

目前,市场对于智能投研功能定位的首要目标是提高投研效率,长远目标是改善投资收益的边际,成为投资人员更好的辅助工具。

4. 创新之处

人工智能在智能投研领域的创新之处主要体现在核心技术和主要应用模式方面。

1) 核心技术

智能投研的核心技术包括知识图谱和机器学习。知识图谱本质上是一种语义网络，是用来描述真实世界中存在的各种实体和概念，以及它们之间的关联性的数据库。知识图谱的构建过程分为知识获取、知识融合、知识计算以及知识应用四个阶段。在智能投研领域，机器可以从公司公告、券商研报、新闻报道等非结构化数据中批量化自动提取关键信息，以此为基础构建关联，搭建领域知识图谱，辅助投研人员完成更深层次的分析，在一定程度上优化投资决策。

机器学习依赖于数据红利，探索量化投资策略自开发自学习。在量化投资领域，机器学习一直是选股择时等策略中不可或缺的工具之一。随着机器学习中深度学习技术的发展，自动化交易、自学习类投资策略逐渐引起大家的关注和尝试。比如，美国 EquBot 公司于 2017 年推出首只人工智能 ETF 基金（AIEQ），采用大数据处理和深度学习等方法，分析美国境内投资机会，主动管理股票投资。

2) 应用模式

（1）文本解析：通用型产品，提供基础的结构化信息支持。

（2）智能搜索+智能问答：提高研究效率的两大主流工具。

（3）智能投资管理：流程实现高效自动化，提高管理效率。

（4）智能风险预警：通过知识图谱建立因子相关关系，发现风险前兆。

5. 发展历程

目前，全球范围内的智能投研还处于发展初期。智能投研的发展经历了以下几个关键性事件。

（1）2001 年，Tim Berbers Lee 在《科学美国人》杂志上发表文章，首次提出语义网络技术以及数据互联。

（2）2004 年，Palantir 这家情报分析公司通过融合多源数据，构建互联数据网络，从中发掘出事物隐藏联系。该公司因帮助 CIA 反恐及找到本·拉登而声名鹊起。

（3）2010 年，Alphasense 通过整理碎片信息，为用户提供金融信息搜索，被称为"投资者的 Google"。

（4）2011 年，IBM DeepQA 团队研制的 Watson 系统在综艺问答节目中击败参赛选手，获得百万美元奖金。

（5）2012 年，Google 在收购 Metaweb 两年后，推出基于知识图谱的搜索引擎。

（6）2013 年，Kensho 以问答的形式为用户提供投资建议，被誉为金融投资领域的问答助手。

（7）2014 年，天弘基金成立大数据中心，2015 年建立投研云系统（如信鸽、鹰眼）。

(8) 2015年,文因互联科技公司成立,陆续发布智能搜索、公告自动化阅读等工具。上市公司恒生电子发布智能小梵,实现智能搜索。

(9) 2016年,通联数据公司成立"萝卜投研",开发智能咨询、智能搜索等产品。嘉实基金、华夏基金开始探索智能投研。

(10) 2017年起,国内多家智能投研公司(如鼎复数据、熵简科技、香侬科技)成立或稳步发展,并陆续获得千万元级别投资。

(三) 智能风控

1. 定义

智能风控是指将大数据、人工智能等技术作为风控工具应用到风险控制流程中,提升风险控制效率和精准度,并将风险控制在目标区间范围内,从而确定标准化管理流程,并对其进行智能化管理。

2. 本质

(1) 风控理念:以客户为中心,实现无感风控。

(2) 风控手段:强调对大数据的应用,为风控提供支撑。

(3) 风控技术:多种技术的综合应用,有效解决单一技术缺陷。

3. 创新之处

1) 智能风控的流程与关键技术

第一步,获取数据。数据是智能风控的基础,也是起点。第二步,建立模型。其中最重要的是反欺诈和信用评定两项工作。第三步,优化模型。模型应用于实践的过程汇总,采用机器学习等技术,不断优化和迭代模型。

2) 智能风控的应用模式

智能风控在金融领域的应用模式可以从不同行业的视角来看。对银行业而言,智能风控主要体现在信贷、反欺诈以及关联分析等方面。对证券业而言,智能风控主要体现在检测异常交易行为、违规账户侦测等。对保险业而言,智能风控主要体现在风险定价、反欺诈以及智能理赔方面。

4. 发展历程

智能风控的发展历程如图8-7所示。

5. 应用实践

ZRobot是京东数科旗下的智能大数据服务公司,它采用数据挖掘、机器学习等人工智能技术,为银行、消费金融公司、汽车金融等金融机构提供智能化风控管理解决方案,提升企业的整理风控能力。

2018年8月,重庆三峡银行引入蚂蚁金融科技——蚁盾风控大脑,全面打造实时交易反欺诈平台,建立事前防范、事中实时监测控制以及事后分析的风险体系。

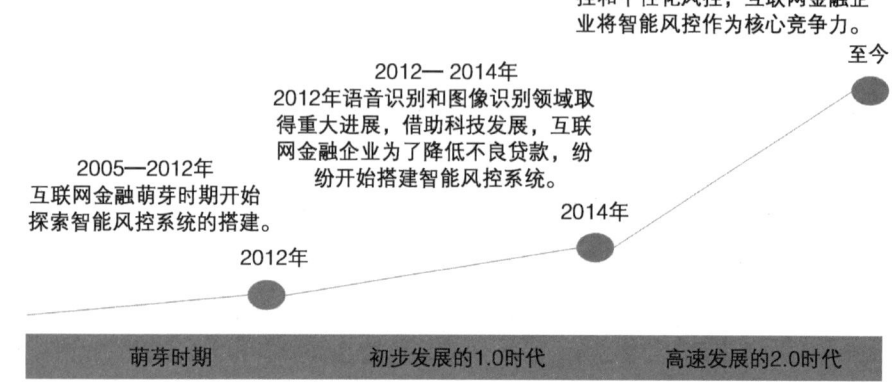

图 8-7 智能风控发展历程

2018年,在保险领域,中国保险学会与金融科技公司金融壹账通共同发起国内首个保险智能风控实验室,全面开展保险反欺诈、反泄露等相关研究和推广活动。

(四) 智能营销

1. 定义

智能营销主要通过人工智能等新技术的使用,利用深度学习相关算法对收集的客户交易、消费、网络浏览等行为数据进行模型构建,帮助金融机构与渠道、人员、产品、客户等环节相连通,从而能够覆盖更多的用户群体,为消费者提供个人化、精确化的营销服务。

2. 流程

(1) 客户信息采集:通过社交网络浏览行为、产品购买行为、网点业务办理频次等途径,进行多维度客户数据信息采集。

(2) 认知模型构建:运用深度学习、自然语言处理等相关技术进行建模。

(3) 营销精准抵达:在自有渠道或第三方渠道进行信息投放,以实现个性化营销。

3. 创新之处

(1) 营销体验变革:采用人工智能营销方案打造全新的零售银行客户营销体验,大幅度提升客户满意度,实现对客户需求的精准把握;随时随地办理业务,为客户提供便捷和贴心的服务。

(2) 营销渠道变革:相比于传统银行的营销渠道,人工智能营销可以打造未来无界营销模式。例如,从以线下网点为主的渠道模式拓展为网点外的营销,实现了网点内外的互联;提供线上社交营销和智能客服,以实现渠道全覆盖。

(3) 营销决策变革:人工智能有利于提高智能化的客户数据管理和分析能力,构建以客户数据洞察为基础,以数据分析为渠道的营销决策体系。完善的客户数据管理、分析体系、以及精准的客户画像构建,有利于为营销管理人员提供决策支持。

4. 应用实践

2015年,招商银行和全球知名软件公司SAS合作启动"招商银行智慧营销平台项目",旨在实现营销决策科学化、营销管理流程化、营销业务精准化以及资源投入最优化。该项目获得《亚洲银行家》2017年度"中国最佳客户关系管理项目"大奖。

在利用人工智能为银行提供智能营销解决方案方面,平安银行走在同行前列。2018年,平安银行"壹账通"发布Gamma智能营销方案,以人工智能为核心,将大数据、生物识别等先进技术与银行零售业务流程有机融合。

(五) 智能征信

1. 定义

智能征信是指充分利用大数据、人工智能等技术,通过多渠道获取用户多维度数据,从信息中提取各种特征建立模型,并且根据模型评分,评估企业或个人用户的信用。智能征信是智能风控的技术基础。

根据征信对象的不同,征信可分为企业征信和个人征信;根据服务对象的不同,征信可分为信贷征信、商业征信、雇佣征信以及其他征信;根据地理范围的不同,征信可分为区域征信、国内征信以及跨国征信;根据征信用途不同,征信可分为公共征信、非公共征信、准公共征信。

2. 影响

人工智能将在两个方面对征信行业产生较大的影响:一是模式识别方面,主要解决交易场景中的身份识别问题,并且已经取得了成功;二是信用分析及预测方面,主要解决客户信用的风险评估问题,目前处于研发阶段。

3. 应用实践

2019年3月,国内领先的大数据平台上海合合信息科技有限公司携手商安信(上海)企业咨询管理股份有限公司在上海召开以"启航全球智能征信,商誉评级引领未来"为主题的战略合作发布会,重点推出首款数据量覆盖全球的智能商业信息查询工具——全球版"启信宝"。它以国内超过1.8亿家企业及组织机构数据为基础,同时纳入全球超过60个国家的海外企业的一整套信用信息查询结果,打造商业征信评级体系的中国标准,使用户足不出户就可以纵览全球商誉信息。

专栏8-2

智能投研技术联盟在临港新片区成立

2020年9月8日,智能投研技术联盟(investment technology league,ITL)在中国(上海)自由贸易试验区临港新片区正式揭牌成立,联盟由上海市金融工作局担任指导单位。上海市委常委、副市长吴清,市政府副秘书长陈鸣波、市金融工作局局长解冬、临港新片区管委会专职副主任武伟和智能投研技术联盟主席杨强等出席了揭牌仪式。

据悉,智能投研技术联盟积极参与金融科技,聚焦资管科技的核心——智能投研技术,是由72家从事智能投研技术应用、开发、研究、服务和支持的相关机构及组织共同发起、自愿组成的公益服务专业平台,旨在促进金融科技中心和全球资管中心的融合发展,促进提升资管科技水平,开展成员间的学习研究交流与协同创新,更好地发挥金融及金融科技服务于实体经济的重要作用。

联盟首届组织委员会由杨强、肖京、叶望春、刘建平、汤进喜、杨淇、姜俊、徐叶润、韩康9位知名行业专家组成。组织委员会推举微众银行首席人工智能官、香港科技大学讲席教授、中国人工智能学会(CAAI)荣誉副理事长杨强担任联盟主席,中国平安集团首席科学家、电子技术高级工程师(教授级)、国家特聘专家肖京担任副主席,两位专家均是2019年度"吴文俊人工智能科学技术奖杰出贡献奖"获得者。中科院计算所博士生导师、上海证券交易所原总工程师白硕,清华大学计算机系教授、系副主任唐杰分别担任首席高级技术顾问和高级技术顾问。

智能投研技术联盟成立以后,将积极围绕上海国际金融中心建设国家战略,服务长三角、服务全国,以"专业研究、专业交流、专业展示、技术借鉴、合规支持"作为重点,探索新路径、寻求新突破,专业运作、务实进取,注重规范性、创新性和可持续性,促进我国金融科技赋能资产管理行业发展。

第三节 人工智能在金融领域的发展趋势

一、人工智能在金融领域的应用风险

(一)安全风险

人工智能技术对收集的数据信息进行整理、挖掘以及分析,可以提升金融领域业务的智能性。但是,由此带来的信息泄露、信息安全的问题较难防御。在人工智能的应用场景中,机器是智能设备,机器的背后还是人,机器背后隐藏着人类的意图,这就增加了消费者权益受损的可能性。

消费者在使用相关软件时,消费者海量的个人信息已被无形之中放置于系统中。系统一旦被侵入,就会面临信息泄露的风险。例如,不法企业会通过出售消费者个人信息牟利,甚至进行电话诈骗、银行卡窃用、威胁人身安全等活动。

另外,金融领域还存在数据垄断和数据有效应用的挑战。数据垄断指的是阿里、百度、腾讯等互联网企业掌握着海量的数据信息,造成数据鸿沟问题,形成信息孤岛。数据有效应用指的是人工智能在金融领域的应用离不开真实、准确的数据,若数据使用不当,数据挖掘出来

的结果将失去意义。这就需要金融机构深入理解数据与金融的逻辑。

(二) 技术风险

1. 从内部因素角度出发

人工智能正在逐步从感知型智能走向认知型智能。较多的金融机构从业人员认为机器已经可以取代人类的大部分工作。然而,实现这个目标还需要时间。尽管人工智能可以感知人的声音、图像,但处理此类外在感知信息还需要依赖人为编制程序。认知型智能是指让机器能够像人一样思考,即具备抽象思考、抵达事物本质的能力。此外,人工智能在深度学习方面存在一些如易受对抗攻击、应用不稳定、缺乏可解释性等问题。

2. 从外部因素角度出发

与人工智能相关的金融基础设施以及通信设施易受到外部侵袭。近些年来,与金融信息相关的网络攻击案件层出不穷,如黑客通过高级持续威胁等方式购买"黑产数据",以及通过"洗库"等方式盗取客户资金。金融系统一旦受到网络黑客的恶意攻击,很可能直接导致数据泄露,造成经济上的巨大损失。

(三) 监管风险

人工智能技术的不断发展不仅迎来技术的变革,也使监管环境趋于,而金融监管是否得当在一定程度上影响着该行业的秩序构建。

1. 日益复杂化的监管对象难以监管

当前的监管法规监管的对象是法人和自然人。随着人工智能蓬勃发展,投资账户的所有权人和其经营者呈现出分离的趋势。倘若投资监管过程出现问题,则投资人将以他们仅负责出资而并未参与任何实际操作为理由否认其为行为主体;而智能代理服务商则会言其仅基于本职工作操作账户,仅起到提供技术服务产品的作用而并非扮演实际控制人的角色,故不是行为主体。

2. 纷繁多样的智能代理行为加大监管难度

目前,监管边界尚未明确,智能代理行为监管缺乏法律依据,从而导致监管难以实施。例如,对中集合型基金通过智能代理恶意操纵股市的行为,责任主体难以界定。此外,智能检测系统存在将同时操作大量账户的智能代理行为视为一致行动人行为的问题。

在市场环境多变的情况下,监管面临的风险比较严峻。人工智能的核心是算法,算法具有不公开、不透明的特点。法律如何规制算法,成为摆在我们面前的一道很难逾越的难题。

(四) 道德风险

2016 年,微软推出一款人工智能聊天软件——Tay,其主要业务是每天陪人聊天。后来 Tay 被指责为"种族狂热者"。随后,Tay 下线,微软表示将会对其进行调整。

问题的出现,提醒人类必须关注人工智能技术带来的负面影响。人工智能应用于金融领域也会面临着操控市场的风险,或者错误的判别会引起市场混乱。目前,此类问题并无有效的避免和把控方案。

关于人工智能的错误谁来买单的问题,业界一直争论不休。"技术工具论"者认为,人工智能属于人类的创造物,不具有类人生命权和尊重权。"技术实体论"者则认为,人工智能一旦被制造和激活便不受人类有效控制,具有生命权和独立承担责任的能力。

(五) 投资风险

1. 数据本身存在两个方面的局限性

数据本身存在两方面的局限性:历史数据的局限性和数据本身的错误。金融市场在发展的过程中多次出现金融危机,很多是由于"场外因素"引起的。如果机器学习获取的数据体量不充足,或者缺失历史数据,都可能导致金融危机。此外,数据本身可能存在错误,即机器是不能识别出被故意造假的数据,很难判别数据的真伪,从而给客户带来经济损失。

2. 弱解释性

人类做出的决策往往有着自己的理由,可以进行解释,然而人工智能协助人类做出决策的过程中,人类往往并不能完全了解决策的理由。比如在股票市场处于熊市的时候,仅在0.1秒内,就可能出现股票下跌20%的情况。因此,若把决策的权利交给机器,如果机器提供了失误的投资决策,那么将会造成巨额的经济损失。

二、人工智能融合金融业的对策建议

(一) 人才培养

随着人工智能在金融领域应用的迅速发展,市场需要更多的复合型人才。对于金融机构而言,多元化的业务需要多元化的金融科技复合型人才。

在原有金融教育的基础上,金融科技人才的培养需要加强跨学科教育,特别是金融、计算机、信息等学科知识。高校可以在课程教学的过程中,注重金融与其他学科的交叉和融合,同时紧跟时代发展,结合实际,推陈出新,推出人工智能与金融业融合以及互联网金融等相关课程,以提高学生综合实践能力为目标,培养学生全面发展。

(二) 监管创新

1. 明确监管责任

任何金融活动都不能脱离监管体系,要严格遵守法律法规。金融机构与科技公司在建立开放合作的关系时,通常存在着业务边界、法律关系、责任划分等方面的问题。因此,合作关系建立的同时,根据监管和自律的要求,相关部门需要切实加强相应管理规范、市场约束、应急安排等。

2. 明确监管时机

监管者需要提高风险意识,深入学习新兴技术,增强对于时局的把握,选择合适的监管时机,尽量不影响金融创新的事前监管和事中监管,减少事后监管,有效避免大规模的技术性操作影响市场。

3. 完善金融监管法律法规

监管部门应建立健全人工智能在金融领域应用的相关法律法规与监管规则,特别是消费者个人信息和隐私的安全。银监会、证监会、国务院等相关主体可以适时调整现有的法律法规体系和监督管理架构,顺利时代发展潮流,逐步构建科学合理的金融交易规则,以求从根源上将监管不力的问题予以解决。

(三) 风险防控

1. 强化监管科技应用实践

监管部门应通过有效利用人工智能、大数据、云计算等新兴技术丰富金融监管方式,提高甄别跨行业、跨市场、交叉性的金融风险;面对跨行业和跨市场的环境,注重信息安全保护,确定规范化的行业标准,进行标准化管理。

2. 引入个人和企业征信体系及评价体系

金融机构应有效运用人工智能技术、大数据实时分析以及交叉验证等技术,实现对资产和负债全链条、募投管理、退出程序等全生命周期的一体化的风险预警和金融监管。

3. 贯彻政策理念

首先,金融机构需要紧跟国家、当地政府的战略方针,符合政策导向,适时调整企业。其次,政策引导本身也需要循序渐进,以促进金融行业的创新活力和健康发展,推动新型技术的研发和应用。最后,政策方针需要进行不断完善,因时而异。

(四) 基础设施

相关部门应加强人工智能在金融领域应用的基础设施,引导开展相关法律制度和伦理规范的研究,明确相关法律主体的权利、义务以及责任;统筹政府和市场多渠道资金投入,优先支持关键共性技术攻关、重要成果转化应用、传统基础设施智能化升级等;积极探索建立规范统一的数据共享交换机制,依法合规推动金融领域跨部门数据开放共享。

(五) 消费者保护

相关部门应积极做好消费者保护的相关工作,加快完善个人金融信息安全等方面的法律制度,进一步提高消费者投诉、举报、纠纷裁决等渠道的便捷性和便民性;积极组织金融知识普及、人工智能科普、基础数字技能培训等宣传工作,提升消费者信息安全保护意识;严厉打击以"智能金融"为噱头,实施违规营销的宣传、商业欺诈等侵害金融消费者权益的行为。

三、人工智能在金融领域的发展前景

(一) 人工智能的发展展望

1. 人工智能技术趋势

普华永道人工智能加速器研究团队发布的《2018年人工智能技术十大趋势》报告指出了未来人工智能发展呈现的趋势,如图8-8所示。

（1）深度学习是指模仿人类大脑的深度神经网络，能够从图像、音频、文本等数据中"自主学习"。

（2）胶囊网络是一种新型的深度神经网络架构，能够采用与大脑相同的方式处理视觉信息，可以识别特征之间的逻辑和层次结构关系，具有模拟大脑的视觉处理优势。

（3）深度增强学习是一种通过观察、行动、奖励的方式与环境进行互动，从而进行学习的神经网络算法，是交互型问题的解决之道。

（4）生成对抗网络是一种由两个相互竞争的神经网络所组成的无监督的深度学习系统。

（5）精简和增强数据学习。机器学习尤其是深度学习面临的最大挑战是训练系统需要大量的标签化数据，未来人们可以采用合成新数据或者将训练模型迁移的方式来精简数据以及增强数据学习。

图 8-8 人工智能技术发展趋势

十大发展趋势：
- 深度学习
- 胶囊网络
- 深度增强学习
- 生成对抗网络
- 精简和增强数据学习
- 概率编程
- 混合学习模式
- 自动机器学习
- 数字孪生体
- 可解释性

（6）概率编程是一种高级编程语言及建模框架，能够让开发人员便捷地设计概率模型，并且自动进行求解。

（7）混合学习模式是指将不同类型的深度学习网络进行结合，可以拓宽应用场景，结合算法优势，有利于解决不确定问题。

（8）自动机器学习是一项耗时长，并且必须由专家驱动的工作。其目的是运用统计学、深度学习等多种不同的方式自动化处理工作，无须编程即可创建模型。

（9）数字孪生体是一种模拟模型，用于物理或者心理系统的详细分析和检测，有利于促进物联网的发展和应用，是超越工业应用的虚拟复制品。

（10）可解释性。在应用人工智能的过程中，很多时候人类对于机器如何计算出结果知之甚少。可解释性有利于打开"黑匣子"，保证人工智能决策的准确性。

2. 人工智能变革方向

未来，人工智能将会对技术、人才、产业等多个方面带来变革，如图 8-9 所示。

（二）人工智能在银行领域的应用

1. 人工智能将重构银行业务与服务

1）业务的重构

移动互联网和金融业的结合使大数据与人工智能的落地进一步加快，并带来了交易信息、账户信息、身份特征信息以及行为数据的信息数据"崛起"。相互连接成为未来金融业基础核心数据的"矿池"，并将"重构"银行。

变革方向：
- 缩短训练模型时间
- 充裕经济算力
- 适应任何部署场景
- 研发更加高效、安全的算法
- 更高的自动化水平
- 模型需要面型实际应用
- 模型需要不断更新
- 需要多技术协同
- 一站式平台提供自动化工具
- 解决人才短缺问题

图 8-9 人工智能变革方向

在产品层面,人工智能处于金融业的前端,能够给客户提供更多的智能投顾、客户资产管理等精准产品;在风控层面,通过人脸、声纹、指纹等生物识别技术,可以提升客户体验,保证客户信息安全;在服务层面,以人工智能为代表的金融科技技术使银行突破物理限制,实现普惠金融服务。

2) 改善客户体验,提升服务效率

(1) 虹膜识别、声纹识别等生物特征识别技术可以快速识别客户身份,从被动到主动地向客户提供高效服务。

(2) 提供金融服务的机器人的知识储备可以不断补充,进而有效提升服务水准,提高服务专业度。

(3) 智能机器人可以与客户进行友好互动,提升客户交互体验。

(4) 智能机器人能够服务采集客户信息,开展大数据营销等工作,完成开卡、查询等业务办理,从而优化业务流程,提升服务效率。

3) 推进网点向展示性、服务性、营销性场所转变

以往银行网点存在着柜面业务量大,柜员无法准确了解客户需求、提供专业理财咨询等问题。人工智能可以有效缓解该问题,推动银行网点由交易性场所逐步转向展示性、服务性、营销性场所。

4) 提升风险管理,科学风险评估

金融本质是风险管理,风控是所有金融业务的核心。金融机构通过机器学习技术可以构建风控模型,有效降低金融风险,使便捷和安全。另外,金融机构采用人工智能技术,通过数据挖掘分析,可以获得企业真实经营状况、盈利能力、信用情况,有利于挖掘优质客户。

2. 无人银行的出现

2018年4月,中国建设银行在上海市成立了国内首家无人银行。在没有柜台人员和大堂经理的协助下,客户可以办理90%左右的现金和非现金业务。无人银行应用人工智能、VR、虹膜识别等多种前沿科学技术,彰显了机器的"智慧"。

3. 银行的本质不会发生改变

人工智能的发展和应用给银行业带来了巨大的冲击和颠覆式的影响。人工智能正在改变着银行业务体系和服务模式,无人银行的出现可以释放大量的基层员工,减少银行网点的数量。

但是,总体而言,银行的本质是经营货币,关注的是风险。这一银行的本质并没有因为人工智能技术的应用而发生改变。

(三) 人工智能在保险领域的应用

1. 人工智能在保险领域的应用展望

1) 替代重复性操作

保险机构采用机器学习可以智能化处理保单契约中的录入、核保、收费等简单重复性的人工操作。此外,人工智能的语音识别、智能分析以及人脸识别技术应用于智能客服,有利于

大幅度降低人力成本。

2）满足客户个性化需求

基于人工智能和数据分析挖掘技术,保险机构可以更加精准地刻画客户画像,进而向客户提供专属、个性化的产品和服务,最终实现精准营销,不断提升客户体验度。

3）提升保险产品的个性化

基于人工智能,保险机构可以实现在线产品设计和内容推荐,为客户设计个性化和碎片化的保险产品,以更好地满足客户个性化的需求。此外,保险精算师通过多维度的大数据分析,能够更为准确地预估产品风险,提高风险定价能力,提供差异化定价,实现产品创新和个性化的定制。

4）变革保险销售模式

保险机构基于人工智能可以简化购买产品方式、销售流程,减少销售误导,节约销售成本,从而从多个方面提高客户留存率和最大化客户价值,比如筛选客户、查询保单、查询费率等。

5）便捷保险理赔

基于人工智能,保险公司可以更加顺利开展理赔,并且减少欺诈。人工智能应用于理赔处理优势显著,比如,2017年Lemonade的AI Jim据称在不到三秒的时间内解决了索赔。

2. 人工智能应用于保险领域面临的风险

1）可能会出现不可控的状况

虽然人工智能发展迅速,但其本身可能存在事前难以识别的失效或不可控情况。因此,保险业需要关注人工智能可能会带来的风险,并做好及时应对的策略。

2）信息垄断风险

人工智能依赖于数据,若没有数据的支撑,人工智能很难发挥其优势。因此,人工智能要应用于保险业,数据的积累显得十分重要。

3）加大保险企业之间的实力差距

人工智能的广泛应用将会促进经济结构型调整。未来,生产效益和利润将向少数拥有较多人工智能资源的公司汇集,进而加大中小型保险企业和大型保险企业的实力差距。

(四) 人工智能在证券领域的应用

1. 人工智能在证券领域的应用展望

1）远程开户

证券业可以在保证风控安全的条件下,尽可能降低入门门槛,以最大限度地争取客户。相比于现场开户和传统线上开户流程,远程开户可以通过核验身份证件和银行卡,或者通过活体检测和人脸识别进行证券开户。

2）柜台业务

柜台可以通过人脸识别技术保存客户照片信息,客户通过"刷脸"直接办理相关业务。此外,柜台还可以引入OCR技术,协助柜台人员检查客户资料的正确性和完备性。

3) 财务报销管理

对于财务管理人员而言,大量的表单、合同、发票等处理工作占据了绝大部分的时间,而具有高质量的OCR识别技术有利于财务人员进行高效的办公,并且可以有限的成本存储完整的信息,进而分析挖掘出更具价值的数据。

2. 人工智能在证券领域的变革

一是智能金融的普惠性带来的新型用户群体。二是智能金融的发展,数据化了投资策略,普及了量化投资。三是智能金融改变了传统证券业"千人一面"的服务模式。

3. 人工智能赋能证券业全面数字化转型

根据麦肯锡对中国证券业的分析研判,未来中国证券业将面临行业分化整合、客户机构化、业务资本化、全面数字化和运营智能化五大发展趋势。

基于数据,证券业的业务是数字处理,智能金融的核心涉及算法、机器学习等模型。未来人工智能在证券业的数字化主要体现在以下四个方面。

(1) 客户交互提升:基于网络和科技手段,向机构和企业客户提供新的服务模式。比如,高盛开放基于核心系统的Marquee平台供客户接入,打造数据与通信平台。

(2) 大数据驱动决策:依据数据分析挖掘有价值信息,为客户匹配出更加精准的产品和服务,继而扩大客户规模,提高客户满意度。

(3) 运营流程自动化:后台基于数字化技术,不仅可以有效提高券商运营效率,减免人工审批中的疏漏问题,而且能够及时准确把控风险。

(4) 金融推动创新:数字化转型将使证券机构理念向互联网公司的"客户体验为王"转变,促进产品的创新研发。近些年,国际投行逐步加大对金融科技公司的投资力度。

专栏8-3

数字化发展改变证券业格局,虎博科技赋能头部券商智能化转型

2020年,一场突如其来的疫情让券商各项业务的开展从线下转移到线上。百万人在线观看经济学家直播、网上策略会,网红研究员诞生。互联网+成为2020年券商开局的正确打开方式。

随着各类业务从线下转移到线上,国内券商也将金融科技纳入核心竞争力。这也意味着,数字化已经开始改变证券业格局,券商对金融科技的重视不言而喻。

近日,虎博科技宣布,赋能海通证券智能化项目一期顺利完成。项目依托虎博科技长期在金融领域场景中深度优化的NLP算法、模型能力、深度学习以及开域知识图谱技术,建设海通证券的智能化资讯系统,赋能其智能化客户服务。

1. 科技金融助力头部券商市场份额提升

虎博科技与海通证券的此次合作,是人工智能,特别是自然语言处理技术赋能证券业智能化发展的重要尝试,具有前瞻的探索意义和应用价值。

进一步推动金融科技与业务深度融合,加大金融科技投入并打造差异化竞争优势,已经成为券商未来重点发展方向。在部分券商看来,这也是构建面向未来全新商业模式的必然选择。

2. App为阵地推动转型,AI助力证券未来可期

以App为阵地推动转型是券商智能投顾开启的第一步。据不完全统计,现阶段各大券商已经推出自家的投资顾问App产品,不仅扩大了投顾业务的覆盖面,还能为客户提供个性化的服务。

智能投顾的核心是AI算法。事实上,当前的市场上,基于大数据算法和深度学习知识图谱的各类技术层出不穷,赋能金融行业各个环节。具体来说,AI在金融行业的应用包括降本增效(智能客服、网点改造)、激活沉睡数据(非结构化数据的使用和分析)、增强风控能力(AI保险定损、反欺诈机器学习)、提高服务水平(生物识别、用户画像与精准营销)、开拓新产品(智能投顾、基于场景的保险产品设计)等。

目前,AI技术已经支撑创造了智能投研、智能信贷、智能保险、智能监管、智慧银行等创新业务场景。虎博科技赋能多家券商智能化转型,旗下的智能搜索引擎利用Master Mind核心系统及自然语言处理、知识图谱等技术及自然语言理解模型,搭建智能数据中台,管理、对接海量文本、数据,实现智能、全面、精准、实时的搜索,并基于定制任务的合规审核和自动分发,实现"一站式"资讯管理。

第九章

金融科技监管

在党的十九大报告中,"健全金融监管体系,守住不发生系统性金融风险的底线"和"创新监管方式"两个目标被明确提出。报告强调要努力加快构建实体经济、科技创新、现代金融、人力资源协调发展的产业体系,推动互联网、大数据、人工智能与实体经济深度融合。这对于发展以科技创新为动力的现代金融资源和加强创新监管,具有重要意义。

近年来,我国宏观经济运行平稳增长,金融业发展总体平稳。然而,金融业的开放和金融业改革的深化创造了金融混业经营的新金融业态,保险、证券等金融业务的监管有效性也挑战着原有的分业监管模式。钱荒、股灾等流动性危机愈演愈烈,期货暴炒、债券违约潮等金融风险事件持续上演,揭示了中国监管体系的"真空",体现了提高金融监管效率的迫切需要。金融科技的发展促进了传统金融的变革和现代化,但是这给传统金融机构、移动支付、网上借贷等许多新的金融形式带来了机遇和挑战。在这个过程中,由于金融风险和技术风险的融合,现有监管法律法规无法实施有效地监控,金融监管机构必须引入新的金融风险监管模式考虑新的金融形式和新的金融趋势,把握未来金融发展需要,以便更好地实施金融监管。

专栏9-1

A股史上最大IPO蚂蚁金服因金融科技监管政策发生变化而暂缓

蚂蚁金服于2020年8月25日正式递交科创板IPO申报稿,于9月18日成功过会,用时仅25天,A股IPO募集规模1322亿元,为A股历史上最大体量的IPO。

原本蚂蚁金服将按既定程序顺利上市,但由于金融监管政策发生显著变化而暂缓上市。

10月23—25日,上海第二届外滩金融峰会上,马云发表演讲,"巴塞尔协议""银行当铺思维"等引起社会各界广泛讨论。

11月2日,银证监会和中央银行公布《网络小额贷款业务管理暂行办法(征求意见稿)》。同日,一行三会、外管局就对蚂蚁集团实际控制人、董事长和总裁进行了监管约谈。

11月4日,蚂蚁集团正式发布暂缓上市的公告。

第一节 我国金融科技监管现状、挑战及趋势

一、金融科技监管的背景

(一) 金融科技发展的监管需求情况

中国的金融科技是由市场和商业模式驱动、巨大的内部市场需求、不完善的金融体系以及监管法律法规缺乏灵活性和及时性,这给了金融科技发展空间,但也留下了一些灰色地带。

短短几年间,中国金融科技在第三方支付和 P2P 网络借贷的发展上已经排在世界前列。蚂蚁金服、京东金融公司和陆金所等公司发展迅速。

然而,2018 年以来,P2P 公司的持续"暴雷"以及各类金融科技公司负面消息的频频出现,也表明中国金融科技行业对监管技术的要求很高。在 2018 年 5 月,中国证监会官方网站公布,监管机构研究监管科技总体方案,但是总的来说,中国正处于"摸着石头过河"的探索阶段,属于被动的、相对松散的以"发展"为主的监管。

(二) 金融监管的三个核心目标

(1) 确保金融体系的稳定,免受系统性金融风险的影响。这体现在宏观审慎政策上。

(2) 金融机构安全稳定,体现为审慎监管,主要关注金融市场的供给方。

(3) 保护金融消费者,特别是金融知识较少的消费者,体现为行为监管。

(三) 全球金融监管模式变革:四个特征

1. 从分业监管向混业监管转变

1999 年《格拉斯-斯蒂格尔法案》的废止,使全球金融业日益向混业经营方向发展。相应的,金融监管也在向混业经营方向发展。

美国旧的金融监管体系采取按不同金融机构的类别进行纵向分别立法、分别监管的模式。例如,在银行业有《格拉斯-斯蒂格尔法案》(美联储和其他机构监管货币存款),在保险部门有《国家保险法》(国家保险委员会监督保险公司),在证券部门有《证券法》《证券交易法》《投资公司法》(证券交易委员会监督)。

1999 年《金融服务法》实施后,美国实行了联邦政府、州政府和专门机构的分级金融监管,实现综合监管和分立监管相结合。同时,英国,日本和其他国家也通过金融改革建立了统一的法律框架,提高了对复杂金融机构的监管效率,实现了金融监管的规模,顺应了现代金融业混业经营的趋势。

2. 从机构性监管向功能性监管转变

国家应根据不同的金融机构类型设置不同的监管机构。不同的监管部门有不同的责任,互不干涉。

功能性监管关注的是金融产品所实现的基本功能,减少监管职能的冲突、重叠和盲区,应当用金融交易代替金融机构建立相关的监管机构和规则;同时强调对机构和市场的职能监管,以期在监管下发展跨机构和跨市场的金融交易操作,从而实现对金融体系的全面监管。由于金融工具所实现的基本功能有较强的稳定性,据此设计的监管体制和监管法规更有连续性和一致性。

3. 从单向监管向全面监管转变

在监管内容上,由于金融工具的不断创新,各国监管部门相应地将金融监管的范围从简单表内表外业务扩展到全部业务。

在监管方面,前期金融监管以信用监管为主,但由于其他风险,银行也可能面临经营困难。因此,当前国际金融业的监管,除了信贷监管之外,也非常重视市场和操作风险。

在监管范围上,国际金融监管也从单纯对自有资金比例的监管,转变为对最低资本金标准、监管部门控制和市场自律的综合监管。而且在2001年,巴塞尔委员会《新资本协议》咨询文件继承了在1988年《巴塞尔协议》中以规范资本充足率为核心的巴塞尔协议理念,并纳入了《有效银行监管基本原则》中提出的"三大支柱"原则,即改进最低资本要求框架、发展监管评估程序和加强市场自律。《新资本协议》将最低资本要求、外部监管和市场约束列为银行监管的三大支柱。

4. 从封闭性监管向开放性监管转变

金融全球化的发展趋势主要表现为国际资本的大流动、金融经济和金融机构的跨境发展以及国际金融货币市场的发展。然而,金融全球化也有许多负面影响。巴林银行破产后,各国监管机构之间的沟通具有重要意义,加强对国际银行及其经营活动的监管成为共识。随着国际金融危机的频频爆发,全球范围、地区范围及双边范围内各个层次上的国际银行监管合作得到了长足发展。

一个国家的金融安全和经济安全与国际环境不可预测的变化息息相关。金融全球化使各国的监管发生了重大变化:从国内单边监管转向国内国际的多边监管,从封闭性监管转向开放性监管。

二、我国金融科技监管现状

作为科技驱动的金融创新,监管环境仍然是最重要的因素。在中国金融技术发展的过程中,监管部门在积极推进金融开放战略,从外部环境为未来金融技术奠定基础,这对提高金融机构的市场竞争力将起决定性作用。金融科技产业的内部监管发展决定了金融服务和金融创新的限度,而监管技术的发展可以防范系统性金融风险,促进金融技术的有序发展。

(一) 金融监管历程

1983年至2003年,我国金融业"分业经营、分业监管"的框架基本完成,形成了"一行三会"的金融监管体系。

1983年，工行作为一家国有商业银行从中国人民银行中分离出来，实现了中央银行和商业银行的分离，标志着现代金融监管模式的初步建立。

1992年10月26日，中国证券监督管理委员会成立；1998年11月18日，中国保险监督管理委员会成立，进一步将证券保险市场的监管职能与中国人民银行分离；2003年初，中国银行业监督管理委员会成立已建立。

2004年6月，中国银行业监督管理委员会、中国证监会、中国保监会公布了《金融监管分工合作备忘录》(以下简称《备忘录》)，明确提出这三个监管机构有"监管联席会议机制"和"经常联系机制"。

《备忘录》提出，邀请中国人民银行、财政部等有关部委参加"联席会议"和"经常会议"。子公司和职能部门应当根据其活动性质分别接受监管。

《备忘录》还提出，对金融控股公司的监管应遵循"分业经营"和"分业监管"的原则，金融控股集团之母公司应依其主要业务性质归属于相关监管机构，对子公司和各职能部门按业务性质实行分业监管。

2018年3月13日，国务院在《深化党和国家机构改革方案》的基础上，向全国人大提出审议批准《国务院机构改革方案》，经党的十九届三中全会批准，设立中国银行业监督管理机构，改革金融监管体制。自此，中国保险监督管理委员会和银行业监督管理委员会直接合并组建中国银行保险监督管理委员会；中国银监会和中国保监会负责起草银行业、保险业的重要法律法规和基本监管制度的职责直接划入中国人民银行。

（二）中央和地方监管

中国金融科技的蓬勃发展为金融业的变革和现代化提供了源源不断的动力，然而，现有监管机制的缺失等诸多因素正逐渐造成金融技术发展所带来的外部性风险，因此对金融技术进行监管显得尤为必要。

金融技术监管是指金融机构利用现代科技成果，对金融产品、业务模式、业务流程等活动进行转换或创新的监督管理。一是监测信息技术关键应用的基础和一般水平，如云计算、人工智能、区块链等技术的架构、安全管理和业务连续性；二是对金融科技创新应用进行全生命周期监控，从产品设计、商业模式、风险防控等各个方面进行监控；三是对侵犯金融消费者权益的行为进行监控，如数据安全、数据保护等。

中共中央和地方监管部门在发布金融科技发展总体规划时，对金融科技监管工作作出了总体和重点规划。

1. 中央监管层面

2019年8月22日，中国人民银行发布了《金融科技FinTech发展规划（2019—2021年）》（以下简称《规划》），公布了《规划》的指导思想、基本原则、发展目标、未来三年金融科技工作的重点任务和保障措施。规划指出，要加强金融工程监管，创新和完善监管基本规则体系，加快监管基本规则的制定、监测、分析和评价，探索金融技术创新管理机制，提升专业化水平。

2. 地方监管层面

从地域上看,到 2020 年 4 月,北京、上海、广东、陕西、重庆等地相继制定了较为积极的金融科技发展和监管三年发展规划,浙江、山东、江苏、福建和四川都被列入年度金融技术应用试点。从监管方法上看,地方金融市场监管的主要措施包括运用金融技术加强风险防控;检查推进实施"监管沙箱",建立信息交流监管机制和金融科技企业监管体系,完善各部门执法监管联动协调机制;保护金融消费者的权益。

3. 金融科技监管的具体政策

当前,监管部门发布的关键技术应用通用规范和金融行业技术应用规范较多,2015 年以来,一系列金融科技创新应用和金融消费者权益保护政策紧密出台,具体如表 10-1 所示。

表 9-1 金融科技监管的具体政策

类别	政策	时间
关键信息技术应用	国务院印发《促进大数据发展行动纲要》	2015 年 8 月 31 日
	原银监会发布《中国银行业信息科技"十三五"发展规划监管指导意见(征求意见稿)》	2016 年 7 月 15 日
	中国人民银行发布《移动金融基于声纹识别的安全应用技术规范》	2018 年 10 月 9 日
	中国支付清算协会发布《人脸识别线下支付行业自律公约》	2020 年 1 月 21 日
	中国人民银行发布《金融分布式账本技术安全规范(试行)》	2020 年 2 月 5 日
金融科技创新应用	国家市场监管总局、中国人民银行发布《金融科技产品认证目录(第一批)》《金融科技产品认证则》	2019 年 10 月 28 日
	2020 年 1 月 14 日,中国人民银行公示首批 6 个金融科技创新监管试点应用	2019 年 10 月 28 日
	中国人民银行发布《商业银行应用程序接口安全管理规范》	2020 年 2 月 13 日
侵犯金融消费者权益	中国人民银行《关于发布金融行业标准加强移动金融客户端应用软件安全管理的通知》	2019 年 9 月底
	中国人民银行发布《个人金融信息保护技术规范》	2020 年 2 月 13 日

资料来源:亿欧智库

三、我国金融科技监管面临的挑战

随着互联网金融风险的快速增长,2016 年 4 月,国务院办公厅出台了《互联网金融风险专项整治工作实施方案》(国办发〔2016〕21 号)(以下简称《实施方案》),正式开启互联网金融风险专项整治工作。整治工作由中国国家银行等 16 个中央部委和地方政府共同实施,有效地控制了日益增长的互联网融资风险和互联网融资的股权风险的互联网金融服务,如互联网资产管理、互联网保险和货币交易。互联网金融风险专项整治工作试图建立一套渐进的工作机制。《实施方案》明确了中央和地方"双重管理"的工作机制：中国人民银行牵头统筹，金融监管部门分工协作，其他相关部门积极开展工作。

从互联网金融风险的角度来看，专项整治是一个循序渐进的过程。尽管已建立的工作机制是有效的，但金融技术监管是一个系统的、整体的、协作的项目，因此有必要构建长期监督机制。互联网金融监管升级是针对P2P网络借贷和众筹、互联网资产管理和跨境金融交易、第三方支付交易、互联网金融及其他活动。新技术的应用将不断创新金融商业模式，因此要有一个具有金融科技创新特征的监管体系。具体而言，金融科技监管面临以下挑战。

（一）监管的时机必须更加科学

金融技术监管的时机应当适当，监管太早会窒息技术创新，太晚会导致监管空白。监管时机的科学划定需要创新的方法。金融科技的跨越式发展对监管时机选择提出了重大挑战。监管部门必须有一个缓冲期观察窗口，用于监测什么时候传统金融机构的科技创新业务已经到了"大而不可忽视"的阶段，然后对其进行必要及时的监管。在金融科技3.0时代，非传统金融机构可以借助金融科技的快速发展，从"小而不可忽视"的阶段走向"大而不倒"，它们呈指数级发展，所以金融监管的时机也应相应调整。

（二）亟待建立常态化、制度化的金融科技监管运作机制

在更广泛数字化的趋势下，新的金融技术形态和形式不断出现，金融监管迫切需要金融技术的规范化和制度化作用机制。金融技术的超地区性和跨国性特点使单一部门、单一地区无法进行独立监管，迫切需要将互联网风险专项整治的阶段性经验转化为规范化、制度化的金融市场监管机制，明确中央和地方"双重管理"的工作机制。

（三）中央与地方双层金融科技监管模式所面临的挑战

我国的金融管理体制正在向以中央政府为主体、地方政府为辅的双层监督体制发展。《实施方案》规定了"属地组织"原则，省级政府要负起责任。2017年全国金融工作会议明确指出，地方政府接管"7+4"机构和"两非"地区的属地监测和风险化解工作。但是，以中央政府为主、地方政府为辅的两级监管方式存在一些问题，比如监督职能分散、监督界限不清、多方面监督、主客观监督的轻微缺失等。这一监管模式面临严峻的挑战。一是通过金融技术的虚拟运作，金融机构摆脱了对实体市场的依赖，具有一定的特征收入的地方化和风险的外部化，使得地方政府很难承担起消除当地风险的责任。二是监管力度减弱，金融风险敞口越严重。"监管沙盒"对技术、数据、监管能力和控制提出了很高的要求。三是作为引入"监管沙盒"机制的一部分，地方监管部门没有足够的权力解决金融创新与监管规则之间的冲突，必须得到国家监管部门和立法者的认可。此外，为了吸引优势金融科技产业，地方监管部门很容易相互争斗，形成监管层之间的恶性竞争，中央必须研究如何解决这个问题，以便统筹规划、系统推进"监管沙盒"机制建设。金融技术监管必须进一步优化中央和地方金融监管资源配置，提高监管技术能力，形成金融监管合力。

(五) 金融业综合统计体系建设任务更复杂

数据交换的核心是建立全面的金融统计体系。但由于金融机构种类繁多,模式复杂,数据口径不统一,公司标准不一致,报告机制不完善,相关数据的收集在不同的机构和监管部门是分散的。因此,迫切需要打破数据壁垒,加强金融技术统计,构建金融综合统计体系。

(六) 如何有效保护金融消费者

数据是金融技术的核心资源,但是有的从业者有强烈依赖数据牟利的倾向。近年来,金融科技的发展超前于对金融科技创新的监管,一些从业者缺乏法律意识,消费者保护意识淡薄。一些人甚至利用金融创新、个人隐私、金融消费者权益等名义实施犯罪活动。然而,我国有关个人资料保护的法律法规并不完善,关于个人数据保护的规定包含在不同的法律标准中。因此,金融技术的监控重点应放在保护个人金融信息的安全上。

四、我国金融科技监管的发展趋势

金融市场监管的大趋势是推进金融科技创新,防范风险,推动监管政策更加一致,监管问题更加多元化,数字监管进一步完善,更加注重消费者权益保护。加强监管与促进创新将长期并存,监管金融技术将数字化、精细化、协同化。

(一) 推进金融技术创新与加强金融技术监管将长期并存

中国金融技术在支付行业的创新应用在国际上具有领先地位。在中国互联网由消费互联网向工业互联网深化的背景下,金融机构对金融技术应用的需求依然十分迫切,促进金融科技发展是未来一个大局方向。同时我国正处在防范金融风险、做出决策的重要时期,金融对外开放程度不断提高,金融风险将越来越大。

(二) "监管沙盒"探索实践较为普遍,持牌金融机构与金融科技公司合作日益增加

2020年1月,中国人民银行公布了第一批6家金融科技创新监测试点应用。此前,北京、上海、重庆等地已开展试点应用,其他省份公布地方金融科技发展规划,将实施"监管沙盒"作为加强金融调控创新的重要任务。今后,金融机构的主要机构必须是经批准的金融机构,金融科技公司有望主动出击,将来与持牌机构有更多联系。

(三) 金融科技监管更加注重金融消费者隐私安全和数据保护

2020年2月13日,我国正式发布了《个人金融信息保护技术规范》,规定了个人金融信息在收集、传输、存储、使用、删除、销毁等生命周期内的安全保护措施。2019年监管部门对非法金融大数据公司进行了整改,出台了一批法律法规,以保护金融消费者权益。2020年,相关部门从执法的角度加强了对金融消费者隐私和安全以及对个人金融信息的标准化使用保护。

(四) 金融科技监管受新技术推动将更强

央行发布的《金融工程发展规划》明确提出加强监管技术应用和识别能力:防范和化解跨部门、跨市场金融风险同时提高国家还支持金融综合统计政策和金融基础设施互联互通,

未来应进一步解决金融部门之间的数据孤岛问题。此外,人工智能、大数据、云计算、5G 等在线金融场景应用领域的前沿技术也将进一步发展。在此基础上,监管部门将利用金融科技打造智能化数字监管平台,提高监管效率和能力,降低监管成本。

(五)协同式监管体系将在金融科技监管方面发挥更大作用

除了传统监管,司法、税务、通信和其他服务部门之间的跨行和超区域合作将开展。金融经济协会的自律和消费者的主动监控在金融技术监管中具有重要作用。央行于 2019 年发布了《关于印发金融行业标准加强移动软件安全管理的通知》。中国互助金融协会公布、组织发布了首批 23 家金融机构 App 试点名单。公安部门查处了 100 多家非法金融机构。金融工程监管机构在 2020 年更加积极地推动监管资源调动和信息流动,促进联合监测。

第二节　国际金融科技监管模式及典型案例

一、国际金融科技的监管模式

国际金融科技监管是指国家的金融监管机构或国际金融组织对金融科技机构及其活动进行规范和约束的行为的总称。国际金融科技监管的主体包括三个层面:一是一国金融监管机构,如美国联邦储备委员会、日本大藏省、中国人民银行等;二是区域性监管组织,如欧共体银行咨询集团、阿拉伯银行监管委员会、中西亚银行监管委员会等;三是国际金融组织,如巴塞尔银行监管委员会、证监会国际组织、国际货币基金组织等。国际金融科技监管的客体包括跨国金融机构及其分支机构和设在东道国的外资金融机构以及它们的金融业务活动。金融科技机构可分为银行和非银行金融科技机构(包括证券公司、财务公司、保险公司、金融租赁公司、信托投资公司等)两大类。

国际金融科技监管的法律渊源有相关国内法律、法规、国际条约和国际惯例。国际金融科技监管的目的有三:一是确保金融科技机构的安全与健全,维持整个金融体系的稳定;二是保护投资者和存款人的利益;三是促进金融科技机构平稳、效率、安全功能的发挥以及市场竞争机制的良好运作。

(一)四种监管模式

目前国际上对金融科技有四种监管模式,分别为自由放任、特别许可、监管沙盒、新设框架。尽管金融科技发展时间不长,但巴塞尔银行监管委员会、国际证监会组织和国际保险监督官协会等四大国际组织均给予了密切关注。美国、欧盟、英国、新加坡、澳大利亚、中国等国家和地区均纷纷给予采取措施给予鼓励,并选择了不同的监管措施。

1. 自由放任

该模式的主要做法是不采取任何监管的措施,也包括不在官方层面上表达专门监管的态度。该监管方式属于宽松监管还是纵容式监管取决于对金融科技有没有直接套用现有银行监管模式进行监管。我国在 2015 年前用的是此类方法，宽松的监管模式带来的成果显而易见，我国的金融创新蓬勃发展，走在世界金融科技发展的前列。但伴随着金融创新的快速发展，金融风险也开始大量积累，因而我国在 2015 年放弃了此种监管模式。

2. 特别许可

特别许可是一种基于宽容的谨慎的监管方法，监管机构可以根据具体情况具体分析。事实上，许多监管机构以及立法机构已经采取了一系列措施，如公布负面清单，颁布限制性许可证、特殊章程，以及对部分创新公司进行豁免或对拥有新技术的成熟机构进行测试。采用该模式的国家有美国，卢森堡，德国等。

3. "监管沙盒"

"监管沙盒"目前的应用主要在金融领域里，是一个技术行业的软件测试工具。参与此类监管试点的企业创新自由度较高，受到监管部门处罚的风险非常低。由于"监管沙盒"涉及对象有限，风险基本上是可控的。目前，该方法得到了很多国家的认可，我国也已引入了"监管沙盒"监管模式。

4. 新设框架

该模式的主要做法是采取更正式的监管方法，通过设立专门的监管机构并搭建一个更适于金融创新监管的体系框架，对现有法规进行改革或制定新的法规，以便为新进入者和创新活动提供更合适的监管。这种模式也被称为智能监管。智能监管的实施需要满足监管科技的发展、风险管理认知体系的进步等诸多要求，目前还没有国家完全进入该监管模式，美国在采用该模式的同时也采取了特别许可式监管。

（二）国际金融科技监管的发展及侧重点

1. 发展阶段

初始阶段（2014—2015 年）：2014 年英国金融行为监管局发表了金融行业监管的发展意见，第一次提出了监管科技的概念，即利用新技术更有效地满足监管的需求。

快速发展阶段（2016 年至今）：监管科技在不断发展过程中，得到了国际上普遍有效的认知和高度重视。美国、加拿大等欧美国家不断出台相关政策建议，促进了监管科技的快速发展。

2. 发展侧重点

美国科技创新监测能力优秀，更加注重对科技基础技术结构的研究和追求，更加注重趋势前沿的追求。

英国注重"监管沙盒"的实际应用，鼓励和引导金融科技公司开展监管技术创新，努力建设"创新中心"和"监管沙箱"。

加拿大以监督管理技术推动监督管理体制改革和审查，创建专门研究实验室，转变监督管理流程，重点抓好法律框架的修订。

澳大利亚大力开展监管技术应用实验,建立联合行业协会,维护监督管理技术,开展监督管理应用实验。

为了促进在监测科技应用方面的合作,新加坡金融管理局设立了一个专门机构,即金融技术和创新组织(FTI),负责金融工程的政策、发展和监督。

(三) 监管科技推动金融监管

监管技术涵盖了数据采集和数据分析两个方面,其中数据采集包括报告形成(自动报告、实时测试报告)、数据管理(数据集成、数据验证、数据可视化、云计算大数据)等。在应用领域,监管技术已经广泛应用于银行、证券、保险、互联网金融等领域。

1. 监管技术在金融监管中的充分应用

目前,监管技术的应用主要集中在中期监测上,但各监管部门希望能够实现事前和事后监督。在金融监管中,监管数据自动记录、风险状况智能分析等监控技术的运用日趋成熟。

2. 监管方与合规方在监管技术开发中的合作成为最重要的方式

监管部门与银行、金融科技公司等金融机构的合作正逐渐成为一种趋势。近年来,科技创新能力逐渐从政府转向社会,特别是在人工领域。金融监管机构开启与银行、金融科技公司等金融机构合作的模式。该模式旨在促进监管技术的改进。

3. 区块链技术已成为监管技术的重要组成部分

区块链作为现有监控网络的辅助工具,是建立信任机制的基础,以区块链为基础的分布式监管网络的应用趋势日益明显。

4. 监管技术的制度化正在加速

随着监管的深入,监管技术的制度化被提上议事日程。可以这样说,监管技术的制度化进程将是数据管理规范化、监管决策清晰化的重要保障。

二、金融科技监管的典型案例

(一) 美国金融监管实践

美国的独立监管方式无法有效地应用到相互关联的混合金融体系中,在金融危机中,为了改革金融体系美国通过了多德-弗兰克法案。其具体做法有以下几点。

一是它确立了美联储作为金融业"综合监管机构"的地位,并加强了对对冲基金、证券市场、保险公司和银行机构以外的金融控股公司的监管权限。

二是成立金融服务委员会。它是系统性金融风险的监管机构,主要负责收集各类监管信息、识别和监控系统性金融风险、协调不同监管部门之间的关系,以及为政府提供应对金融危机所需的政策工具,以便在金融机构发生危机时能够及时有效地为其提供援助。

三是调整金融监管机构的权限,合并不同部门的金融监管机构,打通了同类金融企业的监管壁垒,使监管效率更高。

四是加强国际监管合作,防止跨境财政资源转移风险。比如,与世界银行、国际货币基金组织(IMF)和国际清算银行(BIS)合作,逐步完善《巴塞尔协议 III》规定的国际金融监管实施细则,推动国际银行业资本监管标准与监管标准接轨,加强对跨国金融机构的监管。

(二) 英国金融监管实践

在 2008 年金融危机前,英国实施的是以财政部(负责确立监管框架)、金融服务管理局(统一实施对金融体系的全面监管)和英格兰银行为主体(负责货币政策)的"三方监管体系",但该体系在金融危机中明显应对不足。此后,英国开始以维护金融稳定为目标推进金融监管改革。

一是 2012 年的《金融服务法》确立了英格兰银行在维护金融稳定方面的核心地位。英国央行下设金融政策委员会和审慎资本管理监管局,分别负责宏观调控和微观审慎性监管。英国成立了独立的监管机构——金融行为监管局,负责对金融机构行为的监管,形成了"双峰"监管模式。

二是创新推出多种金融监管工具。英格兰银行从宏观审慎角度出发,创新推出了多种金融监管工具,如逆周期资本缓冲工具、系统性风险缓冲、杠杆率要求等,特别是推出了 LTV、DTI 等住房市场工具,以遏制家庭债务水平,提高金融稳定性。

三是建立了金融申诉专员制度。英国将金融消费权益保护工作作为金融监管的一个重要组成部分,建立了独立的金融申诉专员制度,在金融机构和金融消费者之间调解纠纷和对纠纷作出裁定方面始终保持中立地位,并在程序设计方面体现对消费者的倾斜性保护。该制度能有效化解金融矛盾纠纷。

(三) 日本的金融监管实践

日本非常注重宏观审慎监管。日本央行和财务省都有中长期的监管措施,系统有效应对风险,同时加强信息公开,提高监管透明度,加强市场风险监测,防范金融市场重大潜在风险。

2013 年,日本修订《金融交易法》,对市场参与者的收购、披露和法定销售义务作出了严格规定,建立公平的金融市场交易体系,将新的金融衍生品纳入监管领域。

此外,日本还采取措施完善金融市场监管体系,创造更具竞争力的监管环境,提高金融体系质量。其主要内容包括:定期监测与基础监测相结合,考虑未来风险防范,促进金融机构在自愿的基础上提高监管行动的透明度和可预测性。

(四) 中国金融监管实践

1. 监管政策

2017 年 5 月,中国人民银行成立金融科技委员会,旨在加强金融科技工作的研究规划和统筹协调,深入研究金融科技发展对货币政策、金融市场、支付结算和金融稳定的影响,做好中国金融科技战略规划与政策咨询工作,进一步加强国内外交流合作,建立健全金融科技领域创新管理机制,处理好安全与发展的关系。

金融科技委员会具有如下几项工作职责:①深入研究金融科技发展对货币政策、金融市场、金融稳定、支付结算等方面的影响,认真做好我国金融科技发展的战略规划和政策建议;②进一步加强国内外交流合作,建立健全适合中国国情的金融科技领域创新管理机制,处理好安全与发展的关系,引导金融领域新技术的正确运用;③加强监管技术运用,积极运用大数据、人工智能、云计算等技术,丰富金融监管资源,增强跨行业、跨市场风险识别能力,预防和解决。

2019年8月,中国人民银行印发《金融科技(FinTech)发展规划(2019—2021年)》,要求:①增强金融风险技防能力,正确处理安全与发展的关系,运用金融科技提升跨市场、跨业态、跨区域金融风险的识别、预警和处置能力,加强网络安全风险管控和金融信息保护,做好新技术应用风险防范,坚决守住不发生系统性金融风险的底线;②加强金融科技审慎监管,建立健全监管基本规则体系,加大监管基本规则拟订、监测分析和评估工作力度,运用现代科技手段适时动态监管线上线下、国际国内的资金流向,探索金融科技创新管理机制,服务金融业综合统计,增强金融监管的专业性、统一性和穿透性。

2. 我国"监管沙盒"实际进展

"监管沙盒"本质上是一种金融产品创新的测试机制、消费者保护机制和激励机制,其可在既有的监管框架下降低测试门槛,同时也确保创新测试带来的风险不从企业传导至消费者。

"监管沙盒"打破了传统的监管思维,可通过弹性化的差异监管设计向市场中的新进入者和已经存在但试图提供新产品的主体提供便利,使创新在监管的特殊许可下低成本快速实验。同时在测试过程中,可建立监管者与创新者之间的良性关系和合作机制。监管沙盒本质上是一种金融产品创新的测试机制,力图有效平衡金融创新和法律监管之间的矛盾。

我国"监管沙盒"设计的初衷是规范引导金融科技创新,"入盒"的机构主体必须是持牌机构,这些机构的相关产品在"出盒"后不再作为金融科技创新产品进行监管,而是纳入正常的金融监管范围。

与国外"监管沙盒"模式相比,我国金融机构的监管手段既符合国际标准,又符合我国国情和中国特色,支持利用现代技术提高金融质量和效率,为金融创新的发展创造一个安全和包容的环境。中国版"监管沙盒"秉承柔性监管理念,在保护消费者权益的前提下,通过提供一个风险可控的真实市场空间,支持金融机构对创新产品进行探索和实践,及时发现和规避产品缺陷和风险隐患。

2020年1月14日,央行营业管理部向社会公示2020年第一批6个金融科技创新监管试点应用,涉及国有商业银行、全国性股份制商业银行、大型城市商业银行、清算组织、支付机构、科技公司等多家机构,主要聚焦物联网、大数据、人工智能、区块链、API等前沿技术在金融领域的应用,涵盖数字金融等多个应用场景,旨在纾解小微企业融资难、融资贵问题、提升金融便民服务水平、拓展金融服务渠道等。这意味着中国版"监管沙盒"有了实质性进展。

参 考 文 献

［1］王德,李建军.模式异化、筹资成本与P2P网络借贷平台市场化利率风险[J].中央财经大学学报,2021(02):31-39.

［2］彭可,吴震,唐积强,郭海凤.P2P网络借贷市场最优结构状态与监管模式研究——基于不同监管阶段的演化博弈分析[J].系统工程理论与实践,2020,40(09):2327-2338.

［3］Galema R. Credit rationing in P2P lending to SMEs: Do lender-borrower relationships matter? [J]. Journal of Corporate Finance, 2020, 65: 1742.

［4］冯兴元,燕翔,程萍.中国P2P网络借贷行业的发展、问题与监管[J].社会科学战线,2020(09):66-74+281-282.

［5］刘翱,邓旭东,童泽平,任亮.P2P网络借贷研究进展[J].系统工程学报.2020,35(03):402-415.

［6］恒大研究院.2020中国金融科技报告[R/OL].(2020-12-24)[2021-05-06].https://www.sohu.com/a/443199477_407401.

［7］Lu Z, Wang J, Yong W, et al. Coordinated P2P electricity trading model with aggregated alliance and reserve purchasing for hedging the risk of deviation penalty[J]. Energy Reports, 2021, 7(1): 426-435.

［8］前瞻产业研究院.2020年中国P2P网贷行业市场现状及发展趋势分析平台退出或转型成为发展主旋律[EB/OL].(2020-04-08)[2021-05-06].https://bg.qianzhan.com/trends/detail/506/200408-9067ee5d.html.

［9］赵驰.P2P网络借贷平台的政府监管研究[D].开封:河南大学,2020.

［10］刘达.中国第三方支付的金融效应和衍生价值的研究[D].北京:北京交通大学,2018.

［11］杨剑.第三方支付的发展趋势与风险分析[D].湖北:华中科技大学,2015.

［12］段文海,郭健伟.第三方支付业态发展方向及政策建议——基于深圳的调查研究[J].福建金融.2019(6):13-22.

［13］孙方江.我国多用途预付卡支付风险及监管思考[J].金融科技时代.2016(2):22-29.

［14］屠晓雯.预付卡企业资金运用及风险控制[D].杭州:浙江工业大学,2015.

［15］李晶.我国第三方支付的风险与防控研究[D].杭州:浙江大学,2018.

［16］张媛媛.第三方支付的风险及防范对策研究——以支付宝为例[D].天津:天津商业大学,2018.

［17］刘燕云.第三方支付风险及防范[J].中国金融.2018(20):71-72.

［18］孙方江.我国多用途预付卡支付风险及监管思考[J].金融科技时代.2016(2):22-29.

［19］屠晓雯.预付卡企业资金运用及风险控制[D].杭州:浙江工业大学,2015.

［20］李晶.我国第三方支付的风险与防桦研究[D].杭州:浙江大学,2018.

［21］杨彪.中国第三方支付有效监管研究[D].沈阳:东北大学,2012.

［22］杨意.我国第三方支付的风险监管研究[D].北京:首都经济贸易大学,2018.

[23] 徐宪红,韩瑞芳.第三方支付机构客户备付金抽离的问题探究[J].武汉金融.2019(2):20-24.

[24] 李婧.第三方支付公司风险管理研究——以B公司为例[D].上海:华东理工大学,2018.

[25] 潘佳峰.备付金集中存管后第三方支付市场发展问题的思考[J].金融会计.2019(4):30-33.

[26] 陈於.中国银联云闪付移动支付发展策略研究[D].北京:对外经济贸易大学,2018.

[27] 孙苗苗.移动支付行业研究报告[D].南京:南京师范大学,2017.

[28] 刘超.移动支付商业模式创新的博弈分析[D].杭州:浙江大学,2016.

[29] 张超,刘亭.移动支付面临困境与未来发展的思考[J].福建金融.2015(8):70-72.

[30] 车宁.移动支付进入战国时代[J].金融博览(财富).2017(10):57-59.

[31] 牛润盛,朱燕燕.移动支付发展风险与国际监管经验借鉴[J].区域金融研究.2018(2):43-49.

[32] 刘越,徐超,张榆新.移动支付的发展前景与风险监管[J].社会科学研究.2017(3):35-41.

[33] 陈珊.移动支付产业链的解析[J].经济研究参考.2015(61):66-74.

[34] 黄慧.我国移动支付商业模式的比较研究[J].金融经济.2015(10):81-85.

[35] 刘瑾.我国移动支付风险防范研究[D].北京:首都经济贸易大学,2017.

[36] 高鹏飞.全球移动支付产业发展报告[J].中国信用卡.2014(6):38-43.

[37] 莫丽华.浅谈商业银行移动支付业务发展面对的挑战与机遇[J].科技经济导刊.2019(1):191-192.

[38] 只音.互联网金融背景下的移动支付研究[D].北京:对外经济贸易大学,2017.

[39] 赵云辉,张慧琳,佟秋利.国内外主流移动支付技术特性及应用场景研究[J].网络空间安全.2018(3):47-52.

[40] 虞楚虹.第三方移动支付的发展模式与定价策略研究[D].杭州:浙江大学,2016.

[41] 艾瑞咨询.2018年中国第三方支付年度数据发布[R/OL].(2019-04-30)[2020-08-10].https://www.iresearch.com.cn/Detail/report?id=3360&isfree=0.

[42] 周岳.第三方支付平台发展研究—以"快钱"为例[D].杭州:浙江大学,2018.

[43] 杨剑.第三方支付的发展趋势与风险分析[D].武汉:华中科技大学,2015.

[44] 段文海,郭健伟.第三方支付业态发展方向及政策建议-基于深圳的调查研究[J].福建金融.2019(6):13-22.

[45] 王建华,张春颖.网联时代背景下第三方支付市场可持续发展研究[J].财会月刊.2018(14):117-121.

[46] 曾之明.网联出世,"收编"第三方支付[J].金融经济.2017(17):11-13.

[47] 刘瑾.网联的影响及其面临的挑战研究[J].新金融.2019(4):56-59.

[48] 王嘉懿.网联对第三方支付平台的监管完善及监管创新问题研究[J].财经界.2018(9):111-113.

[49] 李成弦.网联监管模式下第三方支付行业发展分析[J].2018(12):48-49.

[50] 杨玉国.网联运行后第三方支付与商业银行竞合关系[J].现代营销(经营版).2019(6):222-223.

[51] 冯彦明,高璇.网联模式对支付结算体系与金融监管的影响[J].银行家.2019(2):90-93.

[52] H. M. Markowitz. Portfolio selection[J]. The Journal of Finance,1952,7(1):77-91

[53] J. Mossin. Equilibrium in a Capital Asset Market[J]. Econometrica,1966,34(4):768-783

[54] J. Lintner. The Valuation of Risk Assets and the Selection of Risky Investments in Stock Portfolios and Capital Budgets[J]. Review of Economics and Statistics,1965,47(1):13-37.

[55] W. F. Sharpe. Capital asset prices:A theory of market equilibrium under conditions of risk[J]. Journal

of Finance, 1983, 19(3): 425-442.

[56] Ross S A. The arbitrage theory of capital asset pricing[J]. Journal of Economic Theory, 2015, 13(3): 341-360.

[57] Eugene, F. Fama, Kenneth R. French. Common Risk Factors in the Returns on Stocks and Bonds[J]. Journal of Financial Economics, 1993, 33(1): 3-56.

[58] Eugene, F. Fama, Kenneth R. French. Efficient Capital Markets: A Review of Theory and Empirical Work[J]. Journal of Finance, 1970, 25(2): 383-417.

[59] Eugene F. Fama, Kenneth R. French. The Behavior of Stock Market Prices[J]. Journal of Business, 1965, 38(1): 34-105.

[60] F. Black, M. Scholes. The Pricing of Options and Corporate Liabilities[J]. Journal of Political Economy, 1973, 81(3): 637-654.

[61] B. Cornell, K. R. French. Taxes and the Pricing of Stock Index Futures[J]. Journal of Finance, 1983, 38(3): 675-94.

[62] J. C. Cox, J. E. Ingersoll, S. A. Ross. A Re-examination of Traditional Hypotheses About the Term Structure of Interest Rates[J]. Journal of Finance, 1981, 36: 769-99.

[63] M. L. Hemler, F. A. Longstaff. General Equilibrium Stock Index Futures Prices: Theory and Empirical Evidence[J]. Journal of Financial and Quantitative Analysis, 1991, 26(3): 287-308.

[64] H. L. Chen, N. Jegadeesh, R. Wermers. The value of active mutual fund management: An examination of the stockholdings and trades of fund managers[J]. Journal of Financial and quantitative Analysis, 2000, 343-368.

[65] I. M. Johnstone. On the distribution of the largest eigenvalue in principal components analysis[J]. Annals of statistics, 2001, 29(2): 295-327.

[66] T. H. McIclnish, D. K. Ding, C. S, Pyun, U. Wongchoti. Short horizon contrarian and momentum strategies in Asian markets: an integrated analysis[J]. International Review of Financial Analysis, 2008, 17(2): 312-329.

[67] K. G. Rouwenhorst. International momentum strategies[J]. Journal of Finance, 1998. 53(1): 267-284.

[68] Kamara A, Miller Jr T W. Daily and intradaily tests of European put-call parity[J]. Journal of Financial and Quantitative Analysis, 1995: 519-539.

[69] R. C. Merton. The relationship between put and call option prices: Comment[J]. Journal of Finance, 1973, 28(1): 183-184.

[70] H. R. Stoll. The relationship between put and call option prices[J]. Journal of Finance, 1969, 24(5): 801-824.

[71] B. Cornell, K. R. French. Taxes and the Pricing of Stock Index Futures[J]. Journal of Finance, 1983, 38(3): 675-94.

[72] K. Ramaswamy, S. M. Sundaresan. The valuation of floating-rate instruments: Theory and evidence[J]. Journal of Financial Economics, 1986, 17(2): 251-272.

[73] E. Fama, K. French. A Five-factor Asset Pricing Model[J]. Journal of Financial Economics, 2015, 116

(1):1-22.

[74] 王永宏,赵学军.中国股市惯性策略和反转策略的实证分析[J].经济研究,2001,23(6):56-69.

[75] 曹敏,吴冲锋.中国证券市场反向策略研究及其短周期性[J].系统工程理论与实践,2004,24(1):30-34.

[76] 陈军才.主成分与因子分析中指标同趋势化方法探讨[J].统计与信息论坛,2005,20(2):19-23.

[77] 陈玉山,席斌.独立成份分析方法在股票分析中的应用[J].计算机工程与设计,2007,28(6):1473-1476.

[78] 祁洪全.综合评价的多元统计分析方法[D].长沙:湖南大学,2001.

[79] 吴启芳,陈收,杨宽,等.单因素指标评估投资业绩:证券投资基金实证分析[J].数量经济技术经济研究,2003,20(1):117-122.

[80] 钟燕,盛智颖.我国农业上市公司经营绩效的实证研究——基于主成分分析、因子分析与聚类分析[J].技术经济与管理研究,2009(6):21-23.

[81] 庄晓玖.中国金融市场化指数的构建[J].金融研究,2008(11A):180-190.

[82] 韩杨.对技术分析在中国股市的有效性研究[J].经济科学,2001(3):49-57.

[83] 程鹏,吴陵涌.论我国证券市场技术分析理论的可靠性[J].中南财经大学学报,2002(1):76-80.

[84] 戴洁,武康平.中国股票市场技术分析预测力的实证研究[J].数量经济技术经济研究,2002,19(4):99-102.

[85] 贾权,陈章武.中国股市有效性的实证分析[J].金融研究,2003(7):86-92.

[86] 孙碧波,方健雯.对中国证券市场弱态有效性的检验——基于技术分析获利能力的实证研究[J].上海财经大学学报,2004,6(6):52-57.

[87] 孙碧波.移动平均线有用吗?——基于上证指数的实证研究[J].数量经济技术经济研究,2005,22(2):49-156.

[88] 王兆军,郝刚,曾渊沧.移动平均线的最佳参数组合[J].应用数学学报,2002,25(4):723-737.

[89] 王志刚,曾勇,李平.技术交易规则预测能力与收益率动态过程基于Bootstrap方法的实证研究[J].数量经济技术经济研究,2007,24(9):122-133.

[90] 魏玉根.技术交易系统与我国股市有效性的实证分析[J].经济科学,2000(2):56-63.

[91] 张学勇,盖明星.技术分析与超额收益率研究进展[J].经济理论与经济管理,2013(9):41-50.

[92] 张永冀,汪昌云,华晨.历史价量信息在价格发现中更有效吗?——基于中国证券市场的数据分析[J].中国管理科学,2013,21(S1):346-354.

[93] 张锦,马晔华.沪深300股指期货定价实证研究[J].财贸研究,2008,19(6):76-82.

[94] 郭洪钧.股指期货的定价问题[J].上海财经大学学报,2007,9(3):68-75.

[95] 徐国祥,刘新姬.沪深300股指期货定价模型的改进及实证研究[J].统计与信息论坛,2012,27(2):54-61.

[96] 郭喜才.量化投资的发展及其监管[J].江西社会科学,2014,34(03):58-62.

[97] 彭志.量化投资和高频交易:风险、挑战及监管[J].南方金融,2016(10):84-89.

[98] 方浩文.量化投资发展趋势及其对中国的启示[J].管理现代化,2012(05):3-5.

[99] 张文娟.浅谈量化投资在国内市场的发展[J].中国商论,2020(16):16-17.

[100] 贺隆超.对中国量化投资的发展潜力分析[J].科技经济市场,2020(06):60-62.

[101] 陶守强.量化投资的应用现状与发展前景研究[J].财富生活,2019(20):65-66.

[102] 许明.中国量化投资将呈现三大发展趋势[N].证券时报,2019-08-16(A04).

[103] 吴泽兵.浅析国内量化投资发展趋势及量化投资发展的条件[J].西部皮革,2019,41(03):115-116.

[104] 李志冰,杨光艺,冯永昌,景亮.Fama-French 五因子模型在中国股票市场的实证检验[J].金融研究,2017(6):191-206.

[105] 李勇,许荣.大数据金融[M].电子工业出版社.第1版次.北京:电子工业出版社,2015.

[106] 邢会强.大数据时代个人金融信息的保护与利用[J].东方法学,2021(01):47-60.

[107] 刘晓星.大数据金融[M].1版.北京:清华大学出版社.2018.

[108] 何平平,车云月.大数据金融与征信[M].第1版次.北京:清华大学出版社.2017.

[109] Subrahmanyam A. Big data in finance: Evidence and challenges[J]. Borsa Istanbul Review, 2019, 19(4): 283-287.

[110] 何大安.金融大数据与大数据金融[J].学术月刊,2019,51(12):33-41.

[111] 黎四奇,苗羽亭.大数据背景下金融隐私权的保护[J].财经理论与实践,2019,40(04):151-155.

[112] 丁晓蔚.金融大数据情报分析:以量化投资为例[J].江苏社会科学,2020(03):121-128.

[113] Wen C, Yang J, Gan L, Pan Y. Big data driven Internet of Things for credit evaluation and early warning in finance[J]. Future Generation Computer Systems, 2021, 124: 295-307.

[114] 刘颖.供应链金融大数据分布特征的分析与洞见[J].计算机科学,2019,46(02):1-10.

[115] 杨萌.物联网技术下的供应链金融研究[J].金融科技时代,2020(11):91-93.

[116] 孙圣雪.物联网金融模式下动产融资风险识别与控制[J].会计师,2020(06):11-12.

[117] 魏可才,宋雪述.浅谈物联网在动产融资贷款中的应用[J].电子世界,2020(03):208-209.

[118] 纪玲珑.物联网金融模式下科技型中小企业供应链融资风险识别与控制研究[J].中国管理信息化,2020,23(04):125-127.

[119] 冉文学,马锐瑾.物联网在融资租赁业务中的运用探析[J].物流科技,2020,43(02):149-152.

[120] 姜浩,郭頔.新型供应链金融模式在小微企业融资中的应用研究[J].西南金融,2019(04):46-52.

[121] 陆岷峰,汪祖刚.关于"物联网+银行"发展战略的研究[J].当代经济管理,2017,39(12):76-82.

[122] 冯晓玮,王成付,奚雷.物联网金融模式下供应链融资风险识别与控制[J].商业经济研究,2016(03):180-182.

[123] 邵平.物联网金融与银行发展[J].中国金融,2015(18):16-18.

[124] 江瀚,向君.物联网金融:传统金融业的第三次革命[J].新金融,2015(07):39-42.

[125] 丘永萍.物联网助力供应链金融发展[J].金融科技时代,2011,19(03):45-46.

[126] 王超.物联网金融业态下商业银行操作风险管理研究[D].桂林:桂林电子科技大学,2020.

[127] 齐研婕.基于物联网技术的短期商业健康险产品设计[D].广州:广东财经大学,2017.

[128] 孙其博,刘杰,黎羴,范春晓,孙娟娟.物联网:概念、架构与关键技术研究综述[J].北京邮电大学学报,2010,33(06):1-9.

[129] Tavana M, Hajipour V, Oveisi S. IoT-based Enterprise Resource Planning: Challenges, Open Issues, Applications, Architecture, and Future Research Directions[J]. Internet of Things, 2020, 11: 100262.

[130] Lohachab A, Lohachab A, Jangra A. A Comprehensive Survey of Prominent Cryptographic Aspects for Securing Communication in Post-Quantum IoT Networks[J]. Internet of Things, 2020, 9: 100174.

[131] Mckinsey Company. Insights on the Internet of Things[EB/OL].(2021-04-14)[2021-09-04]. www.mckinsey.com/featured-insights/internet-of-things/our-insights#.

[132] Alli A A, Alam M M. SecOFF-FCIoT: Machine learning based secure offloading in Fog-Cloud of things for smart city applications[J]. Internet of Things, 2019, 7(3):100070.

[133] Msadaa I C, Dhraief A. Internet of things in support of public safety networks: opportunities and challenges[J]. Wireless Public Safety Networks 2, 2016:1-23.

[134] Li H, Parlikad A K. Social internet of industrial things for industrial and manufacturing assets[J]. IFAC-PapersOnLine, 2016, 49(28):208-213.

[135] 张增骏.深度探索区块链:Hyperledger 技术与应用[M].北京:机械工业出版社.2018.

[136] 唐塔普斯科特,等.区块链革命[M].北京:中信出版社.2016.

[137] 王玉环.5G 安全监管标准体系研究[J].中国信息通信研究院,2019,13(S1):22-26.

[138] 张远晶,王瑶,谢君,毕然.5G 网络安全风险研究[J].信息通信技术与政策,2020(04):47-53.

[139] 田野.5G 网络技术研究现状和发展趋势[J].计算机与网络,2021,47(04):39.

[140] 王鸥.中国电信业的发展与体制变迁(1949—2000)[D].北京市:中国社会科学院研究生院,2001.

[141] 刘佩林.中国移动通讯网络的发展历程[J].中国新通信,2016,18(22):23.

[142] 皮和平.5G 无线通信技术的关键技术应用研究[J].通信电源技术,2019,36(2):215-216.

[143] 吴国良,李娇.5G 无线通信技术及应用[J].通信电源技术,2020,37(02):189-190.

[144] 易芝玲,王森,韩双锋,崔春风,王亚峰.从 5G 到 6G 的思考:需求、挑战与技术发展趋势[J].北京邮电大学学报,2020,43(02):1-9.

[145] 王欢.5G 技术的发展与应用[J].广播电视网络,2021,28(01):33-35.

[146] 北大科技园创新研究院.5G 产业发展现状及趋势浅析[J].科技中国,2019(04):56-64.

[147] 喻国明.5G 时代的传播发展:拐点、挑战、机遇与使命[J].传媒观察,2019(07):5-7.

[148] 席文,黄超,翟尤,武杨.5G 应用安全风险及需求展望[J].中国信息安全,2019(07):88-89.

[149] 中国电子技术标准化研究院.人工智能标准化白皮书(2018 版)[R/OL].(2018-01-24)[2021-05-06]. http://www.cesi.cn/201801/3545.html.

[150] 王奕翔.人工智能在金融领域的应用分析[J].财经界.2020(28):29-30.

[151] 张文婷,赵大伟,丁明发.人工智能在金融领域的应用及监管[J].金融纵横.2020(06):12-17.

[152] 金莫涵.人工智能在金融领域的应用研究[D].吉林:吉林财经大学,2019.

[153] 陈维君,许纯纯.论人工智能在金融领域的应用风险和防范对策[J].重庆理工大学学报(社会科学).2019,33(9):90-98.

[154] 麦肯锡.展望 2019 年中国证券业:把握五大趋势六大主题[R/OL].(2019-01-12)[2021-05-06]. https://www.mckinsey.com.cn/展望 2019 中国证券业:把握五大趋势六大主题/.

[155] Schmulow A D. Approaches to financial system regulation: Aninternational comparative survey[Z]. CIFRPaper,2015.

[156] Schouten M. Rebuilding financial supervision and regulation in the US[J]. Bioscience Reports, 2015, 35(5):441-445.

[157] 鲍勤,孙艳霞.网络视角下的金融结构与金融风险传染[J]. 系统工程理论与实践,2014,(9):

2202-2211.

[158] Masciandaro D M, Podpiera R. Integrated financial supervision: Which model?[J]. The North American journal of economics and finance, 2008, 19(2): 135-152.

[159] Nieto M, Quintyn M. Financial supervision in the EU: is there convergence in the national architectures?[J]. Journal of Financial Regulation and Compliance, 2009, 17(2): 86-95.

[160] Hagberg, Thomas. The role of SAIs in maintaining financial stability[J]. International Journal of GovernmentAuditin, 2012(1): 13-15.

[161] 李艳华,陈恒有.我国金融监管协调制度：现状、障碍与对策[J].兰州商学院学报,2013,29(1):96-100.

[162] 虞群娥.论全球金融监管模式变革与我国监管模式选择[J].财贸经济,2002(6): 51-54.

[163] Barr, Michael S. Financial reform: Making the system safer and fairer[J]. The Russell Sage Foundation Journal of the Social Sciences, 2017, 3(1): 2-18.

[164] Bonson-Ponte E, Escobar-Rodriguez T, Flores-Munoz F. The role of metadata language implementation in the European banking supervision network[J]. International Journal of Networking and Virtual Organisations, 2007, 4(3): 245-256.

[165] Vousinas G L. Supervision of financial institutions: The transition from Basel I to Basel III. A critical appraisal of the newly established regulatory framework[J]. Journal of Financial Regulation & Compliance, 2015, 23(4): 597-603.

[166] 卢瑶瑶,赵华伟."监管沙盒"机制对我国金融创新监管的影响[J].财会月刊,2018(19):160-164.

[167] Schwerter S. Basel III's ability to mitigate systemic risk[J]. Journal of Financial Regulation & Compliance, 2011, 19(4): 337-354.

[168] 曹森孙.互联网消费金融内涵、商业模式及创新监管对策[J].改革与战略,2018(9):53-58.

[169] 左伟,朱元倩,巴曙松.金融监管,流动性约束与货币政策效果——基于DSGE模型的实证研究简[J].金融论坛,2018(4):12-26.

[170] 冯辉.论金融监管竞争及其法律治理[J].法学家,2019(03):110-123+194.

[171] 杜一华.金融监管体制改革论纲——全球主义关照下的国家主义立场[J].河北法学,2019,37(06): 138-151.

[172] Duru A, Hasan I, Song L, et al. Bank accounting regulations, enforcement mechanisms, and financial statement informativeness: cross-country evidence[J]. Accounting and Business Research, 2020, 50 (3): 269-304.

[173] Masciandaro D, Quintyn M. The governance of financial supervision: recent developments[J]. Journal of Economic Surveys, 2016, 30(5): 982-1006.

[174] Elsinger H, Fessler P, Feyrer J, et al. Digitalization in financial services and household finance: fintech, financial literacy and financial stability[J]. Financial Stability Report, 2018 (35): 50-58.

[175] Buchak G, Matvos G, Piskorski T, et al. Fintech, regulatory arbitrage, and the rise of shadow banks [J]. Journal of Financial Economics, 2018, 130(3): 453-483.

[176] Maor D, Ensor J D, Fraser B J. Doctoral supervision in virtual spaces: A review of research of web-based tools to develop collaborative supervision[J]. Higher Education Research & Development, 2016,

35(1):172-188.

[177] 许文彬,赵霖,李志文.金融监管与金融创新的共同演化分析——一个基于非线性动力学的金融监管分析框架[J].经济研究,2019,54(05):83-99.

[178] 王艳梅,李泽昱.区块链金融监管模式研究:问题,借鉴,路径[J].商业研究,2020(03):145-152.

[179] 唐松,伍旭川,祝佳.数字金融与企业技术创新——结构特征,机制识别与金融监管下的效应差异[J].管理世界,2020,36(05):9+72-86.

[180] 唐川,陈章.非线性复杂系统视角下的金融风险演进[J].系统科学学报,2011,19(2):55-58.

[181] 刘超,陈彦.协同理论视角下的金融监管[J].财经科学,2013,2(01):12-23.

[182] 董俊峰.应对金融科技新挑战,构建监管科技新设施.金融电子化,2017(12):33-35.

[183] 万泰雷,李松梁,黄鑫.国际金融监管合作及中国参与路径[J].国际经济评论,2014(3):121-129.

[184] 廖岷."三维一体"监管治理架构:防范系统性区域性风险新尝试[J].中国金融家,2013(6):48-51.

[185] 王召.贷款集中度监管与宏观调控协调配合研究[J].金融监管研究,2013(5):51-60.

[186] 陈雨露.货币政策仍需微刺激[J].经济研究信息,2014(9):28-29.

[187] 杨东.监管科技:金融科技的监管挑战与维度建构[J].中国社会科学,2018(05):70-92+206-207.

[188] 李仁真,周忆.监管联席会议:跨境银行集团监管的一项制度创新[J].河南财经政法大学学报,2012(04):150-156.

[189] 周昆平.如何通过发展金融科技优化金融服务?[J].银行家,2017(1):116-117.

[190] 李伟.金融科技发展与监管[J].中国金融,2017(8):14-16.

[191] 杨东.监管科技:金融科技的监管挑战与维度建构[J].中国社会科学,2018(5):70-91.